财智睿读

我国文化产业安全实现机制研究

WENHUA CHANYE ANQUAN

SHIXIAN JIZHI YANJIU

曾荣平◎著

经济科学出版社
Economic Science Press

图书在版编目（CIP）数据

我国文化产业安全实现机制研究/曾荣平著．—北京：经济科学出版社，2021.7

ISBN 978－7－5218－2691－3

Ⅰ．①我… Ⅱ．①曾… Ⅲ．①文化产业－安全－研究－中国 Ⅳ．①G124

中国版本图书馆 CIP 数据核字（2021）第 135420 号

责任编辑：周秀霞
责任校对：易 超
责任印制：范 艳 张佳裕

我国文化产业安全实现机制研究
曾荣平 著
经济科学出版社出版、发行 新华书店经销
社址：北京市海淀区阜成路甲 28 号 邮编：100142
总编部电话：010－88191217 发行部电话：010－88191522
网址：www. esp. com. cn
电子邮箱：esp@ esp. com. cn
天猫网店：经济科学出版社旗舰店
网址：http：//jjkxcbs. tmall. com
北京季蜂印刷有限公司印装
710×1000 16 开 14.75 印张 250000 字
2021 年 7 月第 1 版 2021 年 7 月第 1 次印刷
ISBN 978－7－5218－2691－3 定价：59.00 元
（图书出现印装问题，本社负责调换。电话：010－88191510）

前　言

文化产业不仅可以直接产生巨大的经济价值，还可以通过自身巨大的增长潜力，渗透到其他产业当中，融合并催生许多新的产业，间接创造出更多高附加值的新产品。它不仅可以在“量”上以其巨大的空间为消费者提供足够的物质保障，还可以在“质”上提升消费者的思想意识水平。因此，文化产业的发展状况既会对我国经济安全产生影响，也会影响我国意识形态的安全。

我国经济发展已经高度融入世界经济的进程，文化产业的发展已经置身于国际文化产业发展的环境之中。面对西方发达国家文化产业的强势，我国文化产业必须与其展开同台竞技。西方发达国家持续不断地将文化产品推向世界，不仅在现实中塑造了西方化的世界景观，也把西方价值体系渗透进人们头脑，从而深刻影响着其他国家的文化发展进程和意识形态安全。

历史和现实警示我们，我国开放的范围越大、开放的程度越深，越要提高文化安全意识，筑牢文化产业安全发展的屏障。殷鉴未远，警钟犹鸣。如何在现代化进程中构建实现我国文化产业安全的机制体系，防范西方文化产品及其价值观的“侵袭”，同时推动我国文化产业安全发展、高质量发展，是十分迫切的现实课题。

当前国内外学者在文化安全、文化产业安全评价及文化产业安全战略与对策等方面积累了丰富的研究成果，分析方法也逐步走向科学化和定量化，但数据时效性有待提升，内容上缺少新时代我国文化产业安全问题的分析，我国文化产业安全面临的现实和潜在威胁有待进一步厘清；文化产业安全评价在指标权重、指标警限范围的确定上存在较大主观性；应对文化产业安全威胁的机制与对策没有形成完整的体系和整体布局。因此，本书紧扣我国文化产业安全实现机制的构建问题展开了论述，共包括十一章的内容。

第一章提出问题，说明研究的背景和意义、研究的内容与思路以及研究方法、创新之处等，重点明确本书的相关概念及研究对象的特点，厘清产业安全相关理论学派的观点，明确文化产业安全研究的理论基础。

第二章在梳理我国文化产业发展历程基础上，描述新时代中国文化产业安全的态势。

第三章在阐述产业竞争力作用于文化产业安全的机理基础上，从产业竞争力的视角构建文化产业安全评价体系，并以之对我国进行实证。

第四章依据我国文化产业安全度评价结果，结合新时代我国文化产业发展状况，从外部环境和内部障碍因素两方面梳理影响我国文化产业安全的主要因素。

第五章选择意识形态属性较强的传统产业——电影产业、意识形态属性相对弱的新兴产业——游戏产业，以及较有代表性的文化企业——阅文集团，对我国维护文化产业安全的典型案例进行解析。

第六章以比较成熟的西方发达国家法国、加拿大和后起的印度、韩国为分析对象，研究其构建并运行文化产业安全实现机制的经验及对我国的启示。

第七章从完善文化产业安全治理思想、健全文化产业安全管理体系、加强文化产业安全预警体系建设等方面阐述我国文化产业安全实现的宏观机制。

第八章从完善文化产业的政策支撑体系、建设现代文化产业体系、加快现代文化市场体系建设等方面阐述我国文化产业安全实现的产业机制。

第九章从文化品牌竞争力提升、文化科技竞争力提升、人力资源发展等方面阐述我国文化产业安全实现的微观机制。

第十章以上述质性研究、实证研究为基础，借鉴国内典型个案的做法和国外经验的有益启示，运用 SWOT 方法提出确保我国文化产业安全发展的战略选择和宏观、中观、微观等层面的政策建议。

第十一章是本书的结论、不足之处及展望。

内 容 提 要

在争相将文化产业视为新的经济增长点和增长方式的情况下，各国必将围绕文化资源、文化市场等展开大博弈；文化产业的意识形态属性决定了其发展状况甚至可能左右一个国家的文化主权和总体安全形势。2014年4月15日习近平同志在主持召开中央国家安全委员会第一次会议时提出必须坚持总体国家安全观，以人民安全为宗旨，以政治安全为根本，以经济安全为基础，以军事、文化、社会安全为保障，以促进国际安全为依托，走出一条中国特色国家安全道路。在上述背景下，本书以文化产业为切入点，考察其安全状况的评价和保障其安全发展的各类机制，有着十分重大的学术价值和应用价值。

本书沿着以下思路展开论述：第一，厘清产业安全相关理论学派的观点，进一步明确文化产业安全研究的理论基础；第二，在梳理我国文化产业发展的历程基础上，描述新时代中国文化产业安全态势；第三，在阐述产业竞争力作用于文化产业安全的机理基础上，从产业竞争力的视角构建文化产业安全评价体系，并以之对我国进行实证；第四，依据我国文化产业安全度评价结果，结合新时代我国文化产业发展状况，从外部环境和内部障碍因素两方面探析影响我国文化产业安全的主要因素；第五，选择电影产业、游戏产业以及较有代表性的文化企业——阅文集团，对我国维护文化产业安全的典型案例进行解析；第六，以比较成熟的西方发达国家法国、加拿大和后起的印度、韩国为对象，分析其构建并运行文化产业安全实现机制的经验及对我国的启示；第七，从完善文化产业安全治理思想、健全文化安全管理体系、加强文化产业安全预警体系建设等方面阐述我国文化产业安全实现的宏观机制，从完善文化产业的政策支撑体系、建设现代文化产业体系、加快现代文化市场体系建设等方面阐述我国文化产业安全实现的产业机制，从文化品牌竞争力和文化科技竞争力提升、人力资源发展等方面阐述我国文化产业安全实现的微观机制；第八，以上述质性研究、实证研究为基础，借鉴国内典型个案的做法和国外经验的有益启示，提出确保我国文化产业安全发展的战略选择和宏观、中观、微观层面的政策建议。

本书主要包括以下七个方面的内容。

从我国文化产业安全状况看，1998 ~2017 年安全度逐步提升，尤其是在新时代取得明显进步。本书在深入阐述文化产业竞争力影响其安全状况的机理基础上，从产业竞争力的视角构建了文化产业安全评价模型，并结合熵值法对我国文化产业 1998 ~2017 年的安全度进行了测算。结果显示，1998 ~2017 年我国文化产业安全状况可以分为四个阶段：1998 ~2001 年为很不安全阶段，2002 ~2007 年为不安全阶段，2008 ~2013 年为基本安全阶段，2014 ~2017 年为较安全阶段。总的来看，我国文化产业安全状况整体上呈现逐步改善的态势，尤其新时代文化产业安全度提升明显，但之前时期有的年度表现不佳，安全状况稳定性不是很强。

从面临的外部、内部威胁看，我国文化产业的安全形势是严峻的。我国是以美国为首的资本主义国家重点进行思想渗透的对象，加上中美经贸摩擦与新冠肺炎疫情的“双重”冲击以及文化外资的逐步深入，文化产业发展的外部环境可能趋于恶化，对我国文化产业安全造成多重重大挑战。同时，从我国文化产业内部看，还存在信息安全“短板”、国际竞争力缺乏、要素市场不完善、现代企业制度不健全、市场竞争不充分、行业管理水平不高等不足，对我国文化产业安全造成重大威胁。

从经验借鉴看，改革开放以来，我国文化产业的细分行业和新兴文化业态领域的微观企业在促进自身安全发展方面的应对政策、取得的效果和基本经验，以及法国、加拿大等维护文化产业安全机制建设比较成熟的国家和后起的韩国、印度等国家加强机制建设、促进文化产业安全发展的经验，都能够为系统构建我国文化产业安全实现机制及提出具体对策建议提供非常有价值的参考。

从我国文化产业安全实现的宏观机制构建看，我国需要从以总体国家安全观为根本遵循、以人民为中心的价值导向、坚定文化自信、坚决反对“去意识形态化”并努力克服“泛意识形态化”等方面完善我国文化产业安全治理思想；需要从制定文化产业安全战略、完善文化产业安全行政管理架构等方面健全我国文化产业安全管理体系；需要构建一套行之有效的文化产业安全预警体系，主要包括预警模型建立、预警临界域的确定、预警结果的输出与执行，尤其要通过加强法律制度建设、明确部门分工并加强协作保证预警体系高效运行。

从我国文化产业安全实现的产业机制构建看，我国要通过完善产业组织政策、产业技术政策和产业国际化发展政策等强化文化产业政策支撑，通过夯实文化产业发展基础、提升现代文化产业运行效率、增强现代文化产业竞争力等建设现代文化产业体系，通过创新实施“文化+”融合发展模式、拓宽投融资渠道、提高技术支持、完善人力资源支持、打造以“市场内生力为主”的成长路径等着力培育新型文化业态，通过提升文化市场治理法治化水平、促进文化市场主体发展、推进文化市场信用体系建设、健全文化产品和文化要素市场等加快现代文化市场体系建设。

从我国文化产业安全实现的微观企业机制构建看，在提升我国文化企业品牌竞争力方面，我国应该推动国有文化企业与民营文化企业“共享品牌”、形成文化产品标准、坚持内容创新并发挥优质IP的延展作用、积极拓展国际文化贸易打造具有竞争力的中国名片、着眼未来实现从研究型向整体价值型的转变；在促进我国文化企业技术进步方面，要加强核心和前沿技术研发与应用、推动文化科技管理创新、将数字技术贯穿于文化产品开发全过程、提升文化产品的科技含量、利用科技与优质IP融合提高创新性；在推动我国文化企业人力资源发展方面，要完善人才培育机制、完善薪酬制度并将文化企业建成学习型组织。

从我国文化产业安全实现的战略与政策选择看，运用SWOT方法分析得出我国文化产业安全发展的四种战略：SO组合、ST组合、WO组合与WT组合；我国需要实施促进形成“强大国内市场”、进一步壮大市场主体、加强知识产权保护、大力推进新基建建设进程等宏观政策，扶持中介组织发展、强化文化产业高质量发展的内容支撑、抓住“一带一路”机遇推动文化产业跨区融合、完善文化产业价值链等产业政策，促进科技进步、提升人力资本、开展管理创新等以及依托“一带一路”倡议助力文化企业“走出去”、本土化与国际化结合的营销策略、双重考量技术与文化等微观企业政策。

目录

contents

第一章

导　论

第一节　研究背景及意义

一、研究背景

经济全球化推动文化全球化快速发展，文化全球化凸显了文化安全特别是文化产业安全问题。经济全球化是指随着生产力发展和技术进步，资本、商品、劳动力、技术等生产要素在全球范围内根据市场原则配置，各国间经贸交往和相互依赖关系空前紧密，各国主动或被动地成为世界市场的一部分。虽然 2017 年美国特朗普政府上台以来“逆全球化”思潮有所抬头，但正如习近平同志在世界经济论坛 2017 年年会开幕式的讲话中指出的，放在长远的历史角度看，经济全球化在客观上是由社会生产力的发展和科技进步带来的必然结果，并非哪些人、哪些国家发挥人为的力量创造出来的①。当今科技进步引领下的社会生产力发展，使人类社会的联系和互动持续加深，长期来看，经济全球化趋势是不可逆转的。由经济全球化引致并借助现代文化传播技术促成的不同文化相互影响和融合过程，即是文化全球化。经济全球化条件下国家间经济发展并不平衡，必然导致各国文化发展不平衡。这样，文化全球化场域就出现了强势文化和弱势文化面临强势文化的冲击，作为市场经济条件下重要文化载体的文化产业，在

---

① 习近平主席在世界经济论坛 2017 年年会开幕式上的主旨演讲，http：//www. xinhuanet. com/world/2017 -01/18/c_1120331545. htm。

竞争中不可避免地受到不同程度冲击。进入新时代以来，我国文化产业发展取得了历史性成就，但与以美国为代表的西方发达国家比较，在核心竞争力等方面尚有不小差距，产业安全问题依然不可轻视。

以美国为首的西方国家大力推行文化霸权，加剧了文化产业安全问题。文化霸权是指文化处于优势的国家充分利用其政治、经济、语言、信息、科技、教育等方面的领先地位，实行文化扩张和渗透，弱化其他国家的原有文化传统，将其价值观和意识形态植入其他国家。相互依存的全球化时代，各国采用军事等传统手段获取权力的操作有效性下降，文化霸权上升为大国实现霸权延伸的重要工具。市场经济下，发展文化产业是促进文化发展的主要路径，也是夯实文化安全物质基础的主要方式。美国等西方国家把其强大的文化产业实力看作重要的战略资源，有目的、有计划地将国际竞争力强的文化产业作为增强国家利益和实现国家战略意图的特殊载体，对发展中国家进行大规模文化输出和渗透，试图利用文化产业干涉其他国家，以实现其经济、政治、社会和军事等各方面战略目标。我国作为世界上最大的社会主义国家，是西方国家渗透的重点对象，确保本国自身文化安全和文化产业安全的压力尤其巨大。

文化产业在促进经济发展中的战略性作用，使它成为世界各国争夺、控制的主要对象之一。从经济发展层面看，20 世纪 80 年代中期以来，服务业成为发达国家经济的主体和动力源泉，文化产业在其中发挥着重要作用。2008 年国际金融危机对世界产生的严重后果长期延续，很多国家经济至今还没有完全得到恢复，加上 2019 年底暴发的新冠肺炎疫情蔓延全球对世界经济造成的重大冲击，世界范围的经济衰退在当前及可预见的未来可能长期化和常态化。由此，世界各国都在寻求新的经济增长点和新的发展动能以应对经济衰退，自然资源依赖小、生态环境破坏少、能源消耗小、附加值高的文化产业成为各国重点关注的对象。2019 年新冠肺炎虽然对世界文化产业打击不小，但以互联网为基础的文化新业态逆势快速增长显示出了强大活力，展现出了长期向好的趋势。21 世纪的一个突出现象，即是作为新兴战略性产业的文化产业，在经济社会发展中担当的角色和使命越来越重要、地位和作用显著提升，已经发展成为人类生产、创造财富的重要方式和经济活动的核心之一。世界各国将之视为争夺、控制的主要对象之一，其安全问题日益凸显。

确保文化产业安全发展是完成“兴文化”的历史使命、实现建设社会主义文化强国重大战略任务的根本前提。党和政府历来高度重视发挥文化产业在推动经济社会发展中的重要作用。迈进新时代以来，党和政府前所未有地重视加快文化产业发展速度、提升文化产业发展质量。党的十八大指出，推动社会主义文化大发展大繁荣、建设社会主义文化强国是实现中华民族伟大复兴的应有之义。党的十八届五中全会强调要在“十三五”期间将我国文化产业发展成为国民经济支柱性产业。党的十九大强调指出，文化的繁荣兴盛是实现中华民族伟大复兴的重要基石。2018 年 8 月，习近平同志在全国宣传思想工作会议上强调，要自觉承担起“兴文化”等使命任务。要让文化产业成为我国的支柱性产业，顺利完成“兴文化”历史使命、实现建设社会主义文化强国的重大战略任务，确保文化产业安全发展是根本前提。

文化产业安全关乎经济整体发展状况。文化产业现在已经渗透到我国国民经济各个产业部门，并与之融合发展，以文化为纽带形成了相互依存的庞大产业链和产业集群。与工业的融合发展，赋予了工业产品新的设计和改造；与农业融合发展形成的创意农业，焕发了传统农业的生机与活力；与旅游产业融合发展，提升了服务业的文化内涵。可以看出，文化产业安全状况如何不仅关系到文化产业自身能否持续健康发展，更关系到我国经济整体发展状况。尽管我国文化产业受益于良好的市场环境，产业规模和发展质量都有了很大提升，但由于我国文化产业发展历史相对较短、发展基础较为薄弱，在产业快速发展的同时也面临着一系列安全问题，研究维护文化产业安全的各类机制势在必行。

文化产业安全对我国意识形态安全有重大影响。文化产业的经济功能与意识形态特征，使其具备显著的社会与文化价值。文化的传播、文化软实力的提高都不能离开文化产品，文化产业在国家文化安全建设中承担着重要的现实支撑作用。在当前，西方发达国家尤其美国，依靠其强大的文化产业实力，通过文化贸易等多种方式向中国等国家输出文化产品，同时借机将其价值观、道德观、行为方式、生活方式乃至宗教信仰等向我国进行输出和渗透，严重威胁了我国意识形态安全。由此，在应对内外部意识形态安全面临的各种威胁、确保我国意识形态安全的过程中，文化产业发挥着重要的战略保障作用，使文化产业安全问题的研究十分必要，也十分紧迫。

二、研究意义

在争相将文化产业视为新的经济增长点和增长方式的情况下，各国必将围绕文化资源、文化市场等展开大博弈。当前我国文化产业面临着外部宏观经济形势下行的压力以及产业内部政策效应衰减的影响，积累的各种隐性风险可能逐步显性化。加上我国文化产业起步晚、国际竞争力不强以及抵御各种风险的经验和能力不足，这些因素导致新时代中国的文化产业安全比以往更加凸显、面临的形势更加严峻。2014 年 4 月 15 日习近平同志在主持召开中央国家安全委员会第一次会议时明确提出要建设由政治安全、国土安全、军事安全、经济安全、文化安全等构成的总体国家安全体系。遵循党中央的战略安排，本书以文化产业为切入点，探讨其安全状况的评价和保障其安全发展的各类机制，有着十分重大的理论意义和现实意义。

（一）理论意义

1. 丰富和完善产业经济学、文化产业管理和文化安全战略的研究内容

本书基于我国文化产业安全状况，构建了维护我国文化产业安全的宏观机制、产业机制和微观机制，并提出了维护我国文化产业安全的方案选择及具体对策，在内容上是对产业经济学、文化产业管理和文化安全战略等研究的丰富。

2. 丰富和完善统计学和产业经济学的研究方法

目前有关文化产业安全的研究成果较少，而对其进行定量和实证研究的成果则更少。本书基于产业竞争力理论，构建了文化产业安全评价体系，并藉此对我国文化产业安全状况进行度量评价，有助于丰富和完善统计学和产业经济学的研究方法。

3. 推动不同学科的交叉和融合

文化产业属于涉及经济学、管理学、文化学、艺术学、新闻与传播学、政治学等的交叉学科，本书在探析我国文化产业安全实现机制时综合运用了经济学、管理学、文化学、政治学等的理论工具和方法，有利于促进不同学科研究思想和研究方法的交叉与融合。

（二）现实意义

1. 有助于保障文化产业安全发展

本书在提出我国文化产业安全实现的宏观机制、产业机制和微观机制基础上，阐述了确保我国文化产业安全发展的战略和系统的对策建议，不仅对文化产业安全发展有帮助，而且对促进其他产业安全发展也具有借鉴

作用。

2. 有助于维护文化安全

文化产业在维护文化安全中承担着重要的支撑作用，通过提出保障其安全发展的对策，实现经济与文化良性互动，提升文化的传播力与影响力，宣传社会主义核心价值观和中国梦，有助于增强我国文化软实力、维护文化安全。

3. 有助于维护经济安全

中国经济的根本出路是创新发展，即优化调整产业结构、加快发展战略性新兴产业和促进传统产业优化升级，这其中一条基本途径就是积极发展文化产业。但文化产业的持续大发展必须基于产业安全基础之上，而且文化产业与其他产业已经呈现高度融合发展的趋势，其安全状况势必影响经济整体的安全，因而，保障文化产业安全发展，就是确保我国支柱产业和国民经济在未来能够安全发展。

第二节 相关概念及理论依据

一、相关概念阐释

（一）文化产业

1. 文化产业含义

一般认为，文化产业（cultural industries）可上溯至20世纪三四十年代的法兰克福学派，最初名为“cultural industry”，译作“文化工业”。法兰克福学派将文化工业定义为按照工业标准进行重新生产、存储以及分配文化产品和服务的一系列活动，并认为文化商品化、产业化毁坏了文化原本的个性和批判精神。也就是说，法兰克福学派站在文化精英的立场对主要用于娱乐大众的文化持批判态度，强调文化的教育和启蒙功能。到了20世纪60年代初，理论界认识到市场化未必全然对文化造成消极影响，在80年代“cultural industry”变成了“cultural industries”，并且学界和各国政府视其为值得重点扶持发展的产业。

随着科技的进步和经济全球化的发展，国内外学者对文化产业相关概念的认识不断深入，代表性的观点如表 1－1、表 1－2 所示。

表 1－1　　　　国外学者对文化产业的定义

作者	主要观点
日下公人（1989）	文化产业是创造并销售文化符号的活动
贾斯汀·奥康纳（Justin O' connor，1999）	文化产业以经营符号性商品为主，是一种将文化价值转化为经济价值的商品活动，包括传统的文化产业和传统艺术两方面的符号性商品
戴维·思罗斯比（David Throsby，2001）	文化产业是提供文化产品或文化服务的具有知识产权和传递社会意义功能的一种创意生产活动
劳伦斯和菲利普斯（Lawrence and Phillips，2002）	文化产业是指从事价值生产和销售的产业
尼可拉斯·加汉（Nicholas Garnham，2004）	文化产业是指那些使用同类生产和组织模式（如工业化）的大企业的社会机构，这些机构生产和传播文化产品或文化服务
斯科特（Scott，2004）	文化产业是指基于娱乐、教育和信息等目的的服务产出或基于消费者特殊嗜好、自我肯定和社会展示等目的的人造产品的集合
赫斯蒙德霍（Hesmondhalgh，2007）	文化产业是指与社会意义的生产最直接相关的机构（主要是指营利公司，但是也包括国家组织和非营利组织）

资料来源：笔者根据相关文献整理。

表 1－2　　　　国内学者对文化产业的定义

作者	主要观点
胡惠林（2000）	文化产业是一个以精神产品生产、交换和消费为主要特征的产业系统
花建（2002）	文化产业的核心是创造文化内涵，是以市场化和产业化方式大规模生产、销售文化产品或文化服务的经济形态
李江帆（2003）	文化产业是国民经济中生产具有文化特性的服务产品和实物产品的单位集合体
张志宏（2009）	文化产业是将文化产品和文化服务的生产、交换和传播通过工业化和商品化的方式进行

资料来源：笔者根据相关文献整理。

从国家或组织角度看，世界各国或组织基于自身的产业发展特征和产业利益，给予文化产业不同界定（见表1－3）。

表1－3　国家或组织对文化产业的定义

国家或组织	主要观点
联合国教科文组织（UNESCO）	文化产业是一系列活动，即生产、再生产、存储、分配文化产品或文化服务的活动
澳大利亚	认为文化产业的含义是版权产业，十分重视知识产权的划定和保护
新加坡	称文化产业为创意产业，对创造、策划、设计等贡献者以知识产权的形式表现出来的创造力、技能与才华高度认可，高度重视他们在促进创造财富、增加就业方面的作用
英国	将文化产业称为创意产业，高度关注个人的创造力和文化艺术对经济的贡献
日本	将文化产业定义为内容产业
美国	将文化产业定义为版权产业
欧盟	从产品本身出发，将文化产业定义为一种内容产业，包括各种印刷品、音像电子出版物、音像传播以及各种数字软件内含的、传播的内容等
中国	称文化产业为一系列生产活动的集合，这种生产活动集合的目的是为社会公众提供文化及与文化相关的产品

资料来源：笔者根据相关文献整理。

基于上述观点，本书认为文化产业是一种生产、销售创意性、符号性产品和服务的产业系统，植根于文化和艺术，核心是内容。

2. 文化产业的特征

在拥有一般产业的共有属性之外，文化产业还具有一定的特殊性，主要体现在以下五个方面。

（1）意识形态属性

与一般产品显著不同的是，文化产品兼具商品属性和意识形态属性。以内容生产为核心的文化产业，是一定时期经济、政治、社会、文化状况的表达，在一定程度上可将之视为价值追求、理想信念、道德准则、行为规范的载体。文化产业的意识形态属性，决定了其必然会对社会等领域产生正外部性或负外部性。内容积极的文化产品有利于民族文化精神的传扬和良好社会风尚的养成，切实增强全社会信仰和践行社会主义核心价值观，内容消极的文化产品则会引发思想混乱、导致道德沦丧甚至激发社会矛盾。文化产业的意识形态属性也决定了其发展状况甚至可能左右一个国家的文化主权和总体安全形势。全球化的发展促使文化产品的流通、文化内容的交流更加频繁，一国容易受到外来文化产品潜移默化的影响，文化产业安全的重要性更加凸显。

（2）能耗和污染低

文化产业重在内容生产，发展壮大更多的是依靠智力资源和人力资源的投入，与一般产业主要仰赖资金和物质投入存在较大差异。一般而言，文化产业发展所需的文化资源取之不竭，文化的生产过程主要依靠不断提升文化含量和创意设计水平获取高附加值。消费者的文化产品消费是一种精神消费和体验消费，文化产品的消费过程几乎不会对自然环境造成不良影响，因此与一般产业比较，文化产业的资源耗费更少、环境污染更小，就此而言，文化产业是最符合可持续发展要求的产业之一。

（3）运行风险高

文化产品的生产由物质载体和内容两部分的生产构成，生产成本自然也由这两部分决定，其中内容生产的成本占总成本的比重很大。内容生产的最突出特征是研发成本高、复制成本低。这一方面使文化产品可能获取较高的附加值和收益率，另一方面又可能导致文化产品极易成为被侵权的对象。从需求方面看，民众出于精神文化生活的客观需要而去购买文化产品，对文化产品的需求弹性很大，但需求也有很大的不确定性，从而给文化产业造成较大的风险。例如，在市场上受欢迎的文化产品可能只具有娱乐功能而内容价值十分单薄，内容价值高、精神内涵丰富的文化产品可能受制于营销方法欠缺、营销渠道狭窄等而遭到消费者冷遇。

（4）产业关联度较高

随着互联网、5G 等技术的应用，文化产业与国民经济各个产业部门渗透融合发展已呈喷薄之势，以文化内涵为媒介形成了联系日益紧密的、规模庞大的超长产业链条和产业集群。文化产业与工业互渗互融发展优化了工业生产流程及外观设计，增强了工业产品的亲和力和市场影响力；与农业融合形成了新型的农业文化体验，农业的文化内涵得到更好的彰显、农产品的价值得到十分明显的提高；文化产业与旅游的融合发展为旅游产业提供了丰富的内容产品，提升了旅游产品的文化品质和内涵，形成了新的文化旅游发展业态。

（5）创新能力要求较高

载体与内容是文化产业生产方式的两个组成部分，载体的生产方式与一般物质产品的生产方式相比较，几乎没有差别，都遵循工业化、标准化的原则；内容的生产方式则与之存在显著差异，并非标准化生产而是个体化生产，更需要独创性和主体性。文化产品之所以被消费者认为具有使用价值，就在于其提供的独特精神体验，因此，文化产业在创新性方面具有更高质的要求，创意成为推动其发展的最重要生产要素之一。这也正是不少国家把文化产业称为创意产业的原因，该称谓很好地说明了创意对于文化产业的极端重要性。

3. 文化产业的分类

国家或组织、学者对文化产业的定义及其内涵的不同认识，导致在文化产业分类方面也存在较大差异。

（1）国家或组织的文化产业分类

UNESCO 在 1986 年公布的《联合国教科文组织文化统计框架》基础上，于 2009 年重新做了修订，将文化产业划分文化和自然遗产、表演和庆祝活动、视觉艺术和手工艺、书籍和报刊、音像和交互媒体、设计和创意服务、旅游业、体育和娱乐等八大领域，为各国文化产业分类统计提供了指导。

联合国（国际标准产业分类）将文化产业划分为文化商品核心层，包括文化遗产、印刷品，音乐和表演艺术、视觉艺术、视听媒介；文化商品相关层，包括音乐、影院和摄影、电视和收音机、建筑和设计、广告、新型媒介；文化服务核心层，包括视听及相关服务，特许说明税和许可费，娱乐、文化和运动服务，个人服务；文化服务相关层，包括广告、市场研究和民意调查，建筑、工程和其他技术服务以及新闻机构服务。

英国将创意产业分为核心创意产业和支持创意产业。核心创意产业主要包括电视广播业、电影音像业、广告业、设计业、表演艺术业、建筑业、时尚设计业、出版业、艺术和文物交易业、互动休闲业、软件业、工艺品制造业、音乐创作业等。支持创意产业主要包括文化遗产业、旅游业、体育业、博物馆和艺术馆业、酒店业。

美国将文化产业称为版权产业，强调了文化产品和服务的知识产权的极端重要性。美国国际知识产权联盟（International Intellectual Property Alliance，IIPA）以世界知识产权组织（World Intellectual Property Organization，WIPO）的版权产业分类方法作为分类依据，将文化产业从版权的角度划分为狭义的文化产业和广义的文化产业。狭义的文化产业是指版权产业，包括新闻业、网络服务业、计算机软件业、出版发行业、广播电影电视业、广告业和信息及数据服务业等。广义的文化产业则除了上述之外，还包括非营利性产业、文化艺术业和体育业等。

法国的文化产业包括了展现传统文化服务的文化基础设施建设、文化设施的管理、图书出版、电影、旅游业等几个方面。

澳大利亚将文化产业分为四大类：体育和健身娱乐类、遗产类、艺术类和其他文化娱乐类。体育和健身娱乐类主要包括体育和健身场馆与服务业、体育和健身器材制造与销售业、赛马和赛狗业。遗产类主要包括公园和动植物园业、博物馆业、图书馆业。艺术类主要包括商业摄影业、可视艺术品与手工艺术品创作和零售业、出版发行业、建筑设计业、广告业、艺术表演业、广播电视服务业、电影业、音乐出版发行业、艺术教育业及其他艺术创作业。其他文化娱乐类主要包括观光旅游业、文化娱乐设施建设业、娱乐和主题公园业、博彩业、餐饮业以及其他文化娱乐业等。

韩国将文化产业分为八大门类，即电影及相关产业，文化财产及相关产业，录影带、音乐唱片和游戏产品及相关产业，人物造型、广告、动画、演出、设计、工业品和美术品及相关产业，出版、印刷品和期刊及相关产业，数字化开发、加工制作、生产、储存、流通等产业及相关产业，放映影像产品及相关产业，其他由总统令确定的传统服装和传统食品等产业及相关产业。

日本将文化产业定义为内容产业，主要包括新闻业、出版发行业、音乐和唱片业、游戏业、电影业、文艺演出业、音像业、动画业、广播电视业、会展业、广告业、文化教育业、娱乐业和旅游业等。

我国借鉴联合国教科文组织的《文化统计框架—2009》，对《文化及相关产业分类（2012）》进行了修改完善，出台了《文化及相关产业分类（2018）》，采用线分类法和分层次编码方法，将文化及相关产业划分为三层，第一层为大类，用 01 ~09 数字表示，共有 9 个大类；第二层是中类，用 3 位数字表示，共有 43 个；第三层是小类，用 4 位数字表示，共有 146 个。其中，第一层大类分别为：文化消费终端生产、文化装备生产、文化辅助生产和中介服务、文化娱乐休闲服务、文化投资运营、文化传播渠道、创意设计服务、内容创作生产、新闻信息服务。

（2）国内外代表性学者的文化产业分类

从学界看，由于学术研究目的和理念的不同，对文化产业划分的标准不一且较为复杂。露西娜（Luciana，2008）将文化创意产业划分为传统文化产业（出版、音乐、建筑和工程、表演艺术等）以及和技术具有紧密联系的创意产业（R&D、ICT[①]、广告等）。奥康纳（2010）认为传统的文化产业包括广播、电视、传统艺术、视觉艺术、出版、手工艺、剧院、音乐厅、设计、唱片、建筑、音乐会、新媒体、演出、博物馆和画廊等。普拉特（Pratt，2009）把文化产业分为四组，分别是内容创意（初始生产、委托制作等）、生产输入（生产设施的制作）、再生产（再生产和集中发行）和分配交易（权属消费的交换地点）。思罗斯比（2001）用一个同心圆来界定文化产业的行业范畴，处于同心圆核心并向外辐射，包括音乐、舞蹈、戏剧、文学、视觉艺术、工艺等；围绕着核心的行业具有核心文化产业的特征，也生产其他非文化性商品与服务行业，包括电影、广播、出版业等；具有文化内容的行业处于同心圆最外围，包括建筑、广告等。国内学者李江帆（2003）将文化产业划分为狭义的文化产业（又称为文艺广电业，包括文化艺术业和广播电影电视业）和广义的文化产业（又称文教广电业，包括文化艺术业、广播电视电影业和教育业）。邓安球（2008）将文化产业划分为：文化产品和服务创造（研究、开发、设计、创作等）、文化产品和服务生产制作（文艺表演、记录媒介、设备、用品、含文化品牌的产品等）、文化产品和服务流通（传播、传输、交流等）、文化产品和服务销售（发行、分销、文化会展等）、文化设施（遗产、场所等）、文化中介与文化咨询（经纪、代理、广告、市场调研等）。胡惠林和李康化（2006）将文化产业分为文化艺术类、新闻出版业、广播电视业、电影业、音像制品业、娱乐业、版权业和演出业。

（二）文化产业安全

1. 对文化产业安全含义的探讨

在文化产业安全的含义方面，当前学界还没有达成一致，对文化产业安全内涵的解读存在比较明显的差别。

从宏观层面看，学者普遍意识到全球化的逐步扩大和深化、加入世界贸易组织等历史性大事件，必然带来国内市场开放程度的全面提升、国内市场外来资本的加速大规模进入等诸多前所未有的新情况，确保文化产业安全对我国国民经济发展和意识形态安全具有十分重要的战略意义，如胡

---

① ICT，是 information and communication technology 的缩写，指信息通信技术。

惠林（2000）、张志君（2002）。从中观层面看，学者们重点关注了文化产业安全的影响因素及其影响程度，如黄欣欣（2011）、黄妍妮和周晓宏等（2017）。从微观层面看，学者们在研究文化产业安全的时候，注意到保障文化资源安全具有重大战略意义，例如，北京印刷学院文化产业安全研究院（2014）指出，文化产业安全主要表现在知识产权这种处于关键地位的文化资源产权之安全。也有学者认为，文化产业安全指的是一个国家在国际市场上对文化资源和文化存在展开控制和主导等方面权力的博弈，如周晓宏（2016）。文化产业的发展依托于文化资源的多寡和质量，就此而言，学者们关于文化资源安全的研究，从更深层次的视角深化了文化产业安全的影响因素分析。

从产业形态看，内容是文化产业的核心。对文化产业安全内涵的探讨，需要从文化产业的本质出发。文化产业的最根本特征是其内容属性，亦即意识形态属性。该属性从根本上决定了文化产业与一般产业相比较，其安全内涵具有很大不同。由此，文化产业安全应该有两方面的内涵：一是要求文化产业的核心部分，即内容处于安全状态。文化产业与意识形态具有天然的、本质的联系，一国文化产业的内容要能够承载、有效表达本国独有的精神价值，强有力地吸引有精神文化生活需要的本国民众进行消费，有效抵制外来文化产品在价值观念和意识形态方面可能造成的侵蚀，从而确保本国文化不至于被淹没并增强文化自信，使主流意识形态得到民众普遍认可和践行。二是与一般的产业相同，在国内拥有较好的发展环境，对产业具备较强的控制力，展现出广阔的发展前景；在国际市场表现出一定的竞争力，即使面对外部因素冲击也能保持稳定的可持续发展。也就是说，文化产业安全指的是其生存和发展的状态没有受到威胁。

2. 文化产业安全的特征

文化产业的特征对文化产业安全的特征影响甚为巨大。

文化产业的内容安全居于关键地位。文化产业包含的内容承载着国家主流的价值观念和社会主体的意志，文化产品通过在市场上的销售和传播，深刻地影响着人们的思想意识与决策行为。从这一角度讲，坚持正确导向，将社会主义核心价值观贯穿于我国文化产品创作、生产、传播的各个环节，有效地引导人们爱国、敬业、诚信、友善，更好地营造自由、平等、公正、法治的社会环境，助力国家走向富强、民主、文明与和谐，就是文化产业最大的安全。

(1) 具有很强的渗透性

当前，文化产业以内容为核心，借助互联网等先进技术平台，在内部形成了包括文化创意、产品开发与制作、产品营销、最终消费等在内的上中下游产业链。在外部，文化产业与工业、旅游、农业、建筑等产业相互渗透和融合，拓展了其他产业的发展空间，同时也促进了自身发展。以系统论的观点看，文化产业的内部各个产业链条形成了互相依赖的系统，文化产业与外部也形成了紧密联系的系统，无论是文化产业内部某个链条或是与外部的联系出现问题，都可能导致文化产业处于不安全状态，并形成波及效应危及整个经济体乃至国家的安全状况。

(2) 较高的创新性要求

文化产业的发展不仅需要投入传统的土地、资本和劳动力等要素，技术、知识等具有创新特质的要素更是其发展的主要驱动力。在开放条件下没有市场吸引力的文化产品要维持其安全状态几乎是没有可能的，内容和形式方面缺乏创新的文化产品在国内外文化市场难以获得消费者的认可。显然，文化产品的独特性、差异性、创新性是其生命力的体现，简单地临摹和不加选择地照搬都会对文化产业安全带来消极影响。

(三) 文化安全和文化产业安全的关系

文化安全和文化产业安全是两个既有明显区别又有紧密联系的概念。文化安全是指文化生存的系统不受威胁，其运行和发展及文化利益能够自主决定和控制，是对人的文化生存权利和方式以及独有的文化发展路径及其成果的理解、承认、尊重和保护，使一种文化的核心价值体系能够合法生存并得到发展①。文化安全在内涵上侧重于民族价值体系、民族文化的主体性等观念形态的安全，主要包括了意识形态安全、政治文化安全、宗教文化安全、语言和信息安全以及国民教育体系安全等②。文化产业安全则主要指产业经济及其内含的意识形态处于不受威胁的状态。从两者的内涵可以看出，文化产业安全是文化安全的重要组成部分，文化产业安全是基于文化安全的一种产业发展状态③。

同时，文化安全与文化产业安全的联系十分紧密。文化安全有赖于文化产业安全发展，市场经济条件下，发展文化产业是促进文化发展的主要

---

① 李金齐．文化安全：一个关乎国家存亡的现实问题．思想战线，2006（1）．

② 潘 禾．文化安全．杭州：浙江大学出版社，2007.

③ 王耀中，彭新宇．文化产业安全不容忽视．光明日报，2011－08－20.

途径，文化产业是文化安全的主要物质基础。在经济全球化背景下，文化安全很大程度上体现在文化资源数量、质量的争夺，文化资源的数量、质量则主要取决于文化产业的发展状态，因而保障文化产业安全发展成为维护国家文化安全的基本方式。当一国文化的传播范围和传播效果主要依靠文化产业的具体存在状态的时候，文化产业的供给能力和竞争力状况，就成为当代用来衡量国家文化安全状况的一个重要表征[①]。另外，在市场经济条件下和对外开放的背景下，文化产业安全状况如何，对文化安全状况起着基础性作用，在此意义上，文化产业安全就是指出于保障国家主流文化安全的目的而促使产业的生存不受威胁并能够持续发展。

（四）机制和产业安全实现机制的概念解读

在“机制”的内涵方面，当前学界的看法差异较大。唐纳德·普查拉（Donald J. Puchala，1982）和雷蒙德·霍普金斯（Raymond F. Hopkins，1982）提出了一种外延十分宽泛、意义较为含混的“机制”概念，将其定义为“一种模式化行为（patterned behavior）”。王明生（2006）将“机制”等同于“明确的指令（explicit injunctions）”，这样的理解则将机制的应用范围缩小了。再如，斯蒂芬·克拉斯纳（Stephen Krasner，1982）认为机制是“特定问题领域里行为体愿望汇聚而成的一整套明示或默示的原则（principles）、规范（norms）、规则（rules）和决策程序（decision-making procedures）”。这个定义很大程度上弥补了前两种概念存在的缺陷，在学术界得到普遍认同。

从权威的词义解释看，《高级汉语大词典》指出“机制”包括了两种含义：一是指“有机体的构造、功能及其相互关系，如分娩机制”；二是指“机器的构造和工作原理，如计算机的机制”。《现代汉语新词语词典：1978－2000》认为，机制是“泛指一个工作系统的组织或部分之间相互作用的过程和方式”[②]。“机制”在《辞海》中的含义是：原指机器的构造和动作原理，生物学和医学在研究一种生物的功能（例如光合作用或肌肉收缩）时，常借指其内在工作方式，包括有关生物结构组成部分的相互关系，阐明一种生物功能的机制，意味着对它的认识已从现象的描述进到本质的说明[③]。

---

① 解学芳．文化安全与文化产业的关系悖论及价值选择．理论与改革，2007（4）．

② 林伦伦等．现代汉语新词语词典：1978－2000．广州：花城出版社，2000：101．

③ 辞海编辑委员会．辞海缩印本．上海：上海辞书出版社，1979：1250．

综合上述看法，机制的内涵主要包括以下几个方面：首先，机制当然可以依托于某个实体机构进行运作和应用，但实体机构的存在不是机制发挥作用的必备条件，一项机制没有依附于某个特定的组织化机构，也可能正常运作和应用。其次，一项机制要能够正常运作和应用，有赖于机制的利益相关者形成的基本原则、行为规范能得到遵守和实施。再次，由于成员或签字方都有遵守承诺过的机制之义务，因而常态下各成员都有根据相同规范和规则行事的期望。最后，一般来说，机制的边界是比较明确的，只能主要在某一特定领域运作与应用。基于上述内涵，可将机制定义为：利益相关者由于对某一领域存在的问题拥有共同关切，因而确立指导共同体行为规范的成文或不成文的原则、规则或决定程序[①]。机制可以依托于某个组织化的常设机构，也可能是“无形”运作[②]。

“实现”就是“使成为现实”。产业安全实现机制是经济机制（mechanism of economy）的一种，金哲等编著的《新学科辞海》对经济机制有以下解释：国民经济得以正常运行的一切组成部分、环节，各种具体形式的总和。它是经济学从生物学、医学、工程学等学科借用过来的概念。机制一词最早来自希腊文，意指机器、机械、机构，即人们为了达到预期目的而制造的工具或手段。社会经济形态作为社会机体也有自己的经济机制。在不同的社会中，与不同性质的生产关系相适应，经济机制的类型也不同。运用符合客观经济规律的经济机制，对经济发展能起促进作用[③]。

二、理论依据

（一）产业保护理论

产业安全理论可以追溯到16世纪中叶的重商主义思想。重商主义基于商业资本的利益和要求，提出保护本国产业和本国市场、施行国家干预经济的主张，试图通过贸易保护等手段保护本国的生产能力和本国人民的就业机会。首次明确提出产业安全观点的学者是经济学鼻祖亚当·斯密，

① 段一群．国内装备制造业产业安全评价与实现机制研究．南京：南京航空航天大学博士论文，2009：8.

② 任晓．论安全机制的生成条件和有效性——个案分析与理论探讨．世界经济与政治，2006（6）.

③ 金哲等．新学科辞海．成都：四川人民出版社，四川教育出版社，1994：734.

他在18世纪70年代后期出版的名著《国富论》中，既提出自由竞争原则，又提倡保护国防工业，促进国家安全，还特别强调某些关系国计民生的关键产业，一旦形成对国外单一或极少数市场的严重依赖，将是十分危险的。汉密尔顿（1791）是保护关税理论的先驱者，在对美国经济发展产生深刻影响的《关于制造业的报告》中，阐述了促进美国工业发展必须要施以保护关税，在国家经济实力相对弱小的时期必须加强政府干预，具体来说，在国内幼稚产业没有能力与国外产业开展竞争之前，应设置关税壁垒进行保护。其后德国历史学派代表人物弗里德里希·李斯特在《政治经济学的国民体系》（1841）较为系统地批判了以亚当·斯密、李嘉图等人为代表的经济学家提出的注重财富积累，而对生产力发展未予充分重视的理论，提出必须通过贸易保护等方式对幼稚产业进行充分保护，并在幼稚产业的选择、保护期限和手段等方面进行了研究。汉密尔顿和李斯特的理论，标志着幼稚产业保护理论体系渐趋完善。20世纪80年代，布兰德、斯潘瑟、克鲁格曼等人提出了战略性贸易政策理论，认为在不完全竞争条件下，一国可以采取出口补贴、进口关税等政策获得规模经济等收益，从而扶持本国战略性工业成长、增强产业国际竞争力。也就是说，战略性贸易政策理论认为，为了促进本国战略性产业发展，需要发挥政府的积极作用，进行适度的贸易保护，与基于比较优势理论基础上的自由贸易学说差别明显。产业保护理论最早研究产业安全，研究也成熟而透彻①。

（二）产业损害理论

学者们从国际反倾销行为中延伸出产业损害理论。该理论主要运用于观测贸易出口国是否对进口国进行了倾销，是否对进口国企业、产业、国家利益产生了实质损害，进口国受损程度如何，进口国应采取哪些措施平衡和补偿倾销造成的损害，以达到最大限度防范和减少损失的目的。产业损害理论的主要内容和观点，有利于指导本国产业免受不正当竞争的侵害，对维护国际经贸交往的公平环境、促进国际经贸的均衡发展发挥着重要作用。世界贸易组织《反倾销协议》囊括三大部分，共计18项条款，对倾销、损害、发起及调查、证据等作出了详细规定，其中规定对产业损害的认定必须要客观审查倾销行为对进口国市场同类产品的价格及生产商

---

① 李孟刚．产业安全理论研究（第二版）．北京：经济科学出版社，2010：3.

的危害，并且必须要有充分的证据能够证明倾销产品与进口国产业损害之间存在逻辑上的因果关系①。我国学者刘永平（2017）认为，在日趋激烈的世界产业竞争中，贸易竞争越来越显示出重要地位，我国产业安全所受威胁的重要原因即是频繁遭遇的贸易摩擦和冲突及其影响。周灏（2018）认为，产业安全追根溯源是产业竞争力问题，并指出中国对外贸易中频繁出现的反倾销案件已经对产业安全构成了严重威胁。

（三）产业控制理论

二战结束以后，国际经贸合作得到快速发展，其中外商直接投资发挥了重要的促进作用。学者对外商直接投资现象投入了极大关注，外商直接投资的理论研究取得了很大进展，其中较有影响力的是垄断优势理论与国际生产综合理论。垄断优势理论第一次由斯蒂芬·海默（1960）在《国内企业的国际化经营：对外直接投资》一书中进行了阐述，其后金德尔伯格进行了补充、完善和升华，逐步走向成熟。该理论认为，由于东道国市场不完全，跨国公司可利用技术先进、企业规模巨大、资本丰裕、组织管理完善等方面带来的垄断优势排斥自由竞争，依靠垄断高价长期获得超额利润。也即是说，跨国公司对外直接投资是拥有某种优势的垄断企业为控制不完全市场而采取的一种行为方式。国际生产综合理论由英国经济学家邓宁（1981）进行了系统阐述，强调企业拥有了所有权优势、区位优势和市场内部化优势（OLI）等三个条件，才能在对外直接投资过程中获取优势。尤其值得注意的是，阿明（1990）等站在发展中国家的立场，考察了跨国公司直接投资对产业安全的影响，认为发达国家试图对落后的发展中国家施行牢牢控制的时候，跨国公司也正倾力将这些国家中的经济或产业锁定在国际分工的价值链低端。

我国20世纪90年代初期确立社会主义市场经济体制的改革目标以后，外商直接投资进入我国的数量快速攀升、速度明显加快，一方面有力地促进了我国经济增长，另一方面又对国内产业安全形成了潜在威胁。由此，在产业安全的研究初期，学者们十分关注外资进入对国内产业的威胁。童志军（1997）认为，在危害我国产业安全的诸多因素中，外国直接投资尤其应当引起重视，在技术、管理等方面具备优势的外国企业，通过

---

① WTO. Agreement on implementation of articleVI of the general agreement on tariffs and trade. https：//www. wto. org/english/tratop_e/adp_e/antidum2_e. htm，1994.

并购或合资等方式进入我国机械制造业等重要产业，对我国造成了显而易见的威胁。黄志勇（2004）运用辩证法思维分析了外商直接投资对产业安全的负面影响和积极影响，指出要减少或规避外商直接投资对产业安全的负面影响、最大限度发挥积极影响，关键在于把握好一定的“度”。张碧琼（2003）指出，外国资本的涌入是我国产业安全问题产生的源头，外国企业在资本量、技术先进性、管理水平、营销方法和渠道等方面具备优势，藉此在中国市场开展合资、并购等，国内某些企业被其实际操控，如果重要产业由外商实施了控制，就将威胁到国家主权。景玉琴（2005）认为股权收购、技术与品牌控制、企业并购等是外资控制我国产业的主要方式。何志勇（2010）认为外资并购如果处理得当，可以有效提高我国的产业安全度，但多数情况下会降低我国的产业安全度。陈洪涛、潘素昆（2012）认为外资在影响我国一、二、三产业安全方面，异质性十分明显，第一产业所受影响较少，对第二产业的影响则有着较大的安全度提升作用，而对第三产业有着消极影响。

外资对我国产业安全形成的威胁，既可能使我国丧失某一产业经济利益的控制权，也可能对社会、政治等各方面的正常运行造成消极影响。如何控制或避免外资带来的显性或潜在的威胁，引起了学者们的思索与关注。于新东（2000）提出，政府出于促进发展的战略目标，对产业进行规划调整或者诱致创立新产业的过程中，如果能够自主决定或不受外部力量控制，该产业在国内就处于安全状态。何维达等（2003）同样指出，如果政府对关系国计民生的重要产业进行调整或控制的权力没有丧失，那么就表明该产业还没有遭受到威胁，处于安全状态。杨公仆等（2000）认为，产业安全的含义是，开放条件下本国资本牢牢控制着国民经济中的重要产业，贯彻落实政府制定的产业规划等不会有重大阻力，活跃于该产业领域的企业利益所得与自身贡献相匹配。雷家骕（2000，2011）认为国家产业安全的核心在于制造业的安全状况。

（四）产业国际竞争力理论

上述关于产业保护、产业损害、产业控制等理论在某种程度上可以看作是产业面对外部威胁的时候，通过防御保全自身的思想，但在开放范围日益广泛、开放程度日益加深的背景下，产业安全状况在很大程度上取决于产业竞争力状况。产业必须具备一定的国际竞争力，产业安全才能得到基本保障。波特的“钻石模型”是最有影响力的产业国际竞争力理论之一，该模型表明生产要素、需求条件、相关和支持性产业、企业战略、企业结构和同业竞争等四个基本因素，以及机会、政府等两个辅助因素共同决定产业国际竞争力①。波特指出，如果一个国家产业的生产率远远落后于国外竞争对手，该产业的安全及其持续发展将难以得到保障。

在经济全球化快速发展和我国改革开放逐步深入的背景下，我国产业不可避免会受到来自国际竞争的冲击，由此保持或获取产业竞争力成为维护经济安全的重要问题。金碚（2006）在阐述产业竞争力与产业安全之间关系的基础上，指出并不是全部产业都会面临安全问题，只有竞争力不强的产业才会面临安全问题，产业竞争力是产业安全的根源。孙瑞华（2006）强调，提升产业国际竞争力是维护产业安全的重要措施之一，要将提升产业国际竞争力上升到产业安全的战略高度看待。严慧敏等（2008）认为产业国际竞争力是影响产业安全的最关键因素。冯琦（2017）以信用评级产业安全为对象进行了研究，认为产业竞争力是信用评级产业核心要素，提高竞争力是解决产业安全问题的关键途径。蓝庆新等（2019）借鉴迈克尔·波特的“钻石模型”分析了我国数字文化产业国际竞争力的影响因素并进行了定量分析，研究结果表明，科研投入结构不合理以及城乡数字文化消费差距与我国数字文化产业国际竞争力呈负相关关系，数字文化产业开放度的正向作用最大。

随着对产业安全理论的深入思考，部分学者在产业国际竞争力理论基础上发展出产业能力说，认为产业自身具备的能力是产业安全的本质内涵。李孟刚（2012）提出，产业安全是指特定行为体能够根据自己的意志掌控生存和发展，产业的生存和发展处于不受威胁的状态。何维达等（2013）认为，产业安全是指产业具备进行有效防御的足够能力，能够化解国内外各种消极因素对产业的生存和发展形成的威胁。朱建民等（2017）认为产业安全意味着产业自身的能力足够抵御内外部因素的影响，其中最为重要的能力是能够满足国民经济发展所需的技术创新能力和可持续发展的能力。刘莉雪（2017）则认为产业安全体现的是产业面对各种负面威胁是否具备能力进行抵御和抗衡，而且产业自身的生存和发展安全固然重要，但还应该从更宏观的视角考虑该产业的安全状况对经济安全的影响。

---

① ［美］迈克尔·波特．国家竞争优势．李明轩，邱如美译．北京：华夏出版社，2002.

第三节 国内外研究现状

一、国外学者的相关研究

（一）对文化安全的研究

冷战结束以后，一些西方理论家把对文化战略的研究和冷战后的时代特征、世界格局、国际形势结合起来，重点探究了经济全球化与文化的关系以及文化冲突对于国家安全的影响。其中代表性学者和观点有：萨缪尔·亨廷顿（1996）认为，冷战结束后国家之间的冲突主要表现为不同文明类型的冲突，不再以意识形态阵营划线；弗朗西斯·福山（2003）指出，随着经济全球化而来的文化全球化，使文化与主权的联系更为紧密，落后国家要完整地维护主权不受侵犯必须坚决捍卫自己的文化；萨义德（2003）等后殖民文化批判理论家认为西方不仅仅拥有强大的经济、军事力量，还具有强大的文化优势；汤林森（1999）则抱着西方文化更加优越的主张，为西方国家的文化帝国主义作出了辩护；约瑟夫·奈（2004）指出美国对世界的统治，既建立在强大的“硬权力”之上，也建立在美国的文化、价值观和生活方式造就的“软权力”上。

我国学者在研究文化安全问题时，主要以某一个国家为分析对象。国外学者在该领域的研究较多是国际或者世界文化的宏大叙事，在探讨国际安全体系的建构和国际关系的规范时，将价值、认同等文化因素考虑在内，分析文化与安全两者的相互作用，如彼得·卡赞斯坦（2009）等。还有一些学者认为其他国家面临的文化安全威胁，主要来自美国文化的强势输出，如吉纳维芙·阿布拉瓦内尔（2015）论述了美国文化霸权模式（娱乐帝国主义）与其他帝国权力模式的巨大不同。伯尔尼德·哈姆和拉塞尔·斯曼戴奇（2015）揭示了美国文化输出与其政治经济方面的全球霸权战略目标之间存在紧密联结，指出全球的就业和生态系统也因此遭受到以美国为代表的西方文化帝国主义的破坏。理查德·F. 库索尔（2013）研究了法国文化受到美国文化全面影响时期捍卫民族文化的理念和自身文化的发展道路，极力反对美国的文化霸权政策，提出要保护法国的电影、电视和语言等方面的文化。

（二）对文化产业安全的研究

市场经济体制和产业运行模式比较成熟的发达国家很少关注产业安全，其学者未系统论述文化产业作为一个产业的安全问题。但随着文化贸易成长为国际贸易的一个重要组成部分和新的竞争领域，文化贸易问题成为西方学者探讨的重要课题。

国外学者较为深入地探讨了贸易对文化产业安全的影响。一些学者认为应该推行文化贸易自由化。丹尼尔·巴托尔（Daniel Bator，1981）很早就提出文化贸易的自由化对进口国和出口国都会产生正面的、积极的效应。戴维德·罗斯科夫（David Rothkopf，1997）认为文化自由贸易政策的施行大大促进了文化服务和文化产品的输出，是美国文化贸易成功的主要驱动力。李素云（Lee So-Yon，1999）从维护美国文化霸权的需要出发，认为美国应干预其他国家政府的文化保护政策。马斯·科勒尔（Mas Colell，1999）认为文化保护政策是对文化消费者福利和选择权的侵犯。埃德温·贝克（C. Edwin Baker，2002）指出文化贸易自由化将使各国都能获益，同时也能够为世界文化多样性作出贡献。瑞奇和特林达德（Ranch and Trindade，2002）发现文化产品贸易加强了消费网络外部性，并且随之强化了文化产品贸易的本地市场效应。克里斯托弗·布鲁纳（Christopher M. Bruner，2008）认为只有文化消费自由才能保证消费者的人权不受损害。

一些学者则从文化主权或文化多样性等视角出发阐述文化保护贸易政策。阿兰·伯努瓦（1998）基于文化全球化的角度发现资本主义强国在文化产品的销售方面占据优势地位，处于劣势的发展中国家很有必要进行文化保护。索韦和斯坦因法特（Sauve and Steinfatt，2000）认为文化兼具商业价值和促进民族情感与民族认同的价值，各国普遍会对本国文化施行保护。芭拉等（V. Bala et al.，2004）指出文化产业国际竞争力强的国家消费者的偏好，将会严重影响其他国家消费者的选择，这种情况下弱势国家不容易接受自由贸易。索尔尼格和韦迪尔（Thoenig and Verdier，2008）发现自由贸易政策会使文化贸易领域出现“强者愈强、弱者愈弱”的现象，这也正是美国极力推崇自由贸易而加拿大、法国等国家则持相反观点的原因。费雷拉和沃德弗格（Ferreira and Waldfogel，2010）指出美国在世界文化市场已经占据了大部分市场份额，自由贸易政策并不利于世界各国获得同等机会和同等收益，俄罗斯、加拿大和法国等国家由此提出保护文化身份的诉求。弗莱德里克·斯科特（Frederick Scott，2004）和皮特·杰克逊（Peter Jackson，2011）则认为，美国利用世界贸易组织对文化贸易的规定将其文化产业在全球市场进一步扩张，对其他国家的文化产业安全产生了很大威胁。

二、国内学者的相关研究

（一）对文化安全的研究

1. 文化安全的内涵和结构

国内学者在文化安全的内涵方面，尚未达成共识，大致主要有以下几种代表性观点：一是着重于防御源自外部的威胁，如张守富（2010）认为文化安全是在外国的异质文化渗透和侵蚀本民族的主流文化及生活方式时，政府对本国人民的主流价值观及其影响下的行为方式和制度设计等进行保护，以使其不被同化和替代。也即是说，文化安全是一种针对国外文化的“渗透”“侵蚀”“同化”而推出的“外部冲击——反应”模式文化战略。二是从国家宏观视角探讨文化安全的含义，如贾磊磊等（2012）认为，一个国家的文化安全是指其文化生存状况处于比较好的境遇，政治稳定、社会公共生活有序、伦理道德得到尊重、人际关系顺畅、信息交流无碍等都是文化安全的表现。三是从文化主权的角度阐述文化安全的内涵，如胡惠林（2005）指出国家文化安全首先是基于国家主权来说的，主要的含义是指任何一个国家的文化，从主权角度看，都是不可侵犯的，一个国家的文化传统和文化发展道路的选择权利必须得到尊重和保护，包括国家的文化立法权、文化管理权、文化制度和意识形态选择权、文化传播和文化交流的独立自主权等。

由于在文化安全内涵的认识上存在较为明显的差异，学者在研究文化安全的结构时提出的观点也出现了分歧。潘一禾（2007）认为文化安全主要包括意识形态安全、政治文化安全、宗教文化安全、语言和信息安全、国民教育体系安全等。刘跃进（2011）指出文化安全应该包括语言文字安全、风俗习惯安全、价值观念安全、生活方式安全等。韩源（2013）认为文化安全由意识形态安全、民族文化安全、公共文化安全构成。赵子林（2012）认为共产党领导的中国把意识形态安全、民族文化安全、宗教安全、教育安全、信息传播安全和语言文字安全等纳入了文化安全。胡惠林（2016）将国家文化安全的内容分为文化政治安全和意识形态安全、文化经济安全（文化产业、文化市场和文化资本）、文化社会安全（民族、宗教、语言和移民）、文化遗产安全、文化资源安全、文化生态安全、网络文化安全。

2. 国家文化安全面临的威胁与战略选择研究

目前国内学者从内部和外部两个层面研究了中国文化安全面临的威胁和挑战。涂成林（2016）将外部影响因素进行了概括：一是以美国为首的西方资本主义国家对我国的文化渗透；二是西方国家捏造中国威胁论等试图恶化我国文化安全发展的外部环境；三是互联网的发展对国家文化安全形成了新的挑战。内部因素主要包括：一是宗教尤其是西方基督教的渗透；二是过度商业化、庸俗化的文化产品对主流文化价值观起到了负面的消解作用；三是传统文化的破坏与曲解使国民对核心价值观的认同出现了下降。张小平（2012）对我国文化安全存在的内部问题做了较好的总结：互联网领域的网络犯罪、危害国家的言论和不利于青少年成长的信息管控难度加大，教育制度存在的不足导致人才尤其高端人才流失较大，文化产品缺乏创意使外来文化得以“入侵”，中华文化基因谱系由于文化遗产保护不到位存在中断的危险，文化遗产保护没有与文化安全紧密联系起来考虑，主流文化受到宗教尤其西方基督教的侵蚀，国学热对传统文化的简单复古给社会造成了很大负面影响。

如何应对我国文化安全面临的威胁，是我国学者十分关注的课题。我国学者着重从宏观的角度研究了文化安全管理体系的构建。于炳贵等（2007）主张国家采取建设先进文化、发展文化产业、推进文化创新、培育民族文化、发展教育事业等措施改善文化安全状况。韩源等（2009）提出了处理我国文化安全危机的三大机制：一是常设性的文化安全危机管理协调机构；二是政府文化安全危机管理的信息系统、决策支持系统和长效的沟通机制；三是国家文化安全预防预警机制；四是指出推动建立国际文化新秩序，优化我国文化安全的战略环境是解决我国文化安全问题的根本性举措。胡惠林（2016）提出从国家文化安全管理机制、国家文化安全预警系统以及构建国家文化安全管理系统与国家文化安全应对决策机制等方面构筑国家文化安全管理体系。孙宁（2016）强调保障文化安全重在先进文化建设，要打牢基础、加强创新、抓住机遇、促进发展。此外，国内学者如黄旭东（2009）、熊澄宇（2012）、吴承忠等（2013）、程工等（2014）、季琼（2016）、向勇（2016）等还十分重视介绍法国、加拿大、日本、韩国等国家的文化保护措施和政策及其对中国的借鉴意义。

（二）对文化产业安全的研究

在文化产业安全的研究方面，国内学者主要关注了文化产业安全的重要性、面临的挑战和问题、战略与对策等方面的研究以及实证我国文化产业安全状况等。

研究文化产业安全的战略作用。这方面的代表性学者有：胡惠林（2000）较早指出，在“全球化”“入世”背景下，我国面对市场开放、外资进入等一系列未曾经历的情况，保障文化产业安全意义重大。郑连虎（2002）认为文化产业安全是保障西部开发战略顺利实施的关键因素之一。王耀中等（2011）认为提高文化软实力要以维护文化产业安全为抓手。宇文博（2014）从经济、意识形态、文化核心价值观三方面对确保文化产业安全的意义进行了研究。高海涛（2014）认为文化主权、经济主权、文化安全与文化产业安全密切相关，并认为产权与文化产业安全之间存在必然联系。梁竞阁等（2020）指出文化产业发展以其自身安全为基础，文化产业安全是保障文化产业高质量发展、确保国家意识形态安全的内在要求。

探讨文化产业安全面临的挑战和问题。这方面较有代表性的学者及观点有：房宏婷（2009）认为产生文化产业安全问题的内部性因素有产业的特殊性、生产力水平不足、创新能力滞后等，外部性原因有经济全球化的深化、文化渗透与竞争加剧、文化霸权的威胁等。于萍（2002）认为我国文化产业安全主要受到国外“文化殖民主义”的威胁。王耀中等（2011）指出我国文化产业安全主要源于内部要素不成熟。纪晓涵（2013）认为西方发达国家有集群优势的文化产业已经对我国文化产业的发展造成了威胁。宇文博（2014）发现我国文化产业存在区域之间不平衡、产业结构不合理、文化企业规模小等问题。周晓宏等（2016）认为，文化产业安全是在全球范围内存在文化主导权争夺造成的。梁竞阁等（2020）认为我国文化产业内容创意不足、文化体制全面深化改革任务繁重、文化产业国际竞争力较弱以及文化产业融资难度较大等影响了文化产业的安全状况。

提出保障文化产业安全的战略和对策等。王耀中等（2011）从产业扶持力度、产业分类指导和产业保护政策等方面提出了对策。宇文博（2014）从现代文化产业体系构建、文化市场主体培育、文化产业发展方式的转变和文化产业科技水平提升等方面提出了政策建议。惠光东等（2016）提出从完善法律法规、培育创新型科研人才、提高国际市场份额、加强文化产业安全预警等四个方面保障我国文化产业安全。周晓宏等（2016）依据 PDFPE 分析框架对文化产业安全实现路径进行了具体的分析。刘金祥（2016）认为制定完备的产业政策是抵御国外文化渗透的有效方式。梁竞阁等（2020）从把牢文化产业意识形态主导权、加快推进文化产业管理体制机制改革、完善现代文化市场体系、构建多层次的文化产业融资体系等方面提出了对策。

国内部分学者对我国文化产业安全进行了实证研究。李毅等（2012）主要从文化产业国际竞争力和对外依存度的角度构建了开放条件下的文化产业安全评价指标体系，并以之对我国进行了实证。廖倩（2012）从生产环境、国际竞争力、对外依存度、控制度四个方面构建了我国文化产业安全评价指标体系，根据 2004 ~2009 年我国文化产业相关数据、运用专家赋权的方式对我国文化产业安全度进行测度，结果表明 2004 ~2009 年我国文化产业处于基本安全状态。邓甜（2012）从生存环境、控制力、竞争力、进入壁垒、对外依存度等方面构建了文化产业安全评价指标体系，根据 2002 ~2010 年我国文化产业相关数据并利用主成分分析法测算了我国文化产业安全度，结果显示我国文化产业安全在 2005 年上升到安全警戒线以上。北京印刷学院文化产业研究所（2014，2015）参照世界经济论坛（WEF）、瑞士国际管理开发研究院（IMD）提出的国际竞争力评价模型建立了文化产业安全测度体系，并对电影、出版传媒产业安全进行了实证，还构建了出版传媒产业安全预警指标体系。黄妍妮（2017）从国际竞争力、对外依存度两方面构建了我国文化产业安全评价指标体系，根据我国 2009 ~2013 年的文化产业相关数据，研究发现我国文化产业安全度呈逐渐上升的趋势，并实证分析了文化贸易对文化产业安全的影响。范杨洲等（2017）从竞争力生成能力、生态环境、国际竞争力、控制力、对外依存度等方面构建了文化产业安全评价指标体系，运用层次分析法对我国 2010 ~2016 年电影产业安全进行评价，研究结果表明我国电影产业还处于不安全状态。李孟刚（2018）基于产业安全理论，选取产业依存度、产业环境因素为投入要素，产业竞争力为产出要素，利用 DEA 模型评价 2005 ~2016 年我国文化产业的安全态势，结果表明我国文化产业在研究期内处于安全状态，但是 2014 年处于临界安全状态，显示我国文化产业安全状况稳定性不够、波动性较大。

此外，国内学者还研究了我国文化贸易存在的问题及其对策，代表性学者有赵有广（2006）、李怀亮（2005，2008，2012）、范玉刚（2018，2020）、焦斌龙和冯子标（2008）、马冉（2009，2011）、吴承忠（2013）等。祁述裕（2004，2005）、蓝庆新（2012，2018，2019）和张向前（2013）等还探讨了与文化产业安全有关的文化产业国际竞争力评价体系及提升对策。

三、简要评价

从对已有文献的分析来看，国内外学者在文化安全、文化产业安全评价及文化产业安全战略与对策等方面积累了丰富的研究成果，并且分析方法也逐步走向科学化和定量化，对本书很有参考价值。例如，关于文化产业安全内涵的探讨和文化产业发展历程的梳理等有助于更加清晰地认知文化产业的未来发展方向，文化产业安全战略和对策的研究有助于明确建构文化产业安全实现机制的路径，文化贸易、文化产业竞争力方面的研究成果对建构文化产业安全评价体系非常有参考价值；再如，产业安全评价模型的不断完善，为本书构建文化产业安全评价指标体系提供了理论框架，也可为本书评价指标的选取提供启示。

但当前研究还存在以下不足：一是研究内容还有待深化，当前研究大多限于文化、哲学、政治层面的文化安全研究，数量不多的专门研究文化产业安全的文献主要分析了文化贸易竞争力、文化产业国际竞争力等，而且数据时效性也有待提升，缺少新时代中国文化产业安全问题的分析，我国文化产业面临的现实威胁和未来可能发生的安全隐患有待进一步厘清；二是当前研究偏重定性分析，实证研究较弱，2010 年后才有少数学者开始研究文化产业安全的经验评价问题，但大都套用一般产业安全评价的方法且在指标权重、指标警限范围的确定上存在较大主观性；三是由于缺乏对文化产业安全问题的系统观照并以定性分析为主，导致当前研究提出的应对文化产业安全威胁的对策没有形成完整的体系和整体布局，呈现零散、碎片化的特征且针对性有待加强。

第四节　研究思路、方法及创新之处

一、研究思路

本书紧扣我国文化产业安全实现机制的构建问题展开论述。第一，厘清产业安全相关理论学派的观点，进一步明确文化产业安全研究的理论基础；第二，在梳理我国文化产业发展的历程基础上，描述新时代中国文化产业安全态势；第三，在阐述产业竞争力作用于文化产业安全的机理基础上，从产业竞争力的视角构建文化产业安全评价体系，并以之对我国进行实证；第四，依据我国文化产业安全度评价结果，结合新时代我国文化产业发展状况，从外部环境和内部障碍因素两方面探析影响我国文化产业安全的主要因素；第五，选择意识形态属性较强的传统产业——电影产业，意识形态属性相对弱的新兴产业——游戏产业以及较有代表性的文化企业——阅文集团，对我国维护文化产业安全的典型案例进行解析；第六，以比较成熟的西方发达国家法国、加拿大和后起的印度、韩国为对象，分析其构建并运行文化产业安全实现机制的经验及对我国的启示；第七，从完善文化产业安全治理思想、健全文化安全管理体系、加强文化产业安全预警体系建设等方面阐述我国文化产业安全实现的宏观机制，从完善文化产业的政策支撑体系、建设现代文化产业体系、加快现代文化市场体系建设等方面阐述我国文化产业安全实现的产业机制，从文化品牌竞争力和文化科技竞争力提升、人力资源发展等方面阐述我国文化产业安全实现的微观机制；第八，以上述质性研究、实证研究为基础，借鉴国内典型个案的做法和国外经验的有益启示，提出确保我国文化产业安全发展的战略选择和宏观、中观、微观层面的政策建议。

二、研究方法

（一）文献研究法

充分利用国内外图书馆数据库、学术会议、文化产业相关网站等载体，广泛收集并认真研读与本书相关的中外文献资料，把握学术前沿成果，形成本书的逻辑起点和逻辑框架，从而系统全面地开展本书研究。

（二）定性与定量研究相结合

本书的定性分析体现在我国文化产业安全的性质、现状、发展变化规律和新时代的新情况、新挑战、新问题等，我国文化产业安全测度与实证等关键问题则以定量的方法进行处理和分析。

（三）静态与动态研究相结合

我国文化产业发展过程是一个开放范围逐步扩大、开放程度逐渐加深的过程，必须深度描述特定时期的重大政策并关注发展过程中的动态演变，这样才能更深入、更系统地认识问题、解决问题。

（四）比较分析方法

本书选取法国、加拿大、韩国和印度等国作为比较研究的对象，阐释这些国家保障文化产业安全发展的各类机制，并总结出对我国的有益启示。

（五）实证分析与规范分析相结合

实证分析将主要体现在我国文化产业安全的个案评价、国外的经验启示、产业安全程度的测度等相关内容中。在规范研究中，融合产业安全相关理论等多种理论学派的有益观点，构建文化产业安全实现机制并提出具体对策。

三、创新之处

（一）深化了研究内容

通过收集、运用最新时期的数据，定性描述、实证研究了新时代我国文化产业安全的状况，进一步厘清了我国文化产业安全面临的现实威胁和未来可能发生的安全隐患，并从市场竞争力、技术竞争力、可持续竞争力、相关产业竞争力、企业竞争力等五个方面深入阐述了产业竞争力作用于文化产业安全的机理。

（二）加强了实证研究

本书运用从产业竞争力视角构建的文化产业安全评价体系，并收集整理了我国文化产业发展历程的较长时期（1998～2017 年）数据，对我国文化产业安全状况进行了实证分析，是对当前文化产业安全实证研究的完善和深化。

（三）系统构建了我国应对文化产业安全威胁的机制体系

本书深入、系统地阐述了我国文化产业安全实现的宏观机制、产业机制、微观机制，弥补了当前在文化产业安全实现机制构建和具体对策方面的研究存在的零散、碎片化缺陷。

第二章

我国文化产业发展状况与安全态势

1978 年召开的十一届三中全会开启了我国文化产业市场化改革的大幕，迄今大致经历了四个重要的演变阶段，包括文化产业开启阶段（1978 ~ 1991 年）、文化产业起步阶段（1992 ~ 2001 年）、文化产业快速发展阶段（2002 ~ 2011 年）、文化产业全面提升阶段（2012 年至今）。进入新时代以来，我国文化产业抓住前所未有的历史性机遇，产业规模急速扩大、产业结构更趋优化、文化新业态展现出强劲发展势头、产业呈现出明显的集群发展趋势、文化市场繁荣兴盛、区域发展更为均衡、逐渐形成了文化走出去新格局，表明新时代我国文化产业安全状况得到了显著改善。

第一节　我国文化产业的发展历程

新中国成立以后我国很长一段时间实行计划经济，政府把文化当作事业统包统揽。在当时特殊的历史条件下，计划管理方式对于迅速确立社会主义文化的领导地位和推进科学、文化、教育事业的迅速普及发挥了积极而重大的作用。随着经济社会的发展和科技的进步，计划经济体制下的文化事业管理越来越不适应新的发展形势，越来越难以满足人民日益增长的文化需求，同时也极大影响了我国文艺工作者的积极性，阻碍了我国文化走向世界。改革开放后持续推进的经济体制改革推动了文化领域和思想领域的变革，文化的产业属性逐步呈现出来并愈益凸显，文化产业随着经济社会发展完成了由弱到强、由小变大的嬗变，大致经过了四个重要的演变阶段。

一、文化产业开启阶段（1978~1991年）

政府逐渐认可部分文化行业的产业性质。1985年，国务院将文化艺术纳入第三产业并将之列为国民生产统计的研究，说明文化艺术具备的商品属性和产业属性得到官方承认。1988年，文化部发布《关于加强文化市场管理工作的通知》，“文化市场”的概念首次登上我国文化发展的历史舞台，标志着我国主要管理部门初步认可了文化的市场地位。在机构设置上，1989年，国务院批准在文化部新设立市场管理局，文化市场活动开始进入规范化、法制化管理阶段。1991年，国务院批转的《文化部关于文化事业若干经济政策意见的报告》，在肯定“以文补文”等经营方式的同时，正式提出了“文化经济”的政策理念。“文化市场”“文化经济”得到政府认可，为文化产业的合法存在与发展打开了空间。

文化事业单位开始企业化转型。一是文化艺术部门和团体的精简合并工作提速，1980年召开的全国文化厅局长会议开启了文艺院团改革的高潮，文化布局逐步得到优化。二是在文化单位开展承包经营责任制，实行“以文补文”“多业助文”弥补文化事业经费的短缺、改善职工福利待遇。三是在文化艺术管理方面推进“双轨制”改革，即允许所有制性质不同的“全民所有制院团”与“多种所有制的艺术团体”共同发展。四是在20世纪80年代中期，从运行机制、发行体制、价格体制和内部体制等方面对新闻出版单位进行改革，全面实行“事业单位，企业化管理”。到20世纪90年代初期，“统得过死”等体制弊端得到初步解决，文化体制改革实现了部分突破。

文化产业化和市场化运作开始兴起。1979年，广州市出现了国内第一家营业性音乐茶座，一般认为，这是我国文化市场兴起的标志。在这以后，电子游戏、营业性舞厅、卡拉OK厅、台球室等文化娱乐场所竞相开业，现代意义形态的文化市场开始形成。1983年，上海和广州两个城市率先涉足生产和经营录像行业，打造出了改革开放以来我国最早的一批音乐明星，建立了改革开放以来我国最早的文化演出和文化经纪公司。与此同时，广告业成为了一个令人瞩目的文化服务行业并迅速发展。

在文化产业开启的阶段，一方面，党和政府以及社会民众越来越认识到，文化不仅具有意识形态等属性，还具有产业属性；另一方面，短期内要跳出长期以来计划经济体制形成的“路径依赖”，是十分困难的。因此，在这个时期，文化产业的发展还远不能满足社会公众的文化需求，发展的动力主要靠行政力量推动，文化的“产业”地位还没有真正确立起来。

二、文化产业起步阶段（1992～2001年）

文化体制改革加速推进。在1992年邓小平南方谈话指导下，1992年10月召开的中共十四大将建立社会主义市场经济体制明确为我国经济改革的战略取向，明确提出“积极推进文化体制改革，完善文化事业的有关经济政策，繁荣社会主义文化”，为我国文化产业发展提供了良好的宏观经济和政策指导。1996年10月中共十四届六中全会通过的《中共中央关于加强社会主义精神文明建设若干重要问题的决议》，确立了文化体制改革的目标、任务和一系列方针，是第一次以党的重要决议形式作出的文化改革纲领。《决议》中强调，要依据文化发展规律，充分发挥市场机制作用，处理好国家、单位、个人的关系，逐步形成政府保重点、社会力量积极兴办文化的多元发展格局。1997年9月召开的中共十五大，明确提出了文化建设的根本任务、基本方针和主要政策，深刻指明了文化建设的战略地位和时不我待的历史紧迫性，首次把文化看作社会主义中国综合国力的重要标志和因素，提升与强调了文化建设的战略地位。在机构设置方面，文化产业司成为1998年文化部新成立的机构，这也是我国政府主管部门首次设立专门管理文化产业的机构。

文化管理部门加大改革力度。文化由政府主导向市场主导转变，由“直接管理”转向“间接管理”、“办文化”转向“管文化”、“小文化”转向“大文化”等。2000年十五届五中全会通过《中共中央关于制定国民经济和社会发展第十个五年计划的建议》，“文化产业”用语首次在国家层面的正式文件中得到使用。由此，文化与产业、与经济的融合发展得到了国家认可和鼓励，标志着文化建设进入了文化产业与文化事业“两轮驱动”发展的新时期。这一时期，我国修订了多部与文化产业发展相关的法律，主要有《商标法》《著作权法》《专利法》《电影管理条例》《广播电视管理条例》《音像制品管理条例》《出版管理条例》《印刷管理条例》等①。这为我国文化产业的合理化进程与合理化实现提供了思想和法制指

---

① 范周，杨矞．改革开放四十年中国文化产业发展历程与成就．山东大学学报（哲学社会科学版），2018（4）．

引，也为我国构建文化产业创新系统和走向世界的基本格局奠定了基础。

文化体制改革的逐步深入推动了文化产业的迅猛发展。一方面，社会资本参与文化建设的力度和积极性得到空前激发。据统计，1997 年的全国文化经营主体中，国有文化经营单位只占整个文化经营单位的 10% 左右，而非国有文化部门创办的实体已占 88.6%①。另一方面，文化中介市场开始兴起与发展。北京、上海、广州等城市的文化中介服务类企业数量急剧增加，表明我国文化要素市场的专业化、规范化和国际化发展开始蓬勃兴起。此外，我国通过合并等方式组建了规模大、实力强的文化企业集团。1999 年，全国第一家出版集团——上海世纪出版集团正式成立，随后南方报业集团、湖南广电集团等相继成立。值得一提的是，我国信息技术的飞速发展推动了互联网的迅速发展。据调查，1999 年的中国，上网计算机和互联网用户分别达到 146 万台、400 万人，互联网站点数约 9906 个②。

这个时期的主要特征为：一方面，文化体制改革措施的实施，激发了文化产业在市场经济中的作用，同时初步提供了文化产业发展的政策与制度空间。另一方面，文化体制改革的深化促使国有资本、社会资本按照市场逻辑和规律进行营运，为其后发展文化产业打下了基础。但这一时期的经济制度和经济体制还存在诸如文化企业和文化事业界限不清晰、观念和机制转换不到位、政府职能改革滞后等问题，导致文化产业发展不平衡、不协调，产业规模较小、产业发展速度和质量效益都有待提升。

三、文化产业快速发展阶段（2002～2011 年）

文化产业概念完全“合法化”。2002 年，党的十六大报告对文化事业与文化产业进行了科学区分，标志着文化体制改革理论趋于系统化、明晰化，大大加快了文化体制改革步伐。2003 年 9 月，文化部制定下发《关于支持和促进文化产业发展的若干意见》，将文化产业界定为“从事文化产品生产和提供文化服务的经营性行业”，2004 年，由国家统计局出台的《文化及相关产业分类》，将“文化及相关产业”界定为“为社会公众提供文化娱乐产品和服务的活动，以及与这些活动有关联的活动的集合”，

---

① 蔡武主编．筑牢文化自信之基——中国文化体制改革 40 年．广州：广东经济出版社，2017：80.

② 范周，杨矞．改革开放四十年中国文化产业发展历程与成就．山东大学学报（哲学社会科学版），2018（4）.

包括文化产业核心层、文化产业外围层和相关文化产业层。2007 年，党的十七大报告从提高国家文化软实力的高度对文化建设进行了深刻阐述，党对文化事业和文化产业的认识又向前迈进了一步。2009 年我国出台了《文化产业振兴规划》，标志着文化产业已经上升到国家战略性产业的高度进行部署。

文化体制改革取得明显成效。首先，政府在文化领域的职能实现了转变，管理方式由管办一体转变为管办分离、以管为主，管理对象由主要管理部门直属企业和事业转变为系统化的社会管理，管理机制由主要依靠行政机制转变为更多地运用法律、经济等机制。其次，市场主体活力得到增强，开展了转企改制、事业单位内部改革、实施文化改革试点等改革措施，推动了文化企业和文化事业单位的体制创新和机制创新。此外，我国政府还通过出台政策措施，降低市场准入门槛，鼓励和支持民营企业、民间资本积极加快文化建设进程，形成投资主体多元化、融资主体社会化的局面。

这个阶段，我国文化产业的门类更加齐全，就业人员大幅增加，初步形成了以公有制为主体、多种所有制经济共同发展的格局，非公有制文化企业在文化市场快速成长，涌现出一批规模较大、市场竞争力较强的文化企业，文化产业集约化、规模化发展水平得到明显提升。

四、文化产业全面提升阶段（2012 年至今）

文化体制改革全面深化。党的十八大以来，伴随各项改革全面深化，文化产业发展迎来新的机遇。2014 年习近平同志在文艺工作座谈会上强调文艺创作导向必须坚持以人民为中心。党的十八届三中全会将文化与经济、政治、社会、生态并列，共同组成五位一体全面布局，标志着文化建设向纵深推进。2014 年国务院出台了《关于推进文化创意和设计服务与相关产业融合发展的若干意见》，强调了“大文化”的发展理念，提出了更加开放的文化产业发展战略格局。党的十九大明确了文化建设是中国特色社会主义建设“五位一体”总体布局中的支柱之一，提出了新时代文化建设的目标和基本要求，指出了新时代文化建设的着力点。2018 年 3 月，国务院批准设立文化和旅游部，并组建了国家广播电视总局，明确中宣部统一管理电影、新闻出版工作，为文化产业高质量发展奠定了体制、机制基础。

文化产业政策更加完备。我国在新闻出版业、电影产业、网络文学、音乐产业、体育产业、网络视听业等行业，出台了专门性的支持政策和管理办法。此外，数字文化产业、文化金融、文化对外贸易等专项指导意见迭出，《中华人民共和国国民经济和社会发展第十三个五年规划纲要》正式将数字创意产业列为战略性新兴产业之一，随后又在《“十三五”国家战略性新兴产业发展规划》中加以明确。推动文化和科技高度融合、创新驱动文化产业发展、助力文化产业培育形成新供给和新动力等意见，则在《文化部关于推动数字文化产业创新发展的指导意见》中进行了明确。

在这一时期，文化产业供给侧改革取得显著成效，显示出文化产业迈上了高质量发展新阶段，具体主要表现在：一是多种所有制共同发展的格局基本形成、国有或国有控股文化企业总体实力不断增强；二是市场主体蓬勃发展且对国民经济发展的贡献逐年提升；三是文化产业结构不断优化；四是文化产业规模化、集约化水平提高；五是文化贸易快速增长、文化贸易伙伴呈现多元化、文化对外投资有序推进，逐渐形成了文化走出去的新格局。

第二节　新时代我国文化产业安全状况的显著改善

一、获得前所未有的发展机遇

党中央高度重视文化产业安全问题。2013 年成立的中华人民共和国国家安全委员会，标志着我国国家安全战略的顶层决策机构正式形成，国家安全体制更加完善。2014 年 4 月 15 日，习近平同志正式提出并阐释了包括文化安全在内的 11 个方面的“总体国家安全观”。“总体国家安全观”的提出标志着文化安全上升为国家安全的战略性组成部分，文化安全既是我国其他安全也是国家总体安全的有效保障。习近平同志在 2013 年全国宣传思想工作会议上指出意识形态工作在党的全部工作中有着极端重要的地位，在 2018 年全国宣传思想工作会议上指出要自觉承担起“兴文化”的历史使命，可以看出党从宏观战略层面高度重视文化建设，尤其把筑牢意识形态安全视为文化安全乃至国家总体安全的核心要义之一。文化产业作为意识形态的重要载体，则是意识形态安全的主要现实支撑。

文化建设在中国特色社会主义事业总体布局中占据重要地位。党的十六大之前重点强调“经济现代化”，十六大提出了包括经济、政治和文化建设的“三位一体”布局，十七大又提出了包括经济、政治、文化和社会建设的“四位一体”布局，十八大进一步拓展为经济、政治、文化、社会和生态文明建设“五位一体”总体布局。这个总体布局意味着进入新时代后，中国的现代化建设从局部走向全面、从不太协调走向全面协调。党的总体布局从以经济建设为中心，到提出文化建设，再到全面加强生态文明建设，文化发展被置于空前重要的地位。“五位一体”发展实际上是平衡发展，文化发展恰恰是实现“五位一体”文明的重要旨归，这就为文化产业发展创造了前所未有的机遇。

二、供给侧结构性改革不断深化

健全文化金融市场建设。进入新时代以来，我国更好地发挥财政、金融、产业政策协同效应，实施以奖代补、基金注入等，尤其通过开展政府与社会资本合作（PPP），扶持引导社会投资进入文化领域；加快文化产业融资模式创新，激发市场自身活力，通过文化金融创新工程、文化与金融合作示范区创建等措施，引导和促进金融机构创新金融产品和服务模式，并支持文化企业利用资本市场上市融资、再融资和并购重组，研究设计“文创债”等。

完善文化科技市场建设。进入新时代以来，我国进一步健全以企业为主体、市场为导向、产学研相结合的文化技术创新体系，通过建立文化部重点实验室、文化部工程技术研究中心、文化科技创新联盟和协同创新平台等，支持数字文化资源开发关键技术研究与应用，加强文化领域重要装备、工艺、系统、技术平台等相关研究，加快文化行业标准和国家标准的制定修订，推进以新一代信息技术为核心的高新技术在文化产业领域的集成与应用，加强科技创新与成果转化。

加强知识产权保护。2016 年中央全面深化改革领导小组部署开展了知识产权综合管理改革试点，2017 年我国已经基本形成了以《知识产权综合管理改革试点总体方案》为引领，以《新形势下加快知识产权强国建设的若干意见》《“十三五”国家知识产权保护和运用规划》《深入实施国家知识产权战略行动计划》为支撑，以深圳、长沙等 6 个知识产权综合管理改革试点和一批知识产权保护中心、快速维权中心等为载体的知识产权体制机制，并通过修改《专利审查指南》《关于规范专利申请行为的若干规定》《专利优先审查管理办法》等，深化了“放管服”改革。

加快市场主体改革速度。2017 年《中央文化企业国有资产监督管理暂行办法》提出进一步完善党委和政府监管有机结合、中宣部有效主导、财政部代表国务院有效履行出资人职责的中央文化企业国有资产监督管理工作机制，推动中央文化企业实现政企分开，建立健全有文化特色的现代企业制度。2017 年《关于加强中央文化企业负责人社会效益和经济效益综合考核的意见（试行）》提出要完善综合考核评价制度，社会效益考核权重占 50% 以上。对于文化企业的资产问题，2017 年《关于中央文化企业国有资产评估管理的补充通知》和《关于进一步规范中央文化企业国有资产交易管理的通知》按照简政放权和市场配置资源原则，明确了中央文化企业国有资产评估研究备案分级管理，规范了国有产权转让、增资扩股和资产（包括文化特殊资产）转让行为，并提出要打造文化国资交易平台，提高文化产权交易所市场的影响力和公信力。支持民营文化企业，新时代以来我国持续降低社会资本准入门槛，重点支持“专、精、特、新”中小微文化企业发展，鼓励社会资本进入文化企业孵化器、众创空间、文化资源保护开发等新兴领域。

三、产业规模急速扩大

进入新时代以来，随着文化体制改革的深入和供给侧结构性改革的推进，我国文化产业实现快速发展、产业规模持续扩大。根据图 2 - 1 和图 2 - 2，在 2012 ~ 2018 年阶段，我国的 GDP 总量从 2012 年的 519322. 1 亿元快速增加到 2018 年的 919281. 0 亿元，增长了 177. 0%，平均增速为 7. 1%；同期，我国文化产业增加值从 2012 年的 18071 亿元增加至 2018 年的 38737 亿元，文化产业增加值 2018 年比 2012 年增长了 2. 15 倍，平均增速为 12. 1%，超出该时期 GDP 增速 5 个百分点，说明文化产业的市场活力在我国各类产业中处于较高水平。2012 年我国文化产业占 GDP 的比重由 3. 36% 提高至 2018 年的 4. 48%，非常接近国民经济支柱产业 5% 的目标。从对经济增长的贡献看，2004 ~ 2012 年间，文化产业对 GDP 增量的年平均贡献率为 3. 9%，2013 ~ 2018 年进一步提高到 5. 5%。这说明新时代以来我国文化产业发展质量稳步提高，对社会经济的贡献越来越大、对社会经济的拉动作用越来越重要。

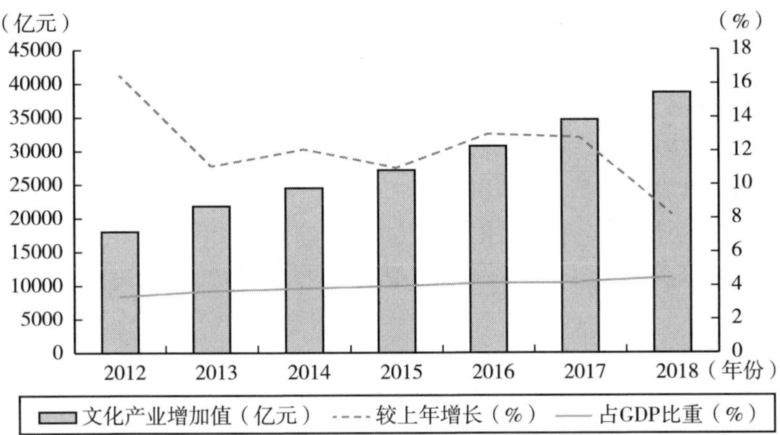

图 2-1　2012～2018 年我国文化产业增加值、增长速度与占 GDP 比重

资料来源：国家统计局社会科技和文化产业统计司，中宣部文化体制改革和发展办公室．中国文化及相关产业统计年鉴．北京：中国统计出版社，2013-2019.

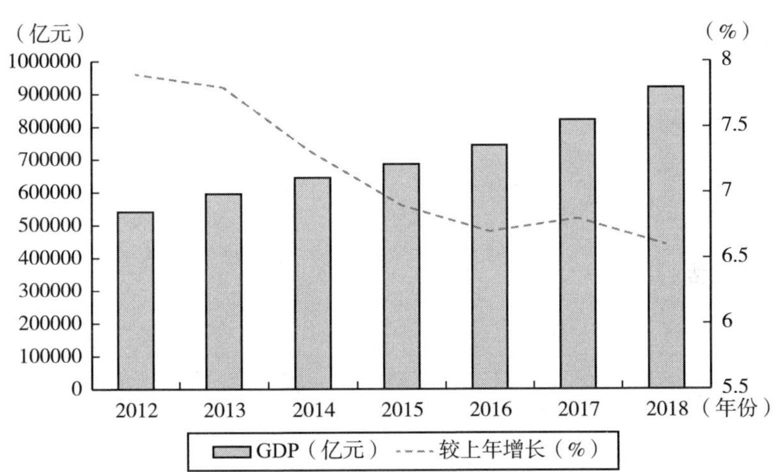

图 2-2　2012～2018 年我国 GDP 总量、增长速度

资料来源：国家统计局社会科技和文化产业统计司，中宣部文化体制改革和发展办公室．中国文化及相关产业统计年鉴．北京：中国统计出版社，2013-2019.

四、产业结构更趋优化

表 2-1 的数据显示，我国文化制造业增加值比重由 2012 年的 40.1% 下降到 2018 年的 29.1%，降低了 11 个百分点。2012～2018 年间，除 2018 年文化产业制造业增加值出现下降外，从规模上看，文化

产业制造业增加值、批发和零售业以及服务业的增加值都处在上升通道。但从增长速度来看，除 2013 年、2018 年外，文化服务业的增速与其他行业相比较，明显要高出不少，且增速都超过了 14%，尤其在 2018 年增速高达 28.7%，由此，附加值高的文化服务业增加值占全行业增加值的比重 2018 年比 2012 年上升了 7 个百分点。可以看出，我国文化产业结构不断改善，文化服务业作出的贡献和在文化产业中的地位不断提高，在文化产业增加值总额中占据的份额已经超过六成且仍然呈现扩张的趋势。

表 2-1　2012～2018 年我国文化产业结构变化

年份	文化制造业增加值（亿元）、增长速度（%）、占行业增加值比重（%）	文化批发和零售业增加值（亿元）、增长速度（%）、占行业增加值比重（%）	文化服务业增加值（亿元）、增长速度（%）、占行业增加值比重（%）
2012	7253、17.4、40.1	1187、9.4、6.6	9631、16.7、53.3
2013	9418、16.1、43.1	2146、80.8、9.8	10307、7.0、47.1
2014	10201、8.3、41.6	2386、11.2、9.7	11952、16.0、48.7
2015	11053、8.4、40.6	2542、6.5、9.3	13640、14.1、50.1
2016	11889、7.7、38.6	2872、13.8、9.3	16024、17.5、52.1
2017	12094、1.7、34.8	3328、15.9、9.6	19300、20.4、55.6
2018	11999、-0.8、29.1	4340、30.4、10.6	24832、28.7、60.3

资料来源：国家统计局社会科技和文化产业统计司，中宣部文化体制改革和发展办公室．中国文化及相关产业统计年鉴．北京：中国统计出版社，2013-2019.

五、文化新业态发展势头强劲

新时代以来，数字技术、网络技术广泛应用于我国文化产品和服务的生产、传播、消费等各个环节，大大促进了数字内容、动漫游戏、视频直播、视听载体等新兴文化业态的萌发和成长，并已经成为引领文化产业发展的新引擎和新动能。国家统计局的数据显示，2016 年全国规模以上文化信息传输服务业营业收入增长了 30.3%，2017 年则达到 34.6%，2016 年、2017 年文化创意和设计服务业营业收入的增长率均为 8.6%。2018

年，我国具备较为明显的文化新业态特征的16个行业小类①共实现营业收入2.1万亿元，比上年增长22.4%，占全行业营业收入比重为21.5%，比2017年提高近4.2个百分点。其中，互联网其他信息服务、可穿戴智能文化设备制造的营业收入增长速度达到三成。为文化产业的发展注入了新的增长动能。由此可以看出，发展势头强劲的文化新业态已成为引领我国文化产业发展的重要力量，有力地增强了我国文化产品和服务的市场竞争力。

六、呈现出明显的集群发展趋势

新时代以来，我国文化体制改革取得重大进展，有力地推动了文化产业集群化发展，文化骨干企业②数量快速增长、竞争力和综合实力明显增强，文化产业园区和基地规划建设成效显著。国家统计局的数据显示，从企业数量上看，2018年全国文化骨干企业达到6.0万家，与2012年相比增长了64.3%，2013～2018年间年均增长8.6%。从就业规模看，2018年全国文化骨干企业从业人员达到845万人，与2012年相比增长了20.9%，年均增长3.2%。从营业收入看，2018年全国文化骨干企业实现营业收入89257亿元，与2012年相比增长了58.6%，年均增长8.0%。截至2018年底，我国国家级文化产业示范园区达到10个，国家级文化产业实验园区增至10个，国家级文化产业示范基地则多达335个。上述都表明我国文化产业规模化、集约化、专业化发展趋势明显，为提高我国文化产业的利润和市场占有份额、加强文化产业之间的技术传播和创新发挥了重要作用，同时也打造了提高产业竞争力的众多重要平台。

---

① 新业态特征明显的16个行业小类是：广播电视集成播控，互联网搜索服务，互联网其他信息服务，数字出版，其他文化艺术业，动漫、游戏数字内容服务，互联网游戏服务，多媒体、游戏动漫和数字出版软件开发，增值电信文化服务，其他文化数字内容服务，互联网广告服务，互联网文化娱乐平台，版权和文化软件服务，娱乐用智能无人飞行器制造，可穿戴智能文化设备制造，其他智能文化消费设备制造。

② 文化骨干企业指规模以上文化制造业企业、限额以上文化批发零售业企业和规模以上文化服务业企业的总称，具体包括：年主营业务收入在2000万元及以上的文化制造业企业；年主营业务收入在2000万元及以上的文化批发企业或年主营业务收入在500万元及以上的文化零售企业；从业人数在50人及以上或年营业收入在1000万元及以上的文化服务业企业（其中文化和娱乐业的年营业收入在500万元及以上）。

七、文化市场繁荣兴盛

国家统计局的数据显示，从文化消费需求看，我国2018年居民在文化娱乐方面的人均消费支出为827元，与2013年相比增长了43.4%，2014~2018年期间平均增长7.5%，文化娱乐支出占全部消费支出的比重达到4.2%，表明我国居民文化消费数量持续增长、质量不断提高。例如，我国2018年电影票房收入609.8亿元，与2012年相比增长了1.9倍，2013~2018年期间平均增长19.6%；电影院线银幕超过6万块，与2012年相比增长了3.6倍，2013~2018年期间平均增长28.9%，银幕总数已经上升至世界第一。我国2018年底共有各类艺术表演团体17123个，比2010年的6864个增长了2.5倍，从业人员、全年演出数量和演出收入分别为41.6万人、312万场次、152.3亿元，与2012年相比各增长了72.0%、131.5%和137.4%。

八、文化企业获得新发展

从市场主体数量看，我国文化市场呈现“井喷式”增长。截至2018年底，我国文化产业法人单位高达210.3万个，占第二、第三产业法人单位总数的9.7%，与2013年底比较数量增长了129.0%，其中占90%以上的经营性文化产业单位成为推动我国文化发展的主体力量。从龙头企业的市场表现看，经营绩效实现了新突破。2019年光明日报社和经济日报社联合发布的第十一届“全国文化企业30强”显示，“30强”文化企业的主营收入4164亿元、净资产3636亿元、净利润456亿元，主营收入和净利润创历史新高，分别比上届增长10.51%和8.31%，且主营收入首次突破4000亿元大关，净利润首次突破450亿元大关①。就入选的具体企业来看，在传统的大型国有出版和影视企业之外，包括提名企业在内的数字内容、新媒体等企业明显增多，如掌阅科技股份有限公司连续两年进入了“30强”名单。从市场格局看，我国已经初步形成了文化企业经济效益与社会效益并重的格局。近年来，不论国有大型文化企业还是民营企业，都在国家政策推动下推出了一系列受众口碑好、市场效益高的文化产

① 第十一届“全国文化企业三十强”公布，http：//epaper. gmw. cn/gmrb/html/2019 - 05/19/nw. D110000gmrb_20190519_1 - 04. htm.

品，既给文化企业创造了较高的经济效益，也产生了很好的社会效益。例如，2017 年上映的国产影片《战狼 2》，创下了 57 亿元的华语电影史票房纪录。

文化企业获得新发展还表现在我国互联网文化企业深度运作能力增强①。近年来，我国互联网文化企业的平台整合能力和产业主导能力越来越凸显出来。一方面，大型互联网文化企业越来越重视将网络文学、在线影视、游戏动漫等数字内容产业整合到企业发展战略中，如 2017 年阿里大文娱先后收购大麦网、广州简阅，成立了文娱现场娱乐事业群、游戏群，与此前对优酷土豆等一系列整合全面融合，在 IP 创造、内容分发、营销推广、衍生品销售等方面逐渐形成了协同效应。另一方面，互联网文化企业与图书出版、电视电影、教育培训、文化艺术、旅游景区等传统文化企业的融合更加紧密，通过“互联网 +”加快向线下延伸产业链条，实施文化 O2O 战略，如我国最大的网上图书销售公司当当网 2015 年底推行实体书店计划，仅在 2016 年就相继开设了 140 多家实体书店。

九、区域发展更为均衡

从 2018 年中国省市文化产业发展指数聚类分析来看（见表 2 -2），北京、上海、浙江等六省市位列第一方阵，且发展的稳定性很好。河北、山西等 11 个省市位列第二方阵，发展指数率较第一方阵略低。内蒙古、吉林等 14 个省份发展指数位列第三方阵，各个发展指数明显低于前两个方阵。

表 2 -2　　2018 年我国各省份文化产业发展指数

类别	省份	特征值	生产力	影响力	驱动力	综合指数
强势	北京、上海、江苏、浙江、山东、广东	均值	77.9	84.2	81.2	81.7
		均衡度	0.052	0.046	0.050	0.025
普通	河北、山西、辽宁、安徽、福建、湖南、重庆、天津、四川、云南、陕西	均值	71.9	75.4	76.9	75.3
		均衡度	0.030	0.033	0.036	0.022

① 陈少峰等．中国文化企业报告 2018．杭州：浙江工商大学出版社，2019：9.

续表

类别	省份	特征值	生产力	影响力	驱动力	综合指数
弱势	内蒙古、吉林、黑龙江、江西、河南、湖北、广西、海南、贵州、西藏、甘肃、青海、宁夏、新疆	均值	68.8	71.7	78.3	73.8
		均衡度	0.032	0.027	0.028	0.022

资料来源：中国省市文化产业发展指数（2018），https：//www.sohu.com/a/290095335_120066051.

从2014年、2018年东中西部地区文化产业发展指数对比来看（见表2－3），东部地区文化产业发展指数较中西部优势明显，但是差距略有缩小。2018年东中西部地区综合指数柱状图（见图2－3）显示，东部地区文化产业发展指数明显高于中西部地区，但是2014～2018年，差距持续收窄。根据2014年、2018年东中西部地区指数对比可以看出，驱动力指数的差距缩小最为显著，其主要原因是新时代以来从2012年2月国务院批复的《西部大开发“十二五”规划》到2020年5月中共中央、国务院《关于新时代推进西部大开发形成新格局的指导意见》等一系列支持西部发展政策，以及从2012年7月国务院通过的《关于大力实施促进中部地区崛起战略的若干意见》、2016年12月国务院批复的《促进中部地区崛起“十三五”规划》到2019年5月习近平同志主持召开推动中部地区崛起工作座谈会等一系列举措，加上中西部地方政府高度重视推进文化产业发展，制定了一系列促进文化产业发展的政策，使中西部地区文化产业的发展充满了动力。

表2－3　2014年、2018年东中西部地区文化产业发展指数

类别	年份	东部	中部	西部
综合指数	2018	78.70	74.62	73.90
	2014	76.94	72.39	71.36
生产力	2018	74.75	71.09	69.26
	2014	76.10	71.53	69.08
影响力	2018	79.25	73.20	72.62
	2014	78.52	73.81	71.95
驱动力	2018	79.63	77.80	77.51
	2014	76.19	71.83	73.05

资料来源：中国省市文化产业发展指数（2018），https：//www.sohu.com/a/290095335_120066051.

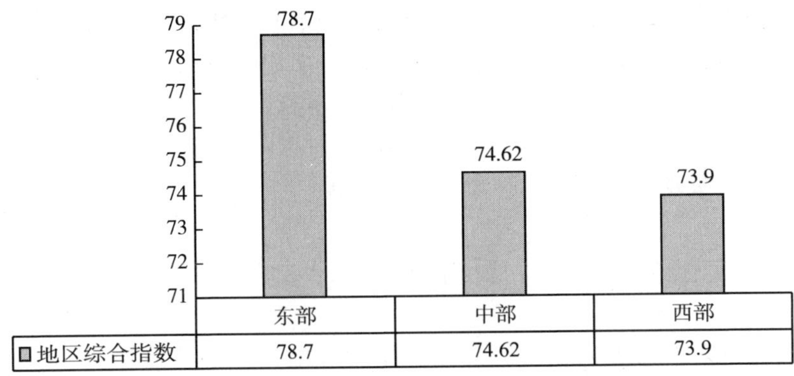

图 2-3　2018 年东中西部地区综合指数对比

资料来源：中国省市文化产业发展指数（2018），https://www.sohu.com/a/290095335_120066051.

表 2-4 列出了 2014~2018 年我国各省份文化产业发展指数增长速度排名，可以看出广西、内蒙古两个省份进步较快。

表 2-4　2014~2018 年文化产业综合发展指数增长速度排名

排名	省份	2014 年指数	2018 年指数	指数增长
1	广西	68.62	75.39	6.77
2	内蒙古	69.86	75.55	5.69
3	重庆	71.84	77.17	5.33
4	吉林	69.99	74.64	4.65
5	黑龙江	69.66	74.22	4.56
6	天津	72.28	76.21	3.93
7	湖北	70.77	74.55	3.78
8	海南	69.04	72.69	3.65
9	北京	82.08	85.47	3.39
10	河南	72.24	75.56	3.32

资料来源：中国省市文化产业发展指数报告（2018），https://www.sohu.com/a/290095335_120066051.

总的来看，虽然东部地区的综合指数明显优于中西部地区，但中西部地区部分省份表现抢眼，例如，2014 年至 2018 年，湖南和四川的综合指数多次进入全国前十，其中湖南综合指数排名在2017年和2018年都位列第七。目前，湖南在广播电视、出版发行、文化旅游以及卡通动漫领域打造了一支强大的文化湘军。另外，近五年来指数增长最快的三个省份分别是广西、内蒙古和重庆，都位于西部地区。这些都说明，新时代以来我国文化产业区域发展不平衡的现象有较大改善。

十、文化“走出去”新格局逐渐形成

文化贸易增长迅速。一是文化产品的进出口规模持续扩大。2018年，我国文化产品进出口规模达到1023.8亿美元，与2012年相比增长了15.4%，2013~2018年期间平均增长2.4%。其中，我国与“一带一路”沿线国家和地区的文化产品贸易增长至184.8亿美元，与2012年相比增长了43.2%，占文化产品贸易总额的18.1%，与2012年相比提高了3.5个百分点。二是文化贸易伙伴更加多元化。2018年，我国文化产品出口的前五大市场分别是美国、中国香港、荷兰、英国和日本，合计占出口总额的近六成。我国出口到“一带一路”沿线国家和地区的文化产品达到162.8亿美元，为2008年55.4亿美元的近3倍。

文化对外投资稳步推进。新时代以来，我国出台了《关于加快发展对外文化贸易的意见》（2014）、《关于进一步加强和改进中华文化走出去工作的指导意见》（2016）、《关于加强“一带一路”软力量建设的指导意见》（2017）等文件，鼓励我国国际竞争力强的文化企业扩大对外投资。2018年，我国文化、体育和娱乐业的海外投资总额达到16.9亿美元，与2012年相比增长了8.5倍，占我国对外直接投资额的比重则由2012年的0.2%增长到1.3%，提高了1.1个百分点①。

① 文化事业繁荣兴盛 文化产业快速发展——新中国成立70周年经济社会发展成就系列报告之八，http://www.xinhuanet.com/fortune/2019-07/25/c_1210213353.htm.

第三章

基于产业竞争力的中国文化产业安全评价

从当前国内外学者的研究来看，探讨（文化）产业安全的理论主要有产业保护理论、产业损害理论、产业控制理论、产业（国际）竞争力理论。前二种理论可以理解为产业面对外部威胁自身进行防御的思想，但在经济全球化的开放条件下，产业安全问题的根源在于产业竞争力状况，竞争力强的产业在某一时期不会面对生存和发展受到威胁的情况①。产业竞争力是影响产业安全的最关键因素②，而且是影响产业安全的核心因素③。因此，要从产业安全的战略高度认识产业竞争力，提升竞争力是维护产业安全的最关键路径④。文化产业安全的实质就是在持续变化的国际市场中，不断提升产业竞争力，以获得产业持续生存与发展的能力⑤。基于此，本章将从市场竞争力、技术竞争力、可持续竞争力、相关产业竞争力、企业竞争力等五个方面深入阐述文化产业竞争力影响其安全状况的机理，以此为理论基础构建文化产业评价模型，并结合熵值法运用该模型对我国文化产业 1998～2017 年的安全度进行测算。

第一节　文化产业竞争力影响其安全状况的机理

一般认为，产业竞争力表现为市场、技术、可持续、相关产业、企业

① 金碚．产业竞争力与产业安全的关系．财经界，2006（9）．

② 严慧敏，谢鹏．对产业安全与产业国际竞争力的探讨．科技和产业，2008（8）．

③ 冯琦．基于产业安全视角的我国信用评级产业竞争力研究．北京交通大学博士学位论文，2017：5．

④ 孙瑞华．提升产业国际竞争力的产业安全意义．商业时代，2006（8）．

⑤ 曹萍等．基于产业竞争力的软件产业安全评价．科技管理研究，2017（2）．

等五个方面的竞争力，本节将分别阐述这五个方面对我国文化产业安全的影响，进一步深化产业竞争力影响文化产业安全的机理研究。

一、市场竞争力影响文化产业安全的机理

市场竞争力指的是市场主体在竞争激烈的市场中，通过提供具备价格、质量优势或两方面优势兼备的产品和服务，在与对手的较量中胜出，使其获得生存和持续发展的能力。市场竞争力的形成既与外部因素有关联，也与内部因素相关联。

（一）外部环境

本书依据 PEST 分析模型进行略微调整，主要从经济社会基础与文化资源两个外部因素讨论市场竞争力对文化产业安全的影响。由于技术对文化产业发展的影响日趋加深，因此，技术竞争力放在下一小节进行讨论。

1. 经济社会基础

超大规模的市场优势使我国文化产业的运行具有更强的韧性。国际经验表明，当人均国民生产总值达到 3000 美元以上的时候，文化消费就会步入快速增长的通道；当人均国民生产总值越过 5000 美元之时，文化消费会出现“井喷”之势。我国早在 2008 年，人均国民生产总值就突破了 3000 美元，达到 3226 美元；2011 年我国人均国民生产总值超过了 5000 美元，达到 5618 美元。2019 年我国人均国民生产总值跨过了 10000 美元大关，达到 10261 美元。伴随着人均 GDP 的不断增加，民众的收入也随之增多，对文化的需求也日渐增长。2007～2017 年，我国文化娱乐消费增长了 82%，文化消费进入了快速发展的阶段。而且我国拥有庞大的 14 亿人口，其中有超过 4 亿的中等收入群体、8 亿多的网民。人民收入的增长以及庞大的人口规模，造就了我国超大规模的文化市场。一方面，超大规模的文化市场优势，使我国文化产业在面对外部冲击时能够通过内部分摊降低冲击强度，从而获得巨大的缓冲空间。中美经贸冲突以来，我国文化出口企业面临的压力正是通过强大国内市场的吸收得到了一定程度的缓解。同时，我国超大规模的文化市场推动形成了世界上最完整的产业配套体系，在经受外部冲击时能够很好地稳定产业链。另一方面，我国超大规模的文化市场必然呈现产业、区域发展的差异，也可以带来文化产业的发展韧性。我国文化产业门类齐全、各个地区所处的发展阶段不同，这样，

面对内外部冲击时，发生区域共振效应概率极低，文化产业的发展稳定性更强。

我国超大规模的文化市场优势有利于提升创新能力。首先，我国巨大的文化市场空间可以创造广阔的创新试验场、大幅降低创新成本和收获更高的创新收益。我国庞大的国内文化市场，为各类文化新技术、新业态、新模式提供了非常适宜的试验场，能显著加快文化新技术、文化新产品的产业化和规模化进程，快速摊薄试错成本，创新潜在收益大。其次，我国巨大的文化市场空间意味着更为优质的竞争和创新生态。超大规模经济体的市场空间广阔，几乎不可能某一个或者几个大企业垄断全部市场，新创企业和中小微企业的成长空间和市场机会与中小经济体内的企业相比明显更多，小企业成长为大企业的概率也高出许多。

超大规模的文化市场优势使我国文化产业更容易形成和保持竞争优势。首先，有利于我国文化产业形成先发优势。如今，新一轮科技革命正蓬勃发展，规模经济摊薄了我国先进文化基础设施建设和创新性技术研发的投入成本，能以更快的速度推进以 5G、人工智能等为代表的文化基础设施建设，能更早地布局规划成本投入巨大的量子通信、6G 等前瞻性技术研发，抢先占领文化产业发展的前沿阵地，赢得发展先机。其次，有利于我国发挥规模效应形成竞争优势。我国文化领域要素供给丰富、市场容量巨大，能够更好地发挥出规模经济、范围经济和网络经济效应，使文化企业具备这些效应带来的效率优势，快速降低生产成本赢得竞争优势。

2. 文化资源

文化资源被认为是驱动文化产业发展的重要要素，存在形式包括物质形态、非物质形态两种。文化资源从构成上看，可以分为物质文化资源、非物质文化资源和自然文化资源三类，具体表现形式有：历史遗迹、民俗文化、地域文化、乡土风情、文学历史、民族音乐、宗教文化、自然风光等不同类别①。文化资源作为一种存量，反映的是文化产业发展中所需要的基础条件，包括了自然资源条件、非自然的人力资源、技术资源条件等。然而一个国家具有丰富的文化资源禀赋，并不必然意味着具备文化产业的发展能力，只有能够对文化资源进行优化配置，才能促进文化产业结构合理化和高级化。因此，作为文化产业主要驱动因素的文化资源，对文化产业结构的调整会产生重要影响，也能对文化产业安全的维护起到关键

① 向勇．文化产业导论．北京：北京大学出版社，2015：111.

性作用。

文化资源是一种客观存在的社会资源和一个地区的资源禀赋，怎样对待、如何开展文化资源的开发和利用，体现了一个国家文化产业结构转型的观念变化。文化资源的开发体现的是文化禀赋的转化能力和文化产业的经营能力。文化资源要文化资本化，经过文化创意转变成文化产品，进行产业化经营，形成文化品牌①。这说明，文化资源对文化产业的发展起到了至关重要的驱动力作用，必然影响文化产业安全状况。

我国拥有的广泛文化自然环境、优秀人文环境，造就了我国独特的文化市场环境。我国文化资源众多，各个地区都拥有独具特色的资源，文化产业也依附这些特有的文化资源得以快速发展。文化旅游资源尤具代表性，通过本地的文化旅游资源开发，吸引大量游客，以“文旅”为核心开拓文化市场。同时也发现，我国虽然拥有独特的文化市场环境，但是存在文化资源不集中、配套设施不完善、简单开发、粗放管理等问题，造成了文化资源的浪费，给文化产业安全带来了许多隐患。

（二）内部环境

对文化消费、产业集聚、文化贸易等因素的分析，有助于加深理解市场竞争力对文化产业安全的影响机理。

1. 文化消费

文化产业依靠满足市场上的文化产品和服务需求生存，文化产业必须根据消费者的需求变化进行不断调整。随着民众收入水平的提高与文化素质的提升，必然要求文化企业供给更高质量的文化产品和服务。文化企业只有优化升级产品和服务结构，不断推出创新性产品，才能够继续在市场上保持竞争力，产业结构的调整随之触发。文化产业结构调整的成效如何，对文化产业安全有重大影响，适应消费需求的文化产业结构调整能够有效提升文化产业安全度，而不能适应文化需求和服务增长的文化产业结构调整则将危害文化产业安全。

2019 年中国旅游研究院文化消费课题组发布了《全国文化消费数据报告》，报告指出文化消费市场需求旺盛，文化消费已经成为民众提升生活质量与幸福感的重要途径，同时文化消费对文化产业发展的贡献值逐步提高。博物馆、文化古迹、电影院、文艺演出、群众文化等多种多样的文

---

① 向勇．文化产业导论．北京：北京大学出版社，2015：116.

化消费形式使得消费结构更加合理，提升了文化产业竞争力。但是景点周边交通、餐饮等配套不足，文化场馆开放时间不够，免费开放活动较少，产品吸引力和创新力较弱等原因制约了文化消费的进一步提升，对文化产业安全产生威胁。

2. 文化产业集聚

文化产业集聚指的是数量较多的文化企业，集中在一定的区域内开展投资活动，进行分工和协调，围绕一家或数家龙头企业形成上中下游产业链，从文化创意到投入生产、衍生品开发、营销服务等环节形成了一条完整的产业链条，生产规模巨大、市场份额较高，有效地带动众多附属文化产业的发展。[①] 文化产业集聚已经成为全球化背景下文化产业发展的趋势，不仅能对提升文化企业的技术水平和竞争力发挥重要作用，还能够优化文化企业的布局和分工，拉近我国与国际先进文化企业的距离，既在较短时间内扩大文化企业规模，又提高文化企业发展质量，从而有效保障文化产业安全。文化产业集聚可以通过以下几种方式提高文化产业安全度：一是空间集聚促进了文化资源的优化配置与利用效率，从而发挥出提升文化产业整体竞争力与单个企业核心竞争力的巨大作用；二是空间集聚提高了信息交流效率，降低文化资源的流通成本，从而提升企业吸纳各种文化资源的能力和辐射能力，并推动文化企业创新能力提升；三是空间上集聚的文化企业能有效吸收现代高新技术成果，同时以集群的方式改造社会扩大再生产的方式和途径，进而为社会发展提供智力支持和文化生态环境[②]。

文化企业是产业集聚的微观主体，文化企业的市场集中度是观测产业集聚发展态势的主要指标。光明日报社和经济日报社联合发布的第十一届“全国文化企业 30 强”名单显示，2018 年“文化企业 30 强”主营收入总额为 4164 亿元、净利润为 456 亿元，分别比上届增长 10. 51% 和 8. 31% 。文化企业规模的逐步壮大推动了我国文化市场集中度的提高，进而提升了产业竞争力。

但是与美国的文化企业相比，我国文化企业规模较小，市场集中度较弱。根据美国财富 500 强排行榜的数据，2018 年美国排名前 30 的文化企业主营收入总额为 6863. 62 亿美元，约为 48584. 82 亿元人民币，约为中国“文化企业 30 强”主营收入总额的 11. 7 倍；美国排名前 30 的文化企

① 袁海．文化产业集聚的形成和效应研究．西安：陕西师范大学博士论文，2012：32.

② 胡惠林．文化产业学：现代文化产业理论与政策．上海：上海文艺出版社，2006：299 - 300.

业净利润为659亿美元，约为4665.15亿元人民币，约为中国“文化企业30强”净利润的10倍①。与发达国家相比，我国文化市场集中度不高，不利于维护文化产业安全。

3. 文化贸易

文化贸易对我国文化产业安全的影响表现在积极影响和消极影响两方面。

文化贸易能对我国文化产业安全发挥积极作用。首先，有助于我国文化产业结构转型升级以及传统文化资源开发。国外文化产品进入国内市场将加剧市场竞争，倒逼我国文化企业淘汰落后生产方式、注重文化资源与内容开发，以及文化企业开展资本重组、整合优化，从而提升企业核心竞争力，助力实现文化资源开发以及产业结构优化升级。其次，能够拓展我国文化产业融资与国际化发展渠道。引入国外优质资本有利于弥补我国文化产业发展过程中部分领域的资本匮乏，中外合资合作可推动我国优质文化企业规模化发展，此外借助外国文化企业的国际品牌以及营销推广渠道，有助于加快我国文化产业的国际化进程。最后，有利于我国文化产业技术升级与人才培养。文化贸易将带来技术转移、间接技术溢出以及国际化经营管理理念等，在一定程度上有助于提升我国文化产业开发、制作以及营销等产业链的水准，帮助培育国内文化产业的产品研发、技术加工、企业经营等多个领域的人才。

文化贸易会对我国文化产业安全产生负面影响。首先，削弱我国文化产业控制力与持续发展能力。随着我国文化产业对外开放的不断深化，国外文化产品进入门槛逐渐降低，将导致外企通过股权控制、品牌控制以及市场控制等多种形式实现其产业控制力与竞争力，对本土的产品及企业产生挤出效应。此外，外企对研究投资期限短、风险低且见效快的偏好，与优质文化产品开发周期长、不确定因素多的研究特性相冲突，导致外企涌入短期投资研究，一定程度上会造成我国文化产业投资分布不合理，不利于我国文化产业协调发展。其次，加深我国文化产业对外技术依赖与本土人才流失。我国用市场换来的文化外资，其对外公开的生产技术通常是二流、三流技术，核心技术实际仍由外企控制，这将会对我国文化产业造成两方面消极影响。一方面，本土企业直接使用外企技术进行生产，抑制了自主研发创新的积极性，阻碍了文化产业的技术进步；另一方面，外企通

① Bloomberg数据库（www.Bloomberg.net）。

过掌控核心技术，借助雄厚的资本条件挖走我国优秀人才，导致我国文化产业高质量人才外流。最后，威胁本土优秀文化资源安全与社会舆论安全。一方面，国外资本利用强大的资本优势对我国文化资源进行开发后，借助产权保护等法律制度形成行业壁垒，对我国文化资源进行掠夺的同时还获得了巨大的商业利益。另一方面，外资进驻我国传媒、影视以及图书出版等行业后，对内输入西方意识形态与社会思想文化，对外则宣传中国负面形象，刻意曲解国家行为与丑化国家形象。二者不仅对我国文化产业的经济安全产生了负面影响，而且对我国意识形态安全造成了一定程度的威胁。

通过查阅整理《中国文化及相关产业统计年鉴》（2013～2019年）数据，本书发现外资企业在我国文化产品对外贸易中占据着十分重要的地位，对我国文化贸易安全和文化产业安全构成了威胁。如图3－1所示，2012～2013年间我国文化产品进出口贸易额较低，分别为274.55亿美元、274.08亿美元；由于此后文化产品的统计口径扩大，2014年文化产品进出口贸易额剧增，达1273.70亿美元，2015～2018年文化产品进出口贸易额大致维持在1000亿美元的水平上下波动。

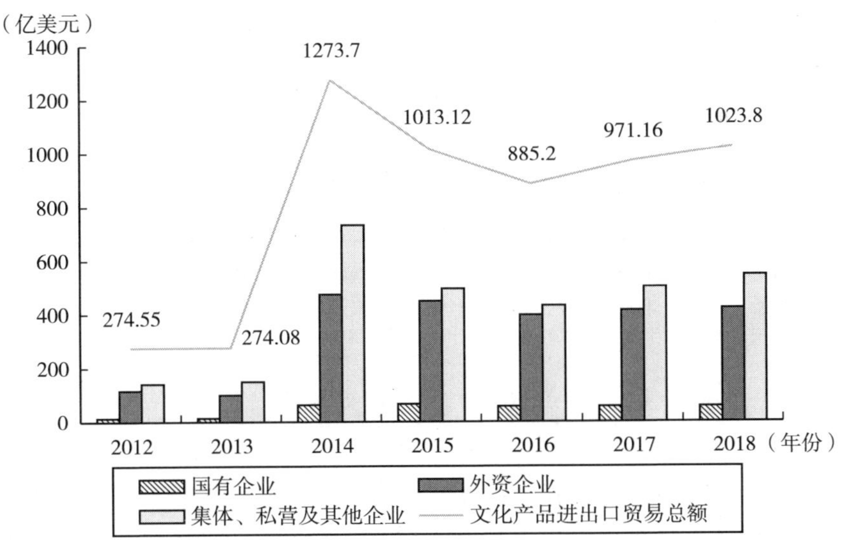

图3－1　2012～2018年按企业性质划分的中国文化产品进出口贸易额

资料来源：国家统计局社会科技和文化产业统计司，中宣部文化体制改革和发展办公室．中国文化及相关产业统计年鉴．北京：中国统计出版社，2013－2019.

值得注意的是，无论是统计口径变化前的核心文化产品进出口贸易，还是统计口径扩大后的文化产品进出口贸易，外资企业创造的文化产品进出口贸易额始终占据着中国文化产品进出口贸易总额的较大比例。2012年、2013年外资企业的文化产品进出口贸易占比分别为42.36%和38.01%。占比最高的年份为2016年，比重达44.91%，其余年份外资企业的文化产品进出口贸易总额占比也基本保持在40%左右。

此外，如图3－2所示，文化产品在我国对外文化出口贸易中占据很大比重，而外资企业的文化产品出口份额占据了较大比重，其出口额占比最高的年份为2012年，最低年份为2014年，比重分别为42.35%、34.47%。

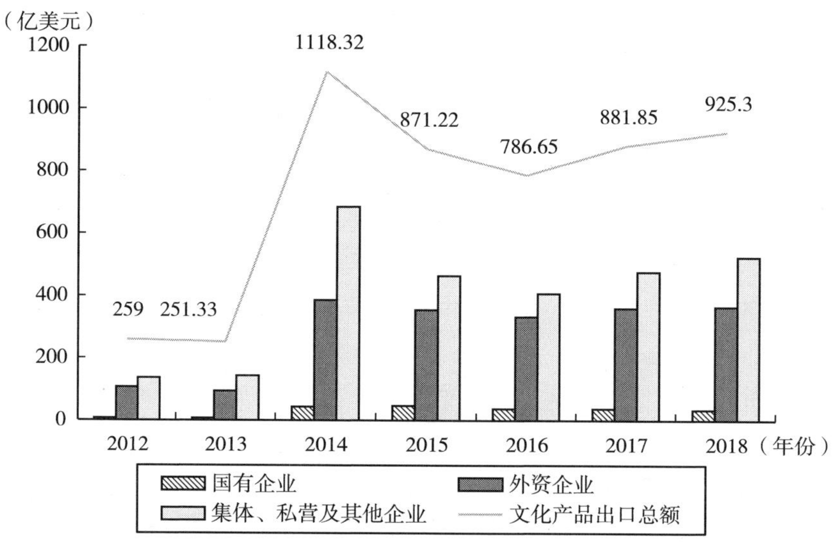

图3－2　2012～2018年按企业性质划分的中国文化产品出口贸易额

资料来源：国家统计局社会科技和文化产业统计司，中宣部文化体制改革和发展办公室．中国文化及相关产业统计年鉴．北京：中国统计出版社，2013－2019.

二、技术竞争力影响文化产业安全的机理

文化产业发展的灵魂在于创新。奥地利裔美国经济学家约瑟夫·熊彼特指出，创新的含义是在现有生产体系中引入新的生产要素和生产条件的“新结合”，包含了技术性变化的创新和非技术性变化的组织创新等相当广的范围。他还首次提出了颠覆性的概念，即“创造性破坏”，认为价格竞争并不是引起经济结构的创造和破坏主要机制，技术创新的竞争才是经济

实现根本性变革的动力。世界经济发展史已经充分证明，旧的技术和生产体系随着大规模的重大技术创新退出历史舞台，新的技术和生产体系随之建立。

同样，文化技术水平是文化产业发展的主要决定因素，文化技术水平的先进程度决定了文化产业结构调整优化的方向，而文化产业结构的调整是否能够与技术发展方向相适应，将直接关系到文化产业安全。一般而言，文化产业“所需的技能及支持机制包括技术性能力、创业技能和领导力等三个方面的能力”①。

文化产业结构升级有赖于文化技术创新的基础，文化产业的生产效率随着技术创新能力的提升而大幅提高，文化产品的生产、复制和流通成本也随之快速下降，推动了文化产品的多样化生产。科学技术的进步及其深度应用，使文化生产成本不断下降，极大地推动了文化产业的结构调整及其发展，对维护文化产业安全起到了不容忽视的作用。

文化技术的发展不仅体现在能有效地调整优化现有文化产业结构方面，还体现在催生新兴产业的出现和发展上。电子票务、网络游戏、互动社交媒体、数字文化节目制作、三维动画、全息展示等新兴文化产品就是在信息技术创新过程中诞生和快速发展起来的。同时，技术创新也导致文化产品消费结构发生变化。

从我国文化制造业的内资企业和外商投资企业研发状况的比较分析可以看出（见表3－1），我国文化技术发展的基础与国外文化企业还有不小的差距。

表3－1　2012～2018年中国规模以上文化制造业企业科技活动情况

年份	有R&D活动的企业占比（%）		企业平均R&D经费内部支出（万元/家）		企业平均新产品研究开发经费（万元/个）	
	外商投资企业	内资企业	外商投资企业	内资企业	外商投资企业	内资企业
2012	19.20	12.04	1821.59	1091.59	358.69	168.08
2013	18.42	12.60	1573.25	1087.86	258.25	184.96
2014	22.72	14.93	1537.86	1095.53	286.89	212.52

① 联合国教科文组织，联合国开发计划署．创意经济报告2013：拓展本土发展途径．意娜译．北京：社会科学文献出版社，2014：98.

续表

年份	有 R&D 活动的企业占比（%）		企业平均 R&D 经费内部支出（万元/家）		企业平均新产品研究开发经费（万元/个）	
	外商投资企业	内资企业	外商投资企业	内资企业	外商投资企业	内资企业
2015	25.85	16.93	1458.79	998.27	387.26	264.29
2016	29.64	20.41	1447.54	928.54	400.97	249.43
2017	32.12	24.45	1604.20	850.47	416.26	235.89
2018	29.91	26.37	1896.64	824.49	387.49	208.18

资料来源：国家统计局社会科技和文化产业统计司，中宣部文化体制改革和发展办公室．中国文化及相关产业统计年鉴．北京：中国统计出版社，2013－2019.

（1）在企业 R&D 活动方面，2012 年外商投资企业 1719 家，其中有 R&D 活动的企业 330 家，占比 19.20%，同年我国文化制造业中内资企业[①] 12089 家，其中有 R&D 活动的企业 1456 家，占比为 12.04%。研究期间，外商投资企业中有 R&D 活动的企业占比长期高于内资企业，但内资企业的 R&D 活动呈现逐年增长的态势，二者的差距在逐渐缩小。

（2）在企业 R&D 经费支出方面，外商投资企业的 R&D 经费内部支出从 2012 年的 60.11 亿元增长到 2018 年的 69.61 亿元，内资企业的 R&D 经费内部支出从 2012 年的 158.94 亿元增长到 2018 年的 368.96 亿元；而外商投资企业的 R&D 经费内部支出从 2012 年平均每家 1821.59 万元增长到 1896.64 万元，内资企业的 R&D 经费内部支出从 2012 年平均每家 1091.59 万元下降到 824.49 万元。我国文化制造业中，内资企业的 R&D 经费投入总量高于外商投资企业，但是内资企业的平均 R&D 经费投入水平与外商投资企业仍存在一定差距。

（3）在新产品研究开发方面，外商投资企业的表现同样优于内资企业。2018 年外商投资企业新产品研究 2191 个，用于新产品开发的经费为 84.90 亿元，平均单个新产品研究开发经费 387.49 万元；同年内资企业新产品研究数量为 20135 个，用于新产品开发的经费为 419.18 亿元，平均单个新产品研究开发经费 208.18 万元，仅为外资企业的一半左右。

① 《中国文化及相关产业统计年鉴》中按登记注册类型将规模以上文化制造业企业划分为内资企业（包括国有企业、有限责任公司、股份有限公司、私营企业等）、港澳台商投资企业以及外商投资企业。

三、可持续竞争力影响文化产业安全的机理

可持续竞争力指的是文化产业通过协调内部与外部资源，持续地、高效地提供文化产品和服务，并以此保障产业的持续发展。本书从文化产业的版权、增加值、资金支持等三个因素来阐述可持续竞争力对文化产业安全的影响。

（一）版权

版权作为文化产业的重要组成部分，对提升文化产业可持续竞争能力、维护文化产业安全具有重要的意义。

1. 版权输出

版权输出是我国版权贸易发展的重要组成部分，近年来取得了重要进展。在2018年我国版权贸易总量规模方面，输出的版权数量为12778项，其中出口的出版物版权11830项，包括了图书10873项、音像制品214项、电子出版物743项；图书版权输出与2017年比较增长了1.9%；2018年我国引进版权16829项，从总量上看下降了7.1%，其中引进出版物版权降低了8.0%[①]。在版权贸易方面，虽然我国依然处于逆差状态，但逆差有所减少、持续收窄，表明我国在知识创新方面不断进步，为我国文化产业获得国外消费者青睐、扩大国外市场需求创造了条件。

2. 版权制度

版权作为知识产业的关键部分，我国先后出台相关法律与政策用于加强我国知识产权保护。2019年中共中央办公厅、国务院办公厅印发的《关于强化知识产权保护的意见》、2016年国家知识产权局发布的《关于开展知识产权快速协同保护工作的通知》加强了对我国知识产权保护，进一步完善了版权制度，提高了可持续竞争力。

版权制度能够有效遏制盗版行为的发生，维护了创新型文化企业的正当权益，激发了文化企业开展技术创新、组织创新等的积极性，提升了文化产业可持续竞争力，有力地促进文化产业安全发展。

（二）文化产业增加值

从数据看，2018年我国文化产业增加值占GDP比重为4.48%，1998～

① 2018年新闻出版产业分析报告，http：//media.people.com.cn/n1/2019/0828/c14677－31323062.html.

2018 年平均占比约为3.9%，我国文化产业增加值占 GDP 比重较低，拉动经济增长的效果不明显。与发达国家相比，我国文化产业增加值占 GDP 比重要远低于发达国家 10% 的平均水平①。我国文化产业细分行业中广播电视、新闻出版、游戏、电影、动漫、艺术品经营、演出以及广告是创造产值较高的行业。其中新闻出版业规模最大，我国文化产业结构表现为传统文化行业比重大，游戏、电影、动漫等利润率高的行业比重偏低。文化产业增加值占比不高导致文化产业贡献率低，可持续竞争力偏弱，对我国文化产业安全产生了威胁。

（三）资金支持

与发达国家相比我国文化产业还相对落后，是需要保护的“幼稚产业”。根据汉密尔顿、李斯特等的经典“幼稚产业保护理论”，我国需要对文化产业进一步扶持与保护，以保障其可持续发展。维护文化产业安全，离不开国家给予的资金支持政策。资金是产业发展的基础，文化产业结构升级等需要大量资金支持，资金政策为文化产业的发展提供最基础的保障，为文化产业的发展解除后顾之忧，为文化产业安全发展保驾护航。

1. 财政支持

财政投入作为扶持文化产业发展的重要手段，是保障我国文化产业可持续发展、维护文化产业安全的必要措施。从投入总量来看，我国对文化产业的财政投入一直处于稳步上升的阶段，2016 年我国人均文化事业费为 2193 元，是 2000 年的 11 倍，人均文化事业费持续增长②。但是从投入占比来看，我国文化产业的财政投入占国家财政比重较低，2017 年文化事业费总支出占国家财政比重为0.42%，1998～2017 年平均占比约为0.39%。文化产业财政投入占比较低，势必会影响到产业的可持续发展，威胁到文化产业安全。

为了保障文化产业可持续发展，适当地提供财政补助等支持是必要的。2018 年，财政部针对电影行业下达了“2018 年补助地方国家电影事业发展专项资金”，用于扶持国家电影事业的发展。2018 年财政部和税务总局联合发布通知，为保障我国动漫产业发展，实施动漫产业增值税政策，对动漫软件出口免征增值税。国家通过财政政策为产业的发展提供支持，提升了可持续竞争力，有利于维护我国文化产业安全。

---

①② EPS 数据库（https：//www.epsnet.com.cn/）.

2. 金融支持

随着我国文化产业的快速发展，与文化相关的各类研究随之大量增多。由于文化产业“轻资产、高风险”的特殊性质，投融资风险比较大，传统的银行投融资业务难以满足文化产业的资金需要，当前文化产业大量的投融资需求急切需要推出更为有效的投融资政策。促进文化产业的发展，维护文化产业安全离不开适应文化产业发展的投融资政策。早在2010年，中央宣传部、中国人民银行、财政部等九部门就联合出台了《关于金融支持文化产业振兴和发展繁荣的指导意见》，从加大有效的信贷投放、加强和改进对文化产业的金融服务、大力发展多层次资本市场、积极培育和发展文化产业保险市场、建立健全配套机制等方面提出了要求。

3. 奖励鼓励

随着经济发展方式多元化，文化产业发展也呈现以公有制经济为主体、其他所有制共同发展的多元化发展局面，国家鼓励民间资本、私人资本逐渐进入文化产业，为文化产业的发展注入新的活力。同时为了鼓励更多的资本进入文化产业，促进文化产业的发展，一系列相互衔接的奖励和鼓励政策也由文化部、财政部等部门陆续推出。这些政策的出台，对文化产业资金来源渠道多样化、维护文化产业安全、促进文化产业发展起着一定的作用。以我国文化产业中最具发展潜力的新兴产业之一的动漫产业为例，早在2008 年颁布的《文化部关于扶持我国动漫产业发展的若干意见》，就明确提出了实施国产动漫振兴工程、提高人才培养水平、促进动漫人才职业化、支持动漫企业“走出去”等具体措施。

四、相关产业竞争力影响文化产业安全的机理

相关产业竞争力指的是随着“文化 +”模式的逐渐兴起，文化产业与其相关产业的融合程度越来越紧密，有助于文化企业开拓新的市场，优化产业结构，提升产业竞争力。旅游产业、信息产业是两个与文化产业融合发展较广、较深的产业，因此以它们为例阐述相关产业竞争力影响文化产业安全的机理。

（一）旅游产业

1. 资源融合

文旅融合发展的趋势十分引人注意，旅游产业为文化产业提供了文化

传承载体，而文化产业则赋予旅游产业更加丰富的文化精神含义，二者的融合使彼此的市场空间都得到大幅扩展，从而使文化产业的国际竞争力得到提升，为确保文化产业安全作出贡献。

旅游与人文资源的融合。我国人文资源极为丰富，56 个民族拥有的不同文化带来了以民族特有节庆为核心的旅游服务。广为人知的傣族泼水节就是将当地的节日文化与旅游结合起来，由泼水节吸引游客到傣族当地旅游，刺激了旅游消费的同时还提高了当地文化产品的销售，文化价值得到了很好的传播，增进了民族文化产业安全。

旅游与自然文化资源的融合。截至 2019 年底，我国世界自然遗产达到 28 处，排名世界第三。随着大众旅游时代的到来，这些历史悠久的文化遗产也频繁地被人们观摩。人们以游览的方式加深了对长城、兵马俑、苏州园林、武当山这些自然文化资源的感受和理解，旅游产业成为了文化的载体，而文化产业也借助旅游产业加速了产业化、市场化进程，自身竞争力得到提高，同时文化也得以保留和传承。

2. 市场融合

2018 年，我国国内旅游人次高达 55.3 亿，同比增长了 10.8%。同年，我国居民人均可支配收入为 28228 元，其中人均文化娱乐消费支出为 2226 元，占人均可支配收入的比重为 7.8%①。旅游与文化市场的巨大潜力推动了文旅市场的融合，文旅融合塑造出了更多特色鲜明的文化产品，市场得到极大的扩展，文化产品和服务的市场接受度得到显著提高。对文化产品和服务需求的扩大，从根本上筑牢了文化产业生存和发展的基石。另外，为了满足不同消费群体的需求与偏好，文化企业要能在文化市场提供差异化的文化产品和服务。在提升文化产品与文化服务质量的过程中，文化与旅游市场的融合能够为不同需求的人群提供多样的消费体验，最终促进市场与产业竞争力共同提升。

（二）信息产业

1. 信息技术推动文化产业结构升级

从我国的情况看，信息技术正推动着文化产业迅速数字化，促使文化产业的传播路径与速度、存在形式都发生了巨大的改变。

传播方式更便捷、高效。传统文化产业传播方式一般体现为文字书

---

① 国家统计局（http：//www. stats. gov. cn/）.

籍、艺术表演、民族文化等，从空间与时间的角度来看都限制了文化产业的发展。随着我国信息技术的快速发展和深度应用，涌现出了数字媒体、电子图书馆、影视传媒等数字文化产业，突破了空间与时间的束缚。移动设备及互联网的普及更促使文化从特定的场合演变为随时随地能被人分享与传播，传播的便捷性有助于文化的推广与交流，提升了产业竞争力。

存在形式数字化。传统文化产业存在形式离不开语言、文字等传统媒介，而信息技术使得文化产业具有了数字性，存在形式发生了根本性的改变。电子书刊、有声读物形式的文字书籍广受推崇；以影视作品、网络视频的形式传播的艺术表演类作品大受消费者好评。文化存在形式的变革既有助于文化的传承，还能够保障产业的可持续发展，维护了文化产业的安全。

2. 信息技术改变文化产业生产模式

传统文化产业的经营模式受到信息技术的影响产生了急剧的变化，生产周期变短、经营范围变广、新产业链形成、更多产品出现，改变了传统文化产业的经营模式，为文化产业的安全发展作出了贡献。

改变生产经营方式。文化产品与服务一般需要经过生产、交换和消费等多个环节，传统文化产业的生产经营过程需要通过这样一个完整的生命周期才能完成，整个过程与各个生产环节较为独立。信息技术则弱化了各个环节的界限，简化了生产经营过程，例如电子刊物优化了报刊书籍不能大量携带的缺陷，当然，电子刊物容易被盗版也对文化产业安全形成了危害。

扩大文化衍生产品。通过信息技术研发出新的文化衍生产品，拉长了产业链条和增加了新的产品类型。以我国的三国题材为例，通过信息技术的应用，由著名三国人物与故事情节衍生出了影视剧、动漫、游戏、文艺作品等，涵盖了多个行业与领域，创造了巨大的经济利益，在国际市场上也具有强大的竞争力，大量类似题材的文化衍生产品推向世界，为增加我国文化产品的国际市场占有率作出了贡献。

五、企业竞争力影响文化产业安全的机理

企业竞争力指的是文化企业对自身资源与外部资源进行合理配置，创新产品与服务，快速扩充、占据市场并从中获得经济、社会效益的能力。本书从企业规模、财务状况、企业文化三方面来阐述企业竞争力影响文化

产业安全的机理。

(一) 企业规模

企业的创新意愿、资源配置效率等与文化企业规模有着很强的相关性。

1. 创新意愿

文化企业的创新意愿也可以称为创新能力，包括创新的基础能力和创新意识。一方面文化企业规模越大意味着在科技创新等方面具备的资本、人才等方面的优势也越大，凭借这种优势能够更快地从创新失败中“走出来”，保障了文化企业的安全。另一方面规模大的文化企业由于市场地位相对稳固，更容易趋于保守，革新的动力可能衰减，进而阻碍文化企业创新发展。但是中小微企业面临着激烈的竞争，对文化产品的创新欲望很强，没有创新支持的中小微文化企业可能很快就被市场淘汰出局。中小文化企业的创新意愿强烈，是技术创新的关键主体之一，因此，促进中小文化企业发展的政策十分重要。

2. 资源配置

文化企业的资源配置影响企业的生产效率与内部管理，进而对文化产业安全产生影响。一般来说，文化企业规模越大分工越明确、协调性越强，管理水平也高一些，能够降低产品生产时间与成本，企业竞争力得到提升。中小微型企业分工模糊，很难获得专业化分工带来的效益，生产效率由此受到影响。另外，从内部管理来看，文化企业规模越大、专业化越强也可能会使长期从事同类工作的员工感到乏味、懈怠与厌烦，导致工作效率下降。此外，中小微文化企业由于企业内部人员架构存在风险，紧急情况的出现会导致工作交替不协调，企业整体工作进度受影响较大，在受到威胁时容易应对失策。

(二) 企业财务状况

文化企业的运转离不开资金的支持，抵御财务风险能力是文化企业竞争力的重要表现，因而文化企业的融资能力和资本运营能力关系着文化产业安全。

1. 融资能力

文化企业尤其中小微文化企业由于规模较小、知识产权拥有度低等原因造成了融资困难。首先，中小微文化企业的融资渠道不宽广，厂房、固定设备等固定资产抵押物匮乏，加重了融资难度；其次，无形资产的评估较难，成为大部分文化企业融资困难的主要原因。融资能力不足已成为阻碍我国文化企业发展、威胁文化产业安全的主要因素之一。

2. 资本运营能力

该能力是文化企业利用自身已有的资源进行合理运作，高效地配置资源，取得良好经济效益的能力。一是企业如果收购兼并运用得当，可能获得更多的文化技术与文化知识版权投入到生产当中，可以为文化企业带来巨大的长期利益。二是合理的资本运营能够保障文化企业的资金得到有效利用，提高资金流动性，为企业竞争力的提升提供资金保障。

（三）企业文化

企业文化作为企业竞争力的关键要素之一，能够给企业带来更先进的管理模式、更优质的工作环境，提高工作效率和产品创新性。首先，企业文化可以提高员工职业素养。企业文化或多或少地会影响企业大多数员工的价值观念与行为方式。通过优秀的企业文化改进员工的思想理念、价值观、行为导向等，提升员工的职业素养，为文化企业竞争力的提升奠定思想、理念基础。其次，企业文化带来先进的管理模式。文化企业员工众多、性格各异，人性化、合理化、个性化的企业文化可以满足多种管理需求，成为企业竞争力的有效保障。最后，企业文化创设良好工作环境。独特的企业文化会营造出独特的优质工作环境，有助于形成并提高员工的凝聚力，成为文化企业竞争力的来源之一。

第二节　产业竞争力视角的中国文化产业安全度测算

一、基于产业竞争力的文化产业安全评价指标体系构建

（一）评价指标的选择原则

本书在选择文化产业安全度评价指标时主要依据了以下四项原则：一是客观性，指标的选取既要以客观现实性为依据，又要保证指标体系能够客观地反映出结果；二是科学性，在确保评价指标较为客观的条件下，保证选取的评价指标依据充分，选取的指标要科学地体现文化产业安全的实

际情况；三是系统性，构建文化产业安全度评价体系所选取的指标数量与维度设定需具有逻辑性与系统性，科学合理的指标数量与结构能够更全面地反映我国文化产业安全状况；四是可行性，文化产业安全度评价指标需要考虑到数据的可获取性，在实际操作过程中将不可量化的指标用可量化指标代替，而在某些指标难以获得的情况下则尽可能采取逻辑推演的方法进行补充。

（二）评价指标体系的构建

目前学术界较有代表性的产业安全评价体系由何维达（2008）提出，主要囊括以下四个方面：产业的发展环境、对外依存度、控制力和国际竞争力。而后众多学者多依据此框架从不同角度建立了多种文化产业安全的评价体系，很少从产业竞争力的视角建立文化产业安全评价体系。随着我国“一带一路”倡议的推进，文化国际市场随之不断扩大，产业国际竞争形势也愈加激烈，文化产业作为我国未来国民经济支柱性产业，必须在国际市场上脱颖而出，因而产业竞争力尤显重要。维护文化产业安全的实质就是通过占据国内外市场、革新产业技术、优化产业结构以及加快与相关产业融合获取可持续发展能力，不断提升产业竞争力。

本书根据客观、科学、系统和可获得性原则，从产业竞争力的角度构建文化产业安全评价指标，将市场、技术、可持续、相关产业、企业竞争力看作一个整体，并以此构建文化产业安全评价的三级评价指标，具体如表 3－2 所示。

表 3－2　　文化产业安全评价指标体系

目标	一级指标	二级指标
文化产业安全	市场竞争力（B_1）	文化消费水平（B_{11}）
		国际市场占有率（B_{12}）
		显性比较优势指数（B_{13}）
		贸易竞争优势指数（B_{14}）
	技术竞争力（B_2）	科研人才供给率（B_{21}）
		文化专利数量比重（B_{22}）
		科研机构收入（B_{23}）
		科研规模（B_{24}）

续表

目标	一级指标	二级指标
文化产业安全	可持续竞争力（B_3）	从业人才规模（B_{31}）
		产业成长潜力（B_{32}）
		财政支持（B_{33}）
		版权竞争力（B_{34}）
	相关产业竞争力（B_4）	旅游业国际收益（B_{41}）
		入境游客数（B_{42}）
		移动电话普及率（B_{43}）
		互联网普及率（B_{44}）
	企业竞争力（B_5）	资产总额（B_{51}）
		营业收入（B_{52}）
		净资产收益率（B_{53}）
		总资产周转率（B_{54}）

（三）指标解释

1. 市场竞争力（B_1）

市场竞争力主要体现我国文化产品和服务在国内外市场的占有份额等情况，为评价我国文化产业在国际市场的地位以及与其他国家比较，指标包括：

（1）文化消费水平（B_{11}），考察我国文化市场消费情况的一个重要指标，能体现我国文化市场发展程度。文化消费占比越高，意味着文化产业的市场竞争力越强。本书的文化消费水平计算方式为：文化娱乐消费总额/全国居民消费总额。

（2）国际市场占有率（B_{12}），文化产品在世界市场的占有率越高，表明文化产业在国际上的竞争力也越强、安全度越高，反之则越弱，计算方式为：我国文化出口总额/世界文化出口总额。

（3）显性比较优势指数（RCA）（B_{13}），主要反映我国文化产品在世界出口市场中的相对比较优势，数值越大表示文化产业的国际竞争力越强。显性比较优势计算方式为：文化产业出口值占我国出口总额份额/世界文化产业出口额占世界出口总额份额，具体公式是：

$$RAC_{ij} = \frac{X_{ij}/X_{it}}{X_{wj}/X_{wt}} \tag{3.1}$$

式中，X_{ij}表示的是第 i 个国家第 j 种商品的出口值；X_{it} 表示的是第 i 个国家全部商品的出口总值；X_{wj} 表示的是世界第 i 种商品的出口总值；X_{wt} 表示世界全部商品的出口总值。

（4）贸易竞争优势指数（TC）（B_{14}），以文化进出口差额与进出口总额比值作为衡量指标，该指数可以剔除经济周期、通货膨胀等因素的影响，较为准确地反映了文化产业在国际市场上的竞争力情况。贸易竞争优势指数取值范围一般为大于 -1 小于 1，取值越大表明文化产业贸易竞争力越强，具体公式为：

$$TC_{ni} = \frac{X_{ni} - M_{ni}}{X_{ni} + M_{ni}} \tag{3.2}$$

式中，X_{ni}表示 n 国的 i 种产品的出口总额，M_{ni}表示第 n 国的 i 种产品的进口总额。

2. 技术竞争力（B_2）

技术竞争力是文化产业获得长期竞争优势的前提，是推动文化产业创新以及持续发展的核心元素。我国要由制造强国转变为技术强国，需要充分提升技术创新能力。文化产业作为我国重点扶持的新兴战略性产业，技术竞争力是其发展的“内生”动力，也是评价文化产业安全状况的重要指标，包括：

（1）科研人才供给率（B_{21}），该指标反映我国文化产业科研人才的占比，其比值越大表示文化科研人才强度越强，反之则越弱。由于文化产业 R&D 人才数据的缺失，用文艺科研从业人数代替文化产业 R&D 人数，计算方式为：文艺科研从业人数/全国就业人数。

（2）专利数量比重（B_{22}），该指标反映我国文化产业专利数量在全国专利中的占比情况，专利往往是体现一个产业创新能力强弱的有效指标。文化产业专利数量比重越高，则创新能力越强，文化产业技术竞争力越强。其计算方式为：文化产业专利数量/全国专利数量。

（3）科研机构收入（B_{23}），该指标体现与文化密切相关的科研机构的收入状况。科研机构的收入状况越好，其稳定性会增强，有利于加强科研活动。由于文化产业科研机构收入数据缺失，由文物科研机构收入代替文化科研机构收入。其计算方式为：文物科研机构收入。

（4）科研规模（B_{24}），该指标能够反映我国文化产业科研发展的基本情况，科研规模越大则表示我国文化产业具备强有力的技术支持，技术发展处于安全、健康的状态。由于文化产业科研研究数据缺失，由文化艺术科研研究代替。其计算方式为：文化艺术科研研究数。

3. 可持续竞争力（B_3）

采用以下指标反映可持续竞争力：

（1）从业人才规模（B_{31}），该指标直接体现文化产业从业人才的规模，文化产业要迈向高质量发展阶段，人才尤其高端人才的持续输入是基本保障。从业人才规模越大，文化产业可持续竞争力越强，反之越弱。其计算方式为：文化产业从业人员数/我国总劳动人口。

（2）产业成长潜力（B_{32}），该指标反映文化产业的成长潜力，是文化产业获得长期竞争优势的基础。成长潜力越大，产业未来发展状况越佳、竞争力越强。其计算方式为：文化产业增加值占 GDP 比重。

（3）财政支持（B_{33}），该指标能够体现我国财政政策方面对文化产业的支持力度，我国文化产业与西方发达国家相比起步晚、经验少，良好的政策环境有助于文化产业的稳定发展。由于相关指标无法获取，由文化体育与传媒财政支出替代文化产业财政支出。其计算方式为：文化体育与传媒财政支出/我国总财政支出。

（4）版权竞争力（B_{34}），该指标反映我国版权的保护能力与竞争力。美国的实践证明，版权竞争力是文化产业持续发展的重要基础。版权竞争力越强，可持续竞争力越强。其计算方式为：版权输出/版权引进。

4. 相关产业竞争力（B_4）

相关产业竞争力包括以下指标：

（1）旅游业国际收益（B_{41}），该指标直接反映我国旅游的海外游客在旅游过程中支出的一切旅游费用，包括景区消费、住宿消费、购物消费等。进入我国消费的海外游客越多，国际收益越大，则产业竞争力越强。其计算方式为：国际旅游外汇收入。

（2）入境游客数（B_{42}），该指标反映赴我国旅游的海外游客数量情况。大众文化需求的不断增强，激发了旅游业的消费增长。入境游客数作为衡量产业竞争力的重要指标，数量越大则表示我国旅游业竞争力越强。其计算方式为：入境游客人数。

（3）移动电话普及率（B_{43}），该指标反映我国国民拥有移动电话的现实状况。移动互联网加快了文化的传播，移动电话是互联网时代使用最频繁的交流工具。移动电话普及率越高，则信息产业竞争力越强。其计算方式为：移动电话普及率。

（4）互联网普及率（B_{44}），该指标直接体现我国互联网的发展水平。互联网普及率越高，则信息产业竞争力越强；反之则越弱。其计算方式为：互联网普及率。

5. 企业竞争力（B_5）

由于2012年以前的文化制造业、零售业和服务业的数据无法获取，所以本书以59家上市的文化企业为代表获取以下指标，包括：

（1）资产总额（B_{51}），指的是文化企业拥有或实际控制的全部资产，能够表示企业规模的大小。资产总额越大，规模越大，企业竞争力越强；反之则越弱。其计算方式为：资产总额。

（2）营业收入（B_{52}），反映的是企业主要经营成果，包括主营业务收入和其他业务收入，该指标也是企业实现利润的重要保障。营业收入越高，企业竞争力越强。其计算方式为：营业收入。

（3）净资产收益率（B_{53}），该指标又称为股东权益报酬率，用来衡量股东资金使用效率，表示企业净资产的收益水平。该项指标数值越高，表示资本收益越高。其计算方式为：净利润/净资产。

（4）总资产周转率（B_{54}），该指标反映企业在资产使用方面的效率，即企业所投资产的平均收益之高低。数值越高说明资产周转速度快，资产利用率高，企业的竞争力也就越强。其计算方式为：销售收入/平均资产总额。

二、我国文化产业安全度测算

（一）测算模型

在以上建立的文化产业安全评价指标体系基础上，本书构建如下文化产业安全评价模型：

$$S = \alpha_1 X_1 + \alpha_2 X_2 + \alpha_3 X_3 + \alpha_4 X_4 + \alpha_5 X_5 \tag{3.3}$$

式中，S 为文化产业安全度，X_1 为市场竞争力，X_2 为技术竞争力，X_3 为可持续竞争力，X_4 为相关产业竞争，X_5 为企业竞争力。α_1 至 α_5 为5个一级指标的权重，其中 $\sum_{i=1}^{5} \alpha_i = 1$ 。

$$X_i = \sum b_{ij} x_{ij},\ (i = 1,\ \cdots,\ n,\ j = 1,\ \cdots,\ m) \tag{3.4}$$

式中，x_{ij}为各一级指标下的二级指标，其系数 b_{ij}为对应指标的权重，其中 $\sum_{j=1}^{m} b_{ij} = 1(i = 1, \cdots, n)$。将公式（3.4）代入公式（3.3）中可得：

$$S = \alpha_1 X_1 + \alpha_2 X_2 + \alpha_3 X_3 + \alpha_4 X_4 + \alpha_5 X_5$$

$$S = \alpha_1 \sum b_j x_{1j} + \alpha_2 \sum b_j x_{2j} + \cdots + \alpha_n \sum b_j x_{nj}$$

$$S = \alpha_1 (x_{11}, \cdots, x_{1m}) \begin{bmatrix} b_{11} \\ \vdots \\ b_{1m} \end{bmatrix} + \alpha_2 (x_{21}, \cdots, x_{2m}) \begin{bmatrix} b_{21} \\ \vdots \\ b_{2m} \end{bmatrix} + \cdots$$

$$+ \alpha_n (x_{n1}, \cdots, x_{nm}) \begin{bmatrix} b_{n1} \\ \vdots \\ b_{nm} \end{bmatrix} \tag{3.5}$$

公式（3.5）即是文化产业安全的计算公式。根据公式（3.5），可计算出文化产业安全的评价值。在计算前，要对各个指标赋予合理的权重，本书计算各个指标权重的方法是熵值法。

（二）测算方法

根据已有研究，蔡晓璐（2016）使用因子分析法、范杨洲（2017）使用层次分析法、李孟刚（2018）使用数据包络法对我国文化产业安全度进行了评价。因子分析法有以下缺点：一是可能因为选取的数据样本不同，导致因子得分差异明显，从而使样本顺序发生变化；二是因子分析法只是一次性评价所选取的样本，在因子的含义解释方面可能被研究者施加较大的主观影响。层次分析的缺点是对于各层次指标权重的确定有较大的主观性，很难对每层设定准确、合适的权重指标。数据包络法的缺点是任何一个决策单元都是最近似求得权重，导致决策单元之间的可比性不是很强，以致得出的结果与客观实际可能差距不小。指标赋权的方法有主、客观赋权法，本书为了防止主观因素影响指标权重，更为合理地确定文化产业安全评价指标的权重，保证每一个指标都可以客观、有效地反映指标的原始信息，从客观赋权法中选择熵值法进行权重的确定。如此可以降低主观赋权法对指标权重的影响，减少了主观能力不足可能造成的影响，在数据分析与计算过程中谋取最大限度的客观公正。

熵值法是客观赋权方法的一种，以熵理论为核心计量事件重要程度。熵值法来源于信息理论，信息理论的核心要义是某一事件发生的概率越大，事件的不确定性越小，对应的信息熵会越小，同时权重会越小；相反情况则权重越大。熵值法适合应用于综合评价多项指标的评价体系。本书依据上一小节建立的文化产业安全评价体系，运用熵值法对包括在其中的指标进行合理的赋权。本书所涉及的数据时间范围是 1998 ~ 2017 年，通过运用 Excel 处理相关数据，进而对指标进行赋权并测度文化产业安全状况。

熵值法确定权重的具体过程：

1. 建立指标矩阵

假设待评价对象有 n 个，代表不同的年度；每个年份有 m 个评价指标，表示 1998 ~ 2017 年文化产业安全评价的各个指标，由此可以得到原始矩阵为：

$$X = (X_{ij})_{n \times m} = \begin{pmatrix} x_{11} & \cdots & x_{m} \\ \vdots & \ddots & \vdots \\ x_{n1} & \cdots & x_{nm} \end{pmatrix} \tag{3.6}$$

其中，$i=1, \cdots, n$，$j=1, \cdots, m$，X_{ij} 指第 i 个评价对象的第 j 个评价指标的值。

2. 指标矩阵标准化

正向指标数值越高越好，负向指标数值越低越好。所以，当获得熵值时，为了避免对数的无意义，需要对数据进行平移，具体的方法如下：

与文化产业安全相关的正向指标：

$$r_{ij} = \frac{x_{ij} - \min(x_j)}{\max(x_j) - \min(x_j)} \tag{3.7}$$

与文化产业安全相关的负向指标：

$$r_{ij} = \frac{\max(x_j) - x_{ij}}{\max(x_j) - \min(x_j)} \tag{3.8}$$

其中，r_{ij} 指第 i 个评价对象的第 j 个评价指标的标准化值，$\min(x_j)$ 指全部评价对象第 j 个评价指标的最小值，$\max(x_j)$ 指全部评价对象第 j 个评价指标的最大值。由此可构建标准化后的指标矩阵，为：

$$R = (r_{ij})_{n \times m} = \begin{pmatrix} r_{11} & \cdots & r_{1m} \\ \vdots & \ddots & \vdots \\ r_{n1} & \cdots & r_{nm} \end{pmatrix} \tag{3.9}$$

其中，$i=1, \cdots, n$，$j=1, \cdots, m$。

3. 各评价指标熵值的确定

首先将指标矩阵进行归一化处理：

$$p_{ij} = \frac{r_{ij} + 10^{-4}}{\sum_{i=1}^{n}(r_{ij} + 10^{-4})}, i = 1, \cdots, n, j = 1, \cdots, m \tag{3.10}$$

之后再确定各指标的熵值：

$$H_j = -k\sum_{i=1}^{n}(p_{ij} \times Inp_{ij}), i = 1, \cdots, n, j = 1, \cdots, m \tag{3.11}$$

其中，H_j 指第 j 个评价指标的熵值；$k = 1/Inn$。

4. 各评价指标权重的确定

$$W_j = \frac{1 - H_j + \frac{1}{10}\sum_{j=1}^{m}(1 - H_j)}{\sum_{j=1}^{m}\left(1 - H_j + \frac{1}{10}\sum_{j=1}^{m}(1 - H_j)\right)}, j = 1, \cdots, m \tag{3.12}$$

其中，W_j 指第 j 个评价指标的权重。

在利用熵值法确定了文化产业安全的各个评价指标的权重后，综合评价得分为：

$$s_i = \sum_{i=1}^{n} W_j \times P_{ij} \tag{3.13}$$

（三）数据来源

本书选取的数据来源于 EPS 数据库、WIND（万德）数据库、《中国统计年鉴》、《中国文化及相关产业统计年鉴》、国家统计局、世界银行网站、联合国贸易与发展会议（UNCTAD）网站。

由于评价指标较多，收集的原始数据量庞大，而且文化产业分类统计标准在 2004 年、2012 年、2018 年做了调整，为了使数据更为完整和更好地对数据测度结果进行比较，对于分类统计标准发生了变化的或者缺乏条件获取的数据，本书采用了近似替代的方法进行补充，如文化企业的数据用国内上市文化企业进行近似替代，企业的资产总额、营业收入、净资产收益率、总资产周转率由 59 家上市文化企业汇总计算得出。此外，对于某些年份缺失的数据，本书根据前后年份的平均值、增长率进行推算。

（四）测算过程

本节依照上述评价方法和相关数据，对我国文化产业 1998 ~ 2017 年的安全度进行测度。下面以市场竞争力为例，计算市场竞争力的四个二级指标权重以及得分。

1. 数据标准化

如表3－3所示，对原始数据标准化后得到数据标准化表格。

表3－3　　　　标准化后的数据

年份	B_{11}	B_{12}	B_{13}	B_{14}
1998	0	0	0.29	0.81
1999	0.08061866	0.211516256	0.53	0.94
2000	0.175269112	0.24455976	0.66	0.95
2001	0.234504236	0.429715086	0.68	0.97
2002	0.537006057	0.59623653	1.00	0.99
2003	0.64259574	0.804728097	1.00	1.00
2004	0.533221602	0.842977658	0.66	0.95
2005	0.602797711	0.843883308	0.59	0.92
2006	0.700412644	0.885075811	0.61	0.93
2007	0.652218692	0.841681851	0.43	0.65
2008	0.89898096	0.829136776	0.71	0.59
2009	0.647628992	0.903902428	0.33	0.49
2010	0.738601246	0.784536903	0.08	0.27
2011	0.776030794	0.649859154	0.39	0.23
2012	0.90558314	0.671210462	0.47	0.20
2013	0.912094804	0.685039247	0.37	0.00
2014	1	1	0.42	0.37
2015	0.625384433	0.989177312	0.10	0.23
2016	0.486877816	0.989598208	0.00	0.49
2017	0.513030679	0.96952324	0.03	0.58

2. 求各指标的信息熵

（1）求P_{ij}的值，P_{ij}值如表3－4所示。

表 3-4　　P_{ij}值

年份	B_{11}	B_{12}	B_{13}	B_{14}
1998	0	0	0.031257571	0.064887487
1999	0.006912428	0.014924563	0.056552724	0.075084753
2000	0.015027974	0.017256109	0.070310426	0.075933085
2001	0.020106928	0.030320648	0.072298666	0.077177689
2002	0.046044125	0.042070383	0.107033654	0.078716546
2003	0.055097625	0.056781524	0.106766195	0.079822205
2004	0.045719637	0.059480409	0.070683111	0.075448018
2005	0.051685251	0.059544312	0.062788669	0.073162326
2006	0.060054978	0.06245085	0.065529346	0.073864211
2007	0.055922719	0.059388977	0.046152985	0.052105507
2008	0.077080679	0.058503798	0.076517508	0.046780559
2009	0.055529188	0.063779254	0.034829997	0.038781204
2010	0.063329356	0.055356836	0.008476302	0.021389891
2011	0.066538651	0.045853989	0.041947472	0.018591857
2012	0.077646765	0.047360535	0.050062644	0.015790689
2013	0.07820509	0.048336293	0.039791951	0
2014	0.085742282	0.070559888	0.044769096	0.029156023
2015	0.053621888	0.06979624	0.011213812	0.018406428
2016	0.041746015	0.069825939	0	0.038734566
2017	0.043988421	0.068409451	0.00301787	0.046166955

（2）求 $P_{ij} \times \ln P_{ij}$的值，$P_{ij} \times \ln P_{ij}$值如表 3-5 所示。

表 3-5　　$P_{ij} \times \ln P_{ij}$值

年份	B_{11}	B_{12}	B_{13}	B_{14}
1998	0	0	0	0
1999	-0.034385419	-0.062754011	-0.162452333	-0.19440477
2000	-0.063085057	-0.070052712	-0.186662593	-0.195748112

续表

年份	B_{11}	B_{12}	B_{13}	B_{14}
2001	-0.078551552	-0.105998753	-0.189924952	-0.197701831
2002	-0.141730958	-0.133296275	-0.239178685	-0.200089739
2003	-0.159708658	-0.162880317	-0.238848142	-0.201786827
2004	0	-0.167860155	-0.187278339	-0.194981171
2005	-0.153121837	-0.167976558	-0.173797821	-0.191324946
2006	-0.168904316	-0.173199653	-0.178584322	-0.192455186
2007	-0.161269074	-0.167693486	-0.141957057	-0.15394492
2008	-0.197550275	-0.166072602	-0.196668031	-0.143255523
2009	-0.160526357	-0.175541383	-0.116933923	-0.126031916
2010	-0.174751424	-0.160200199	-0.040436039	-0.08224064
2011	-0.1803179	-0.141335433	-0.133029574	-0.074089137
2012	-0.198432938	-0.144448021	-0.149911596	-0.065505065
2013	-0.199299458	-0.146438308	-0.128292856	0
2014	0	-0.187074969	-0.139063431	-0.103069274
2015	-0.15688681	-0.185809816	-0.050356846	-0.073534699
2016	-0.132591659	-0.185859173	0	-0.125926962
2017	-0.137412298	-0.18349086	-0.017513315	0

（3）求信息熵，结果如表3-6所示。

表3-6　信息熵

	B_{11}	B_{12}	B_{13}	B_{14}
信息熵	0.83	0.96	0.89	0.84

3. 经过计算，市场竞争力中各个指标的权重如表3-7所示。

表3-7　市场竞争力各个指标的权重

	B_{11}	B_{12}	B_{13}	B_{14}
权重	0.35	0.08	0.23	0.34

4. 经过计算，市场竞争力各个指标的最终得分如表 3 -8 所示。

表 3 -8　　市场竞争力各个指标的最终得分

年份	B_{11}	B_{12}	B_{13}	B_{14}	最终得分
1998	0	0	0. 067307128	0. 276635232	0. 3439423
1999	0. 028439741	0. 016170104	0. 121775345	0. 320109301	0. 4864944
2000	0. 061829459	0. 018696231	0. 151399892	0. 323726	0. 5556515
2001	0. 082725758	0. 032851081	0. 155681183	0. 329032127	0. 6002901
2002	0. 189438937	0. 045581399	0. 230476256	0. 335592748	0. 8010893
2003	0. 226687674	0. 06152027	0. 229900333	0. 340306511	0. 8584147
2004	0. 18810390	0. 064444393	0. 152202397	0. 321658012	0. 7264087
2005	0. 212648174	0. 064513628	0. 135203245	0. 311913407	0. 7242784
2006	0. 247083669	0. 067662734	0. 141104762	0. 314905757	0. 7707569
2007	0. 23008235	0. 06434533	0. 099381519	0. 222141736	0. 6159509
2008	0. 317132359	0. 063386278	0. 164765643	0. 19943985	0. 7447241
2009	0. 228463248	0. 069102001	0. 074999657	0. 165336151	0. 5379010
2010	0. 260555413	0. 059976684	0. 018252076	0. 091191655	0. 4299758
2011	0. 273759386	0. 049680769	0. 090325761	0. 079262781	0. 4930286
2012	0. 319461401	0. 051313045	0. 107800214	0. 067320544	0. 5458952
2013	0. 321758512	0. 052370235	0. 085684264	0	0. 4598130
2014	0. 352768715	0. 076448518	0. 096401582	0. 124301054	0. 6499198
2015	0. 220616063	0. 075621140	0. 024146773	0. 078472242	0. 3988562
2016	0. 171755262	0. 075653316	0	0. 16513732	0. 4125458
2017	0. 180981173	0. 074118615	0. 006498399	0. 196823869	0. 4584220

依照上述计算方式可以依次计算出技术、可持续、相关产业、企业竞争力的权重与得分。由于篇幅限制，其他四个竞争力的计算过程本书不展开。

测算结果显示，市场、技术、可持续、相关产业、企业竞争力的权重如表 3 -9 所示。

表 3-9　市场、技术、可持续、相关产业、企业竞争力权重

	B_1	B_2	B_3	B_4	B_5
权重	0.16	0.23	0.13	0.25	0.23

根据权重计算出其得分汇总，如表 3-10 所示。

表 3-10　市场、技术、可持续、相关产业、企业竞争力最终得分

年份	市场竞争力	技术竞争力	可持续竞争力	相关产业竞争力	企业竞争力
1998	0.34394236	0.031638	0.320561	0	0.010223
1999	0.48649449	0.043164	0.281392	0.019885	0.035086
2000	0.55565158	0.064451	0.184684	0.050234	0.08368
2001	0.60029014	0.114413	0.102173	0.07703	0.112852
2002	0.80108934	0.144899	0.23101	0.115903	0.122399
2003	0.85841478	0.181569	0.245328	0.120881	0.108907
2004	0.72640870	0.229981	0.506634	0.182731	0.142179
2005	0.72427845	0.255938	0.286044	0.22237	0.137427
2006	0.77075692	0.346874	0.251163	0.265602	0.238768
2007	0.61595093	0.310676	0.311446	0.344625	0.318994
2008	0.74472412	0.384718	0.279611	0.391897	0.321155
2009	0.53790105	0.406103	0.411041	0.438412	0.273696
2010	0.42997582	0.439839	0.467801	0.515005	0.312966
2011	0.49302869	0.400226	0.556615	0.570192	0.398294
2012	0.54589520	0.535827	0.576946	0.614837	0.463761
2013	0.45981301	0.62536	0.577746	0.657523	0.537187
2014	0.64991987	0.631107	0.516174	0.864299	0.595969
2015	0.39885621	0.722437	0.582146	0.907918	0.663349
2016	0.41254589	0.87721	0.58568	0.956925	0.726416
2017	0.458422057	0.857325	0.669829	1	0.745541

根据本书的公式 3.5，可以得出我国 1998～2017 年文化产业安全的最终得分，如表 3-11 所示。

表 3-11　我国文化产业安全得分

年份	安全度	年份	安全度	年份	安全度
1998	0.10877	2005	0.30141	2012	0.5468
1999	0.13929	2006	0.35913	2013	0.58038
2000	0.16135	2007	0.37175	2014	0.66863
2001	0.18248	2008	0.41776	2015	0.68455
2002	0.25129	2009	0.4071	2016	0.74682
2003	0.26916	2010	0.43257	2017	0.77748
2004	0.31612	2011	0.47882		

（五）指标界限设定及测度结果分析

1. 指标界限设定及分数映射

参照已有研究成果[①]，本书将文化产业安全状态量化结果分为 5 级，分别为：{非常安全、较安全、基本安全、不安全、很不安全}，对应的分数范围为：(0.8，1]，(0.6，0.8]，(0.4，0.6]，(0.2，0.4]，[0，0.2]。其得分越高，文化产业越安全。测算结果如图 3-3 所示。

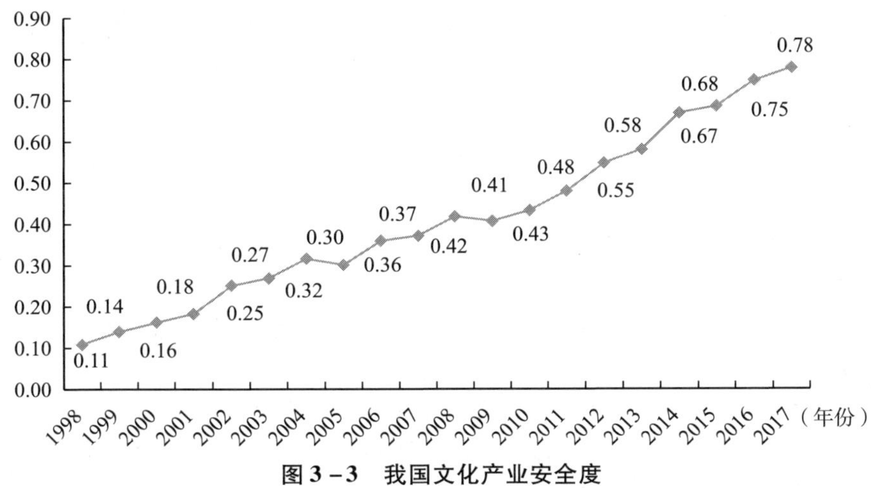

图 3-3　我国文化产业安全度

由图 3-3 的数据可以看出，1998～2017 年我国文化产业安全度总体上处于稳步上升趋势，文化产业安全呈现出稳步向好的态势。尤其需要指

① 曹萍等．基于产业竞争力的软件产业安全评价．科技管理研究，2017（2）．

出的是，对比 2006 ~ 2011 年、2012 ~ 2017 年我国文化产业安全度的改善情况，两个时期分别提升了 0.11969、0.26508，后一时期的改善程度是前一时期的 2.2 倍，这与上一章新时代我国文化产业安全状况得到明显改善相互印证。按照指标界限设定及分数映射，1998 ~ 2017 年间我国文化产业安全状况可以分为四个阶段：1998 ~ 2001 年为很不安全阶段，2002 ~ 2007 年为不安全阶段，2008 ~ 2013 年为基本安全阶段，2014 ~ 2017 年为较安全阶段。

2. 测度结果分析

总的来看，我国文化产业安全状况整体上呈现逐步改善的态势，但有的年度表现不佳，产业安全状况的稳定性不是很强。我国文化产业安全度在 2004 ~ 2005 年和 2008 ~ 2009 年出现了下降。从研究者收集的数据看，2004 ~ 2008 年期间，从文化贸易来看，我国文化产品出口额虽然稳步增加，但与世界文化产品出口总额相比较，占比不足 2%，国际市场占有率明显偏低，2005 年、2009 年我国文化产品出口甚至出现了负增长；从文化企业来看，2007 ~ 2009 年我国文化企业总资产周转率出现了负增长，2004 ~ 2010 年间资产收益率平均增长率不足 7%。这些因素可能是造成 2004 年、2008 年我国文化产业安全度下降的原因。

下面结合我国文化产业发展状况，主要从产业竞争力的视角分析我国文化产业安全度的变化。

第一，从市场竞争力来看，1998 ~ 2017 年我国文化消费水平整体呈现出逐步上升趋势，1998 ~ 2017 年我国文化娱乐消费平均增长率约为 14%，且各年增长率都为正增长，2017 年我国文化娱乐消费总额约为 2007 年的 3 倍、1998 年的 10 倍[①]。文化消费水平体现我国文化市场的需求规模，换个角度说我国文化市场的需求量在这 20 年间一直处于上升态势。稳步上升的文化需求促使文化市场一直处于较为活跃的状态，刺激了文化市场的交易；另外，更多的需求意味着市场可以容纳更多的供给者，更多的供给者进入意味着供给者需要提供更好的文化产品与服务来提升竞争力，从而市场竞争力也得到了提高，强大的国内市场对确保我国文化产业安全发挥了关键作用。

第二，从技术竞争力来看，1998 ~ 2017 年我国文化科研人才供给率、专利数量比重、科研机构收入、科研研究数都呈现出逐步上升的趋势。

---

① EPS 数据库（https：//www. epsnet. com. cn/）.

1998～2017 年，我国科研机构收入平均增长率很高，约为 16%；2017 年科研机构收入为 28.8 亿元，约为 2007 年的 3.7 倍、1998 年的 13 倍[①]。从整体来看，技术竞争力也稳步提升。这可以归结为我国对文化产业的技术与科研越来越重视，推动了科学技术取得重大进展。随着文化科研人才增多，文化产业技术研发投入也在增长，技术的不断更新，能够降低生产成本、提高文化产业生产效率；专利数量的逐步上升说明我国自主研发的技术越来越多，这不仅能摆脱高额的专利使用费，更能避免出现部分专利受制于他人的困境，我国文化产业的安全在自主研发的技术支撑下得到了较好的保障。

第三，从可持续竞争力来看，1998～2017 年我国文化从业人数、文化产业增加值占 GDP 比重、文化产业财政投入、版权输出都呈现出逐步上升的趋势。2017 年我国文化产业增加值占 GDP 比重为 4.2%，是 2007 年的 1.75 倍、1998 年的 3 倍。版权输出能力也越来越强，2017 年我国版权输出为 13816 项，约为 2007 年的 3 倍、1998 年的 9.5 倍[②]。从业人数与增加值体现了文化产业的生产潜力，财政投入体现了政府对文化产业的重视程度，版权则被视为文化产业安全的核心要素，对提升可持续竞争力有重大作用。从业人员是文化产业的人才根基，人才根基越稳定，产业越安全；增加值是文化产业的“楼层”，楼层建得越高，产业竞争力越强，产业安全度也随之提高；财政投入是文化产业发展的资本，资本越多，产业发展前景越好；版权是文化产业的“顶梁柱”之一，版权输出越多，说明我国文化产业版权竞争力越强，我国文化产品和服务的国外需求得到满足，国际竞争力得到提升。

第四，从相关产业竞争力来看，1998～2017 年我国入境旅游人数、国际旅游外汇收入、移动电话普及率、互联网普及率都呈现出逐步上升的趋势。2017 年我国入境游客人数为 1.39 亿人次，约为 2007 年的 1.1 倍、1998 年的 2.2 倍；2017 年我国移动电话普及率、互联网普及率分别为 101 部/百人、56%，约为 2007 年的 2.5 倍、3.5 倍和 1998 年的 52 倍、343 倍[③]。由数据可知，1998～2017 年，我国信息产业发展势头十分迅猛。信息产业与旅游产业、文化产业的融合度非常高，信息技术应用在文化产品

---

① EPS 数据库（https：//www.epsnet.com.cn/）.

② 国家统计局社会科技和文化产业统计司，中宣部文化体制改革和发展办公室．中国文化及相关产业统计年鉴（2018）．北京：中国统计出版社，2018.

③ 国家统计局（http：//www.stats.gov.cn/）.

的生产、销售等各个环节，大大提升了文化产业生产效率。旅游产业和文化产业融合发展，旅游产业的文化内涵更加丰富，同时拓展了文化产业的发展空间。

第五，从企业竞争力来看，1998～2017 年我国上市文化企业的资产总额、营业收入呈现出逐步上升的趋势。2017 年我国 59 家上市文化企业资产总额为 426 亿元，营业收入为 194 亿元，分别约为 2007 年的 14 倍、8 倍，以及 1998 年的 45 倍、43 倍①。从数据来看，我国上市文化企业正处于迅速发展阶段。我国文化企业营业收入越多，表明企业运行越健康，企业发展前景较好。我国文化企业规模大、数量多、运行稳健，为抵御外来文化企业的竞争压力和打造本土文化自主品牌，提供了有力保障和重要条件，对维护我国文化产业安全具有重大意义。

---

① WIND 数据库（https：//www. wind. com. cn/）.

第四章

影响我国文化产业安全的主要因素

上一章的实证分析表明，我国文化产业安全状况在 1998 ~ 2017 年间总体上持续改善，尤其进入新时代以来取得了明显进步，已经处于比较安全的阶段。这与我国文化产业的发展历程基本吻合，也与新时代以来我国文化产业取得的历史性成就高度相符。但是我国文化产业安全状况与非常安全阶段的要求还有距离，而且稳定性也有待增强。我国作为世界上最大的社会主义国家，是以美国为首的资本主义国家重点进行思想渗透的对象，国际竞争力强的文化产业即是其主要运用的“武器”之一，加上中美经贸摩擦与新冠肺炎疫情的“双重”冲击以及文化外资的逐步深入，我国文化产业发展的外部环境可能趋于恶化，对我国文化产业安全造成多重重大挑战。同时，从我国文化产业内部看，还存在信息安全“短板”、国际竞争力缺乏、要素市场不完善、现代企业制度不健全、市场竞争不充分、行业管理水平不高等不足，对我国文化产业安全造成重大威胁。

第一节　面临严峻的外部威胁

一、中美经贸摩擦与新冠肺炎疫情的“双重”冲击

奉行本国利益优先的特朗普政府执政以来，把世界各国绑上了贸易战这辆战车，中国首当其冲。中美两国互为文化产品重要的进出口市场，美国单边发动的贸易战不可避免地影响到中美之间的贸易往来，进而对我国文化产业发展及安全造成影响。例如，贸易战打击了文旅企业的股票行情。根据中原证券统计，2018 年 5 月 30 日，美国政府宣布对我国 500 亿

美元商品征收25%关税导致当日A股暴跌，文化传媒板块跌幅达到3.10%。2018年7月11日，美国决定对我国出口美国的2000亿美元商品加征10%的关税，其中包括艺术品、收藏品及古董和颜料瓶、彩盒等部分玩具配件。中美贸易战提高了两国艺术品企业、玩具企业等文旅企业的生产成本，降低了企业的订单量，压缩了企业的利润，危及我国文化企业的生存与发展。

2019年底，突如其来的新冠肺炎疫情对中国和世界的社会经济发展造成了难以估量的重大损失，各个行业都遭受到较大冲击，我国文化产业也不例外。根据国家统计局网站数据，2020年第一季度全国5.9万家规模以上文化及相关产业企业营业收入大幅度下降，降低了接近14个百分点。虽然中国的疫情得到了有效控制，但海外主要经济体如美国、印度等国家的疫情依然没有出现缓解迹象，势必对文化贸易和文化投资等造成极大负面影响，文化产业发展前景不容乐观。

二、美国的强势文化输出

美国将文化输出视为“重要利益”。根据2000年美国“国家利益委员会”发表的《美国国家利益》报告，美国在战略上将文化输出视为美国的“重要利益”，因此美国必然仰仗其国际竞争力超强的文化产业进行文化输出，以此达到保持在全球信息传播中的领先地位的目的，并对其他国家的文化施加美国价值观的影响。“9·11”事件的教训，促使美国将文化与意识形态输出作为构建国家安全和全球霸权的核心方式，美国藉此形成了以国务次卿及其下属部门领导的庞大对外宣传机构，对公共外交和公共事务进行有效管理。由此可以看出，美国的文化输出战略和战术都已经十分成熟。

美国建立起了完备的输出型文化产业体系。观察美国文化产业的发展现状，文化产业的商品化和市场化运作十分成熟，文化产品输出具有一套成熟的体制。美国的文化产品制造也具有一套非常完善的方法和机制，烙着美国印记的文化产品源源不断地按照工业化生产方式生产出来。美国通过向其他国家输出这种简单、通俗和易于接受的文化产品，将隐蔽的意识形态和生活方式推行到世界各地。

可以看出，以美国为代表的发达国家依靠强大的社会经济基础，通过政策扶持、工业化的生产以及市场化营销等建立起一套完备的输出型文化产业体系，企图通过文化产业持续传播、渗透其意识形态和价值观念，对我国文化产业安全形成重大威胁。

三、文化外资逐步深入

我国文化产业实际利用外资呈下降趋势。近10多年来我国文化产业固定资产投资利用外资总量大体呈现“M”型波动变化，实际利用外资金额占当年总固定资产投资的比例呈下降态势。如图4－1所示，2008年文化产业固定资产投资利用外资额到达第一个峰值279.8亿元，而后外资受2008年全球金融危机影响于2009年迅速下降至209.2亿元。在接下来的几年，文化产业固定资产投资利用外资金额不断攀升，于2013年达到第二个峰值329.1亿元。此后我国文化产业固定资产投资中实际利用外资金额持续降低，我国文化产业固定资产投资中利用外资金额占比也相应下降，且近年来逐渐稳定在1%以内。

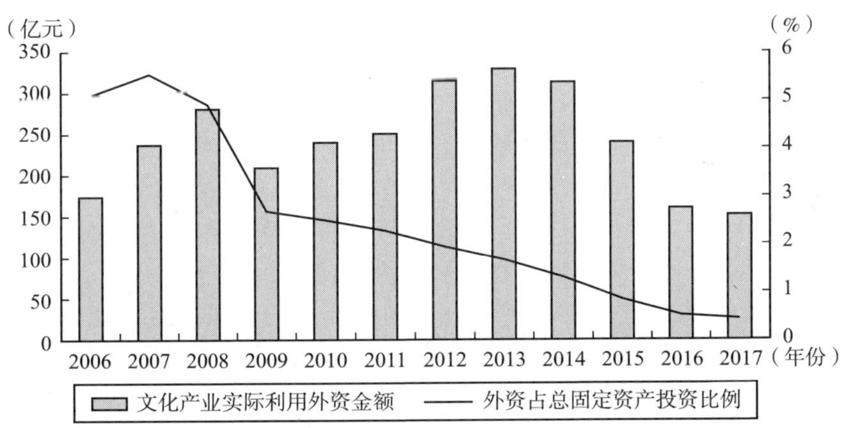

图4－1 2006～2017年我国文化产业固定资产投资实际利用外资情况

资料来源：国家统计局网站（http://www.stats.gov.cn/）.

我国文化产业开放步伐有加快趋势。新时代以来，我国对外开放水平有了明显提高，开放型经济新体制建设取得很大进展，尤其是外商投资政策法规得到了进一步修订完善，具体表现负面清单中限制外资准入的条目减少、内外资企业的待遇更为平等、外商投资的管理方式转向备案制为主等方面。《外商投资准入特别管理措施（负面清单）（2019年版）》规定，自2019年7月30日起取消电影院、演出经纪机构须由中方控股的限制；取消国内多方通信、存储转发、呼叫中心3项业务对外资的限制（具体见表4－1）。

表4－1 2019年文化、体育和娱乐业外商投资准入特别管理措施（负面清单）

禁止投资新闻机构（但不限于通讯社）
禁止投资图书、报纸、期刊、音像制品和电子出版物的编辑、出版、制作业务
禁止投资各级广播电台（站）、电视台（站）、广播电视频道（率）、广播电视传输覆盖网（发射台、转播台等），禁止从事广播电视视频点播业务和卫星电视广播地面接收设施安装服务
禁止投资广播电视节目制作经营（含引进业务）公司
禁止投资电影制作公司、发行公司、院线公司以及电影引进业务
禁止投资文物拍卖的拍卖公司、文物商店和国有文物博物馆
禁止投资文艺表演团体

资料来源：国家发展改革委员会办公厅网站（https：//www. ndrc. gov. cn/fzggw/jgsj/bgt/）.

2019年7月30日起施行的《自由贸易试验区外商投资准入特别管理措施（负面清单）（2019年版）》鼓励外商投资产业目录包含13大类、415项产业，其中多项涉及文旅产业，包括演出经营场所、旅游信息服务、虚拟现实（VR）、增强现实（AR）设备研发与制造等。通过对比表4－2和表4－3中的2017年、2018年公布的负面清单，可以明显看出我国文化产业外商投资领域正在逐步扩大。例如2018年相比于2017年减少了对中外合作制作电视剧（含电视动画片）的许可制度等限制，2019年相比于2018年则减少了电影院的建设、经营须由中方控股等限制。

表4－2 2018年文化、体育和娱乐业外商投资准入特别管理措施（负面清单）

禁止投资新闻机构（但不限于通讯社）
禁止投资图书、报纸、期刊、音像制品和电子出版物的编辑、出版、制作业务
禁止投资各级广播电台（站）、电视台（站）、广播电视频道（率）、广播电视传输覆盖网（发射台、转播台等），禁止从事广播电视视频点播业务和卫星电视广播地面接收设施安装服务
禁止投资广播电视节目制作经营（含引进业务）公司
电影院建设、经营须由中方控股

续表

禁止投资电影制作公司、发行公司、院线公司以及电影引进业务
禁止投资文物拍卖的拍卖公司、文物商店和国有文物博物馆
文艺表演团体须由中方控股

资料来源：国家发展改革委员会办公厅网站（https：//www. ndrc. gov. cn/fzggw/jgsj/bgt/）.

表 4－3　2017 年文化、体育和娱乐业外商投资准入特别管理措施（负面清单）

禁止投资新闻机构（但不限于通讯社）
禁止投资图书、报纸、期刊、音像制品和电子出版物的编辑、出版、制作业务
禁止投资各级广播电台（站）、电视台（站）、广播电视频道（率）、广播电视传输覆盖网（发射台、转播台等），禁止从事广播电视视频点播业务和卫星电视广播地面接收设施安装服务
禁止投资广播电视节目制作经营（含引进业务）公司
禁止投资电影制作公司、发行公司、院线公司以及电影引进业务
禁止投资文物拍卖的拍卖公司、文物商店和国有文物博物馆
禁止设立文艺表演团体
演出经纪机构须有中方控股
对境外卫星频道落地实行审批制度
对中外合作制作电视剧（含电视动画片）实行许可制度
中外新闻机构业务合作须中方主导，且须经中国政府批准
出版物印刷须由中方控股

资料来源：国家发展改革委员会办公厅网站（https：//www. ndrc. gov. cn/fzggw/jgsj/bgt/）.

外资逐步深入我国文化产业核心领域。我国虽然在文化产业领域采取了谨慎开放的政策，逐步降低外资进入门槛的同时把我国文化产业引进外资的规模、比重维持在较低水平。但外国资本采取“外围渗透，步步深入”的战术，即主要选择科学技术、时尚、生活、体育、娱乐消费等与意识形态关联度较低的“中性”领域作为突破口，正逐步深入我国文化产业的核心部分。

例如，我国的编辑出版市场还没有对外商开放，也不允许国外出版机构进入，但是外商以研究合作和版权合作等形式规避了我国政策法规的限制。国外出版机构和实力雄厚的国内出版机构构建合作伙伴关系，把版权授予合作的出版社，如清华大学出版社与培生出版集团、中国财政经济出版社与威科集团、商务印书馆与哈佛商学院出版社、中国高等教育出版社与麦格劳-希尔出版集团等都达成了战略合作关系。还有一种方式是国外出版公司和中国出版社共同开发中国的出版资源和市场资源，比如，北京大学医学出版社和爱思唯尔集团合作，共同成立了编辑室，编辑出版医学图书等。在学术出版方面，国外的原文数据库进入中国文化出版市场的种类和数量大量增加。由于原文数据库十分庞大，又多是通过境外服务器的数字平台传输的，如何有效监管这些引进的数据库，是对我国管理部门的一大考验。有些国外资本通过资本运作的方式，进入中国的出版传媒市场。例如，新浪、百度、当当等互联网企业和电子商务企业早已活跃于文化出版市场，新浪通过会员制方式、借助读书频道的载体，开展图书等文化产品的销售；百度则通过给予作家版税的方式、借助“百度文库”等载体，培养“自媒体”作者，与实质上的出版行为没有本质区别。这些公司都已在境外上市，那么外资就可以通过持有这些公司的股票等方式渗透到中国的出版传媒市场中。

一些大型跨国文化出版集团，在不被允许进入中国出版传媒核心领域的时候，先开发外围领域，逐步向核心领域渗透。早在20世纪80年代培生教育集团就进入了中国市场，旗下的朗文公司陆续将《新概念英语》《走遍美国》等系列图书引入中国，被国内英语学习者奉为学习英语的经典教材，并在90年代初与我国的人民教育出版社合作编写了用于义务教育阶段的英语教材，其发行时间长达近20年。2008年培生教育集团通过并购形式进入上海乐宁进修学院和北京戴尔国际英语学校，2009年又以1.45亿美元收购华尔街学院旗下的华尔街英语（中国）。该集团还开发了远程英语教育系统，并与多家出版传媒机构达成了战略合作关系，在图书宣传促销以及校园市场的开拓上做文章，逐渐从宣传推广和流通渠道上向我国出版产业的核心业务渗透。

面对中国文化市场潜力巨大的诱惑，有实力的国外文化企业是不会袖手旁观的。毫无疑问，如果没有严格的、科学的、适时的监管，国外资本的渗透将会“悄无声息”地影响我国文化产业的安全。

第二节　仍然突出的内部障碍

一、文化产业信息安全存在“短板”

从信息产业的发展历史看，美国依靠对二战后第三次科技革命的主导，成为互联网技术的主要发源地，也是目前网络根域名解析服务器最大的控制国。网络根域名解析服务器全世界共有 13 台，美国拥有全世界唯一的 1 个主根服务器、12 个辅根服务器中的 9 个，其他则分别放置在英国、瑞典和日本。美国依靠得天独厚的技术优势，在信息产业领域的资源配置、技术标准、内容生成等方面处于明显领先地位，控制着信息资源的配置、主导了信息产业链上的关键环节。美国通过在无疆界的信息空间进行布控，不断侵蚀其他国家的文化安全。

近年来，我国在技术研发及其应用等方面成就斐然，但毕竟技术发展起步较晚、技术积累不够深厚，某些领域的高端技术依赖外部供给的状况还没有得到根本改观。我国网民数量位居世界第一，但我国不仅没有根服务器，而且我国信息产业硬件部分的关键部件例如芯片等，以及很多软件例如手机操作系统等，主要依赖于外国生产商。从某种程度上说，我国只是计算机的用户，信息产业安全面临很大威胁。在我国文化产业领域，应用的关键软件硬件设施如计算机芯片、应用系统、数据库等大都从国外购买，导致我国难以确保相关的重要数据信息安全。这样，一方面国外竞争对手比较容易通过后门技术获取我国文化企业信息，使我国文化企业在与其竞争中就此注定了溃败的结局；另一方面，外国一旦获得大量涉及我国文化产业运行状况的数据，极有可能危害我国整个国民经济的正常运行。

二、文化产业国际竞争力缺乏

如前所述，我国文化企业的规模与美国等发达国家比较，仍然差距不小。而且从文化产品竞争力看，我国与世界文化产业强国也还有较大差距。根据国际文化贸易统计数据，2002 年到 2011 年，美国文化服务在国际市场上的份额常年保持在 30% 以上，英国和法国分别约为 10% 和 5%，而中国低于 1%。高附加值的文化服务国际市场占有率偏低，不可避免地会给我国文化产业带来一定的安全风险。

从文化品牌国际影响力等方面看，美国拥有全世界知名的好莱坞电影品牌，亚马逊、读者文摘、时代等出版品牌，迪士尼等动漫品牌，Google、Facebook、YouTube 等互联网文化品牌；法国拥有全球瞩目的巴黎时装周和戛纳电影节品牌；德国的工业设计水准享誉世界；日本拥有“皮卡丘”“哆啦 A 梦”“火影忍者”等动漫品牌；韩国拥有众多韩剧、网络游戏及综艺节目品牌。美国文化品牌的打造将美国文化价值观渗透到故事创意中，并利用世界领先的科技手段予以呈现；德国、意大利注重将创意设计与工业技术紧密结合；日本和韩国则将国家优势文化创意与科技应用于影视、游戏、动漫作品开发，打造有独特民族文化风格的文化品牌。从我国情况看，除了腾讯、百度、网易①、字节跳动等互联网文化品牌能与之相提并论外，其他领域的文化品牌则乏善可陈。

传媒产业能很好地说明我国文化产业缺乏国际竞争力的窘境。我国近年来涌现了华谊兄弟等国内知名传媒企业，并努力推行国际化战略、加速进军国际市场，但是与以美国为代表的发达国家相比，差距仍然十分明显。例如，美国华纳传媒经营范围囊括了杂志出版、影视生产和发行、广播电台与动漫等，旗下的品牌在全球都具有较强的国际竞争力，2019 年营业收入达到 189.41 亿美元，位列世界媒体 500 强第 13 位。沃尔特迪士尼更是在全世界有着很高知名度的企业，单是迪士尼乐园就拥有了 6 座，其中 2 家在中国，2019 年迪士尼公司营业收入高达 695.7 亿美元，位列世界媒体 500 强第 3 位。从我国情况看，虽然我国的腾讯、百度、网易等文化企业能够在 2019 年世界媒体 500 强中位列前 100 位，但中国综合媒体类公司榜上无名。由此可见，迄今我国大型文化产业集团还不能够对产业发展起到充分引领作用，国际竞争力相对较弱，自主文化品牌在世界市场的认可度也相对较低。

三、文化产业要素市场不完善

我国经过波澜壮阔的 40 多年改革开放，成长为仅次于美国的世界第二大经济体，在此过程中积累了丰富的技术、资金、人才等生产要素，为文化产业的发展提供了坚实的要素支撑。土地、资本、劳动力等传统基础要素固然推动着文化产业的发展，但在新发展理念的时代要求下，管理、知识、制度、技术和人才等创新要素的驱动作用更显重要。长期以来，我国主要依靠资源禀赋、区位优势、财政投入、规模扩张等推动文化产业发展②，走的是一条依靠资源投入和数量扩张的传统“要素驱动型”发展方式，增长方式粗放，还处在产业价值链的低端，与高质量发展的要求差距

① 根据彭翊主编的《中国文化企业品牌发展报告 2018》（社会科学文献出版社），腾讯、百度、网易排在 2018 年中国文化企业品牌价值 TOP50 前三位。

② 北京印刷学院文化产业安全研究院．中国文化产业安全报告．北京：社会科学文献出版社，2014：42.

甚远。内容是文化产业的核心部分，文化内容开发和应用主要依靠对文化资源的创造性转化和创新性发展。只有将创意理念融入文化产业，才能提升文化产品和服务的品位、价值和竞争力。美国等文化产业发达的国家对外输出的更多是文化内容版权，与之比较，我国在国际市场上销售的则主要是文化工业产品。因此，我国文化产业的要素市场正面临人才资源短缺、技术创新不足、知识积累薄弱等创新性要素稀缺的问题，势必阻滞文化产业高质量发展，危害文化产业安全。

四、现代企业制度不健全

现代企业制度是一种科学的体制系统，体现了现代企业的发展方向，是文化企业做大做强的制度保障。国有文化企业是中国特色社会主义文化的重要载体，是发展社会主义先进文化的重要基础，也是维护国家文化产业安全的战略性力量。国有文化企业转企改革任务早在 2012 年就已经全面完成[①]，但体制、制度、运行机制上的全方位变革依然任重道远。目前有些国有文化企业虽然已经完成改制，但是现代企业制度尚未完全确立，由此导致生产能力远远不能满足现代文化市场的需求。我国国有文化企业转企改制的主要推动力量并不是生产者，即单位本身，而是由外在的力量，也就是政府部门所主导的。由于内生的改革动力不足，造成许多国有文化企业处于被动改革的地位，其转企改制工作的积极性严重缺乏。有些改制不彻底的企业存在产权不清晰或保留着部分事业编制的问题，有些国有文化企业在完成转企改制后，除牌子上多了“有限责任公司”的字样外，并没有多大的实质性变化，董事会、监事会几乎只是一种摆设，未能建立有效的市场运作机制。因此，如何在产权制度、管理模式、组织结构、分配方式、人事制度等方面进一步完善现代企业制度，是改制后的国有文化企业面临的一项长期任务。

五、市场竞争不充分

国有文化企业转企改制的目标之一就是使其真正成为市场的主体。企

---

① 国有经营性文化单位转企改制任务全面完成，http：//www.npc.gov.cn/zgrdw/huiyi/ztbg/gwygygyqyggyfzgzqkdbg/2012－10/25/content_1745412.htm.

业的本性应当是在满足社会需要中追求自身利益最大化，要实现这一点，需要有成熟的市场体系。然而，我国文化市场所呈现的是不完全竞争的市场特征。尽管国有文化企业转企改制任务已经完成，但是许多国有文化企业的观念还没有转变到位，转企改制后，许多企业没有找准发展定位，于是我国文化市场出现了特色不鲜明、“高峰”作品鲜见、原创乏力的局面。例如在出版行业，由于书号资源供给和行政垄断的保护，很难真正形成充分的市场竞争，大的出版企业难以通过市场兼并迅速壮大实力，弱小的出版社也难以退出市场。另外，虽然国务院早在2010年就出台了《关于鼓励和引导民间投资健康发展的若干意见》等政策，鼓励民间资本参与发展我国的文化产业，鼓励民间资本从事广告、印刷、演艺、娱乐、文化创意、文化会展、影视制作、网络文化、动漫游戏、出版物发行、文化产品数字制作与相关服务等活动。但当前民营资本面临融资的高山、转型的火山、市场的冰山，市场准入也面临如玻璃门、弹簧门、旋转门等的阻滞，市场参与度还远远不够。

过度竞争和竞争不充分都不是理想的市场结构，二者均是对资源最优配置的偏离。市场经济体制下的资源配置是要通过市场竞争来实现的，如果没有竞争有序的文化市场，就会影响和制约文化企业作为市场主体参与市场竞争。其结果就造成了产业结构趋同，产业集中度低，资源配置不尽合理，市场分散和地区封锁严重，从而影响整个国家文化产业的竞争力。因此，在现有情况下，如何通过市场竞争来整合多元化资源，优化文化资源配置，达到强强联合实现互利共赢，提高整个文化产业的竞争力以应对日益激烈的国际竞争是不可回避的重大问题。

六、行业管理水平不高

一是文化市场部门、行业和区域壁垒依然没有完全拆除。政府对转企改制文化部门的管理仍然没有完全摆脱事业单位管理模式，地方保护主义现象仍然存在，导致一些文化企业与市场发展的需求脱节，市场竞争力不强，需要依靠相关部门的扶持才能正常运营，文化资源的配置效率也有待提高。二是多头管理的现象仍然存在。文化产业的管理牵涉到宣传部、发改委、文旅部等多个部门，当前在部门的协调方面还缺乏合理、规范的机制，对产业的高质量发展形成了阻碍，需要进一步加强放管服改革，提高管理效能，激发文化市场主体活力，将我国的文化资源潜力转化为产业发展优势，提高文化原创力。三是知识产权保护力度还需加强。版权作品是文化企业开展生产的核心资源要素，文化产业即是对版权作品的大规模、工业化、标准化的复制并进行市场销售，版权保护水平很大程度上决定了文化产业发展质量。虽然我国为了适应市场经济发展的需要和与国际规则进行接轨，建立了相互衔接的、层次完整的版权立法体系，对版权进行司法和行政保护，但由于长期的版权意识落后导致侵犯知识产权犯罪形势仍旧严峻。四是市场监管水平还需提高。要给文化企业提供更为宽广的发展空间，就必须设法提高市场监管水平。但目前，我国文化市场的立法还不完善，还没能形成健全的法规体系，执法监督也有很多不到位的地方。市场监管部门在给予文化企业自主经营、自由竞争空间的同时，要强化责任追究，对不合格的企业要坚决淘汰。另外，要更好地发挥行业协会的作用，让行业协会真正成为政府监管与企业自我约束相配合的桥梁和纽带。如何调动行业协会的积极性，使其努力建立行业信誉评估机制，以便在行业内部对企业在规范管理、质量效益、市场信誉等方面进行考评，为监管部门提供加强管理的有效参数，为企业争取最大的发展空间，也是目前摆在我国文化产业面前的一项紧迫任务。

纵观我国文化产业的安全状况，一方面，新时代以来我国文化产业发展取得了历史性成就，安全状况得到明显改善；另一方面，在百年未遇之大变局下，我国文化产业面对更显严峻的外部形势，同时仍然存在突出的内部障碍因素，安全形势不容乐观。

第五章

我国维护文化产业安全的典型案例

改革开放以来，我国在维护文化产业安全方面积累了不少经验，也取得了比较好的成效。本章选择电影产业、游戏产业和阅文集团，作为我国维护文化产业安全的典型个案进行解析。电影产业是意识形态属性较强的传统产业，游戏产业是意识形态属性相对弱的新兴文化产业，阅文集团则是活跃于新兴文化产业领域的文化企业。这些特征差异较为明显的细分行业和新兴文化业态领域的微观企业在促进自身安全发展方面的应对政策、取得的效果和基本经验，值得深入探究，能够为系统构建我国文化产业安全实现机制及提出具体对策建议提供参考。

第一节　我国电影产业安全发展的案例

一、我国加入世界贸易组织后的电影产业开放政策演进

加入世界贸易组织之前，我国电影产业曾在20世纪90年代前后进行了一系列市场化改革，这些改革措施为我国电影业融入经济全球化打下了坚实的基础。一方面，1993～1995年间先后颁布的《关于当前电影行业机制改革的若干意见》《关于进一步深化行业机制改革的通知》《关于改革故事影片摄制管理工作的规定》三个权威性文件，标志着中国电影业市场化改革开启，有效推进了国家电影事业单位向企业化转变，吸引了社会资本参与国家电影工业体系建设；另一方面，《外商投资电影院暂行规定》(2000)、《关于进一步深化电影改革的若干意见》（2001）的相继出台，拉开了我国电影产业开放政策改革的序幕。

2001 年 12 月 11 日，我国正式加入世界贸易组织。为把握开放机遇、寻求本国电影产业繁荣发展，统筹兼顾电影产业的文化意识形态与经济属性，确保文化产业安全发展，我国先后就电影产业开放政策进行了一系列调整，以外商投资、影片进出口以及中外合拍等为主要内容的开放政策演进大致可分为三个阶段。

（一）初期尝试阶段（2001～2004 年）

2001 年 12 月，国务院发布了《电影管理条例》，标志着电影产业新一轮体制改革的开始。条例中就中外合作制片、进出口电影审查、电影发行和放映以及电影事业的保障和罚则作出了相关规定，虽然条例中仅明确允许中外合资改建电影院，并未对其他领域的外商投资以及影片进出口限制等内容作出详细说明，但该部法规的推出为我国电影产业的涉外管理等提供了法律依据与指导方向。2002 年 11 月，由原国家广电总局发布的《特种电影管理暂行办法》，作为《电影管理条例》的补充完善，对特种电影的摄制、进出口活动等内容进行了相应说明。2003 年，原国家广电总局先后颁布了一系列电影产业管理法规，其中《中外合作摄制电影片管理规定》《电影制片、发行、放映经营资格准入暂行规定》分别就中外合作摄制电影要求以及外资参与我国电影制片环节的准入条件进行了较为详细的规定，外资被允许参股我国电影制片公司与电影技术公司，且在合资制片公司中，外资的注册资本比例不超过 49%。短短三年时间内，我国电影产业的摄制、发行与放映三大环节中已有两大环节尝试扩大开放。

2004 年 1 月实施的《外商投资电影院暂行规定》允许外商（含港澳台商）以中外合资形式参与电影院改建经营等业务，合作经营的中国方面注册资本中的投资比例至少要达到 51%；但对于全国的七个试点城市，投资比例的规定大幅放宽，合作经营的外国企业在注册资本中的投资比例只要不高于 75% 即可。2004 年 10 月由原国家广电总局与商务部联合发布的《电影企业经营资格准入暂行规定》在法律层面对外资参与我国电影产业给予了肯定，允许境外公司以合资、合作形式在我国设立电影制片、电影技术等企业，参与放映基础设施建设和技术设备研发，且要求注册资本不少于 500 万元人民币，外资的注资比例不超过 49%。同年，由商务部发布的《外商投资产业指导目录》也明确了外商可有限投资我国电影产业的摄制与放映环节。该时期，电影产业准入门槛的大幅降低，为社会资金、国外资金进入我国电影制作和放映业创造了前所未有的政策条件，使得中国电影市场化程度进一步加深，然而，电影投入产出严重脱节、有产出无市场的尴尬局面依旧困扰着中国电影。

（二）政策调整阶段（2005～2006年）

2003～2004年电影产业开放政策的频繁出台，外商投资、中外合拍摄制等领域的准入门槛持续降低，让业界一度认为我国电影产业将会进一步开放。然而，接下来一系列政策的颁布，似乎表明我国电影产业对外政策进入了调整阶段。2005年2月，原国家广电总局发布《关于实施〈中外合资、合作广播电视节目制作经营企业管理暂行规定〉有关事宜的通知》，通知规定原则上每家外资企业在中国只能以合资形式控股一家影视制作公司。该规定极大限制了国际影视巨头企图短期大幅扩张其在华业务的愿景。我国电影产业在对外资设限的同时，逐步放开了对港澳投资的限制。根据2003年内地与香港、澳门特区政府签署的CEPA相关协议，原国家广电总局联合商务部、文化部于2005年3月、4月，先后发布《〈电影企业经营资格准入暂行规定〉的补充规定》《〈外商投资电影院暂行规定〉的补充规定》。规定自2005年1月1日起，香港、澳门地区的服务提供者可以在内地试点设立独资企业，业务范围限于发行国产电影，以及通过合资、合作或独资的形式建设、改造及经营电影院。

2005年7月，由文化部、原国家广电总局、发改委等五个部门联合发布的《关于文化领域引进外资的若干意见》中，在外资方面有以下规定：在我国所占股份51%以上或中方占有主导地位的条件下，允许外商以合资、合作的方式设立和经营演出场所、电影院、演出经纪机构、电影技术等企业，并禁止外商投资电影制作公司、电影进口发行及录像放映公司等；在港澳投资方面有如下规定：允许香港和澳门的服务提供者在内地设立合资、合作、独资经营的演出场所，以及以独资形式新建、改建电影院，在内地试点设立发行国产影片的独资公司①。

在确定电影产业限制外资准入的基调后，内地电影市场逐渐调整方向，一方面，通过吸收港澳投资、与港资摄制合拍片等形式寻求电影产业的开放发展；另一方面，不断加强数字电影管理、知识产权保护等立法工作以优化市场环境。2006年5月，原国家广电总局发布的《电影剧本

---

① 五部委就文化领域引进外资制定若干意见，http：//www.gov.cn/jrzg/2005－08/04/content_20551.htm.

（梗概）备案、电影片管理规定》中要求中外合作摄制影片需要报送剧本立项审查。2006 年 9 月公布的《国家“十一五”时期文化发展规划纲要》中明确要大力发展影视产业，国家广播影视数字化工程被列入“十一五”期间重要文化工程研究，国家数字电影制作基地被列入重大文化产业推进研究。这一时期，影片制作资金来源变得更加多元化，完全由单一资金支持完成的电影所占比例大幅缩小，包括民营、境外资金在内的混合资金运作发展成为电影产业的基本投资方式。

（三）稳步推进阶段（2007 年至今）

2007 年 10 月，由国家发改委和商务部联合发布的《外商投资产业指导目录》明确将我国电影产业放映环节中的电影院建设经营部分划入限制投资范围，并要求由中方控股。此外，指导目录中将电影制作、发行与院线公司列为禁止外商投资研究，中外电影摄制仅限于合作。此后，无论是 2009 年发布的《文化产业振兴规划》，还是 2016 年发布的《电影产业促进法》，在众多政策法规中并未表明我国电影摄制、发行环节会对外商投资实行开放，而电影放映环节中针对外商投资电影院建设经营、演出经纪机构的股权限制部分，直到《外商投资准入特别管理措施（负面清单）（2019 年版）》才将其予以取消。

在影片进口方面，2012 年中美两国就《中美双方就解决 WTO 电影相关问题的谅解备忘录》达成协议，其中要求中国在每年引进美国电影 20 部的基础上，增加 14 部 IMAX 或 3D 电影，与此同时，美方票房的分账由此前 13% 提升至 25%，此外还要求增加中国民营企业发布进口片的机会，打破国有企业独大的局面。2015 年中国电影集团与美国电影协会签订了《分账影片进口发行合作协议》，协议包括：中国华人文化与美国华纳兄弟在香港合资设立电影制作与发行公司以推进中美合拍电影研究，中国国务院新闻办公室与美国国家地理频道、迪士尼公司分别签署合作协议等。

在影片出口方面，我国为了鼓励和支持国产影片“走出去”，不断增强中国电影的国际影响力、竞争力和市场占有率，也曾做出多方面尝试。2007 年 4 月，商务部联合外交部等六个部门制定并发布《文化产品和服务出口指导目录》，强调对符合目录标准的“国家文化出口重点研究”以及“国家文化出口重点企业”予以市场开拓、技术创新、海关通关等方面支持。2009 年 2 月，原国家广电总局印发的《国产影片出口奖励暂行方法》中规定，对境内制片单位出品的影片按照该影片上年度海外票房的

2‰给予奖励，对境内外联合摄制的影片按照该影片上年度海外票房的1‰给予奖励。2014 年 3 月发布的《国务院关于加快发展对外文化贸易的意见》提出从加大财税支持、强化金融服务、完善服务保障等多个方面，为各种所有制文化企业对外文化贸易业务提供鼓励与支持，培育一批具有国际竞争力的外向型文化企业和具有核心竞争力的文化产品。2019 年 1 月，由财政部、商务部和招商局集团共同发起设立的服务贸易创新发展引导基金，总规模达到 300 亿元人民币，该基金将为《国家文化出口重点企业目录》中的影视服务贸易企业提供金融支持。

长期以来，我国电影产业相关政策通过限制外资、外国影片进入，优化国内电影企业营商环境，完善电影产业制度与监管体系，给国内电影产业的发展提供了充足的空间与养分。近些年中国电影市场的迅速扩大、越来越多优秀影视作品及企业的出现，意味着我国电影产业开放政策已见成效。随着我国电影工业体系在不断完善，可以预期，中国电影产业开放政策的重心正经历着从思考如何有效“引进来”，向探索怎样充分“开放”转变。

二、我国电影产业开放政策的实施成效

（一）产业规模不断扩大，国产电影市场份额逐步提升

入世后我国电影产业开放政策不断完善，在有效规范外资、进口影片以及中外合拍影片等参与内地电影市场竞争的同时，引导社会资本、外国资本以及港澳资本等广泛参与我国电影工业体系建设，电影产业得以在短短 10 多年间取得迅猛发展。在电影票房方面，2001 年我国电影票房收入仅 8.9 亿元，在全球电影市场票房榜单上还排不上号；2008 年我国电影票房收入为 43 亿元，跻身全球电影市场票房总额第十二位；2016 年我国电影票房 492 亿元，跃居全球电影市场第二位；2019 年我国电影票房再创新高，达 642.66 亿元，与全球第一大电影市场的票房差距逐渐缩小。在电影产出方面，2001 年我国内地生产电影故事片数量为 88 部，远低于同年美国生产的 611 部电影故事片数量。2004 年我国电影故事片产量（不包括港澳台地区）为 212 部，2019 年则达到 850 部，增长了近 4 倍，电影产量保持着较好的发展态势。在电影票房分布方面，2004 年我国电影票房收入约 15 亿元，其中国产影片票房收入占比约 55%，同期引进的 20 部进口

电影票房收入为7亿元，占比约达45%，进口影片的单片票房远远超过国产电影。在我国扩大引进外国影片的境况下，2019年我国电影票房收入642.66亿元，其中进口影片票房仅占35.93%，国产电影票房占比达到64.07%，国产电影市场份额近年来呈现明显的扩张倾向。

（二）优质作品不断出现，国产影片竞争力增强

1998年我国国产电影产量仅有40多部，全国电影票房收入14亿元，同年引进的影片《泰坦尼克号》的票房收入就占据了全国电影票房收入的25%，一时间中国电影几乎没有动力去创作优质作品，更谈不上与国外影片同台竞争。但随着入世后，我国采取具有“文化例外”特征的电影产业开放政策，客观上为我国电影产业的繁荣争取了充足的时间与空间，在社会资本的逐步参与和政府资金的推动下，我国电影产出数量不断增加，国产影片的竞争力也在逐渐增强。2002年我国生产了约100部电影，其中国产大片《英雄》斩获内地票房2.5亿元，全球票房高达1.77亿美元，不仅成为第一部过亿的国产电影，而且还被《时代周刊》评为2004年度全球十大影片之首。2018年内地票房排行前十的影片中，仅有3部外国影片，2019年票房前十的电影中，国产影片占有8部。《红海行动》《哪吒之魔童降世》《流浪地球》等富有中国元素的优质作品的产出，为我国主旋律电影、动画电影以及科幻电影等多个领域电影题材的创作，发挥了示范性效果，激发着中国电影向更高的台阶奋力迈进。

（三）电影企业实力提升，产业格局多元化

2004年前后，由于我国电影产业政策降低了电影投资的限制与风险、改善了电影市场的竞争环境，一大批社会资本与外来资本进入中国电影产业各个领域，有效推动了中国电影企业格局的变化。一方面，以中影集团、上海电影集团为代表的国有电影企业从老牌国营电影机构中脱颖而出，成为国有电影企业的领军代表；另一方面，以北京新画面影业、华谊兄弟以及博纳文化为代表的民营企业进军中国摄制与发行领域，有效刺激了中国电影产业向着多元化发展。同样得益于我国电影产业开放政策的实施，2014年，以阿里巴巴、腾讯以及百度为首的互联网资本大举进入我国电影产业，并形成极具竞争力的互联网电影企业。猫眼专业版显示，2018年电影票房5亿元以上的出品企业中，总计71.58亿元的腾讯影业与企鹅影视位列第一，60.25亿元的猫眼娱乐排在第二，作为传统电影企业代表，

中影股份与华谊兄弟分别位居第十四、十五名。2019 年，阿里巴巴影业出品了 37 部电影，包括《流浪地球》《中国机长》等热门影片，其参与出品影片总票房达 122.55 亿元①。可以预见的是，随着我国电影产业开放程度的提升，参与电影市场竞争的主体将趋向多元化，影视企业为求在更趋激烈的竞争中谋取发展，必须要提高自身的创新能力。

三、经验启示

（一）采取分类管理的措施

从战略层面来看，需要对文化产业进行分类管理。作为社会主义国家、作为文化产业发展起步晚的国家，我国在实践中对具有强烈意识形态属性且竞争力较弱的行业实施了结构性保护。我国在意识形态属性强的电影摄制与发行领域采取有效控制，严格限制外资进驻，但允许外商以中外合拍、合作等形式参与电影市场，为中国电影摄制水平的提升、中国电影产品“走出去”等创造了条件；在意识形态属性较弱的电影放映领域，允许并鼓励外资以多种形式参与我国电影院线等基础设施建设与经营，在完善我国电影行业工业体系的同时，有效地激发电影市场的竞争活力。

（二）注意运用国际惯例

从战术层面来看，对文化产业的保护应注意运用文化例外、文化多样性等国际惯例规则。电影行业作为化育、传播以及创新文化和意识形态的重要载体，发展状况将直接影响到社会精神高度、国家软实力水平以及国家意识形态安全。面对西方的流行文化、文化霸权等挑战，我国对电影、新闻以及音像制品等行业根据国际认同的文化例外原则，采取了适度保护措施，在深化行业对外开放与“护航”行业发展中寻求平衡，逐步扩大行业开放的同时实现安全发展。

（三）保护政策与时俱进

从动态发展层面来看，电影行业的保护政策应随着行业竞争力变化而进行适时调整。在电影行业部分领域竞争力较弱时，适度强化对该领域的

① 尹鸿，许孝媛 . 2019 年中国电影产业备忘 . 电影艺术，2020（2）.

保护与扶持，当该领域竞争力逐步提升并具备国际竞争力时，逐步降低保护程度，扩大行业的开放广度与深度。我国应始终坚持电影行业保护政策的最终任务是为了更安全地、更高质量地开放。

第二节　我国网络游戏产业提升竞争力的案例

一、我国网络游戏产业发展历程

在第三次科技革命引发的技术革新浪潮中，网络游戏产业应运而生。由于技术的限制，该产业在我国的起步较晚。与新闻出版、电影等产业比较，我国政府对意识形态属性相对弱一些的网络游戏产业，保护力度要小一些，其成长状况主要由市场决定，大致经历了五个发展阶段。

（一）起步阶段（1994～1997 年）

网络游戏的产生和发展受历史和技术条件的双重限制。中国互联网从 1994 年正式接入国际网络，初期发展极不成熟，网络游戏产业刚刚萌芽。这一时期的中国网络游戏产业受到联网速度慢、质量差和互联网普及率低等严重制约，多以纯文字类游戏为主，“近水楼台”的互联网从业人员和容易接受新事物的大学生等是主要消费群体，受众数量偏少，普及的程度十分低。

（二）形成阶段（1998～2002 年）

伴随着以信息高速公路为主导的互联网技术在中国快速发展，1998 年 6 月《联众游戏世界》上线。该款游戏的玩家能够进行联网棋牌类游戏，而且是研发者免费提供的游戏产品，也是我国文化市场上出现的第一款网络游戏。2000 年由我国网络公司代理的《万王之王》作为我国第一款图形网络游戏开始正式运营，同年，智冠公司的《网络三国》和华义代理的《石器时代》也先后出现在中国网络游戏市场。2001 年来自韩国的游戏产品《热血传奇》由国内公司代理发行，并花了不长时间就吸引了最高 60 万的用户在线，在当时的世界网络游戏市场造成了轰动效应。由于我国对知识产权的保护日益重视，网络游戏采用了联机认证技术，增加了盗版者的盗版难度，游戏开发者和运营方的权益得到较好的保护。

（三）快速发展阶段（2003～2008年）

2004年，国内游戏公司推出了超过150款游戏产品，激烈竞争的市场推动着网络游戏产业以超高的速度成长。在这一时期，腾讯、网易等互联网企业快速发展，我国网络游戏产业从单一企业走向多企业合作。由于市场竞争加剧，网络游戏企业对消费者群体展开了激烈的争夺，各个企业也根据自己的综合实力和市场地位，对发展战略进行调整并努力抓住市场机遇，由此，我国网络游戏产业的各个环节链条逐渐拉长并日益完善。同时，一些海外公司开始进军我国网络游戏市场，一部分实力较强的国内企业也逐渐重视对网络游戏产品开展自主创作，例如我国自主研发的《剑侠情缘网络版》和《传奇世界》游戏，在2003年内部测试完成之后正式开始运营。在这一阶段，网络游戏产业的快速发展主要体现为产业的规模持续扩大，根据《2008年中国游戏产业报告》，我国2008年网络游戏公司的实际销售收入总计达到183.8亿元人民币，同比增长了76.6%，其中自主研发的网游市场实际销售收入为110.1亿元人民币，同比增长60.0%，占据行业收入的59.9%。这说明，我国网络游戏产业规模在急剧扩大的同时，自主研发网游竞争力也得到增强。

（四）稳定发展阶段（2009～2017年）

"网络游戏防沉迷系统"的正式投入，标志着我国网络游戏产业迈入稳定发展阶段。2009年，我国开始出现网页游戏，这种免费游戏给玩家带来了极大的方便与良好的游戏体验。从伽马数据库可知，2009～2017年，我国游戏市场的实际销售收入一直保持着较高的增长率，我国游戏市场实际销售收入从2009年的252.2亿元提升到2017年的2036.1亿元；我国游戏行业海外市场收入也稳步增长，从2008年的190.4亿元增长到2017年的2607.4亿元；在这一阶段，手机游戏发展十分迅速，2016年移动游戏市场实际销售收入达到了819.2亿元，超过客户端游戏市场收入的582.5亿元，成为我国网络游戏产业实际销售收入的主要来源。综合图5-1、图5-2数据可知，2009～2017年，我国网络游戏产业的主营业务收入增长率虽然有波动，有的年份波动还比较大，例如2010年与2009年比较，增长率下降了13个百分点，但增长率都维持在21%以上，同时该时期实际销售收入增长率都在17%以上。

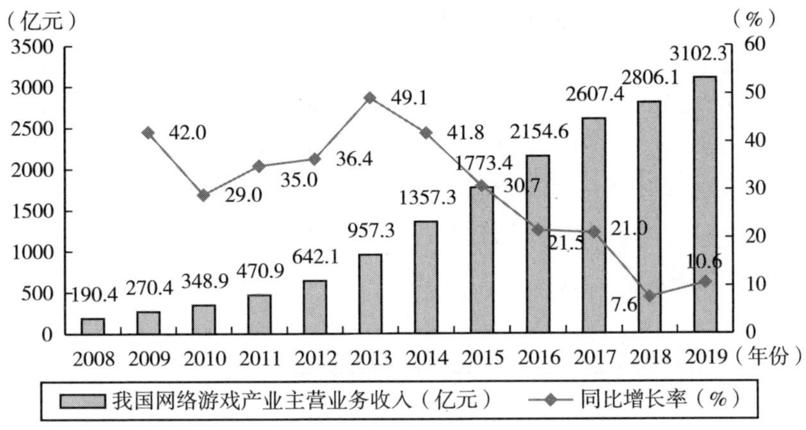

图 5－1　我国网络游戏产业主营业务收入

资料来源：伽马数据（http：//www. joynews. cn/）.

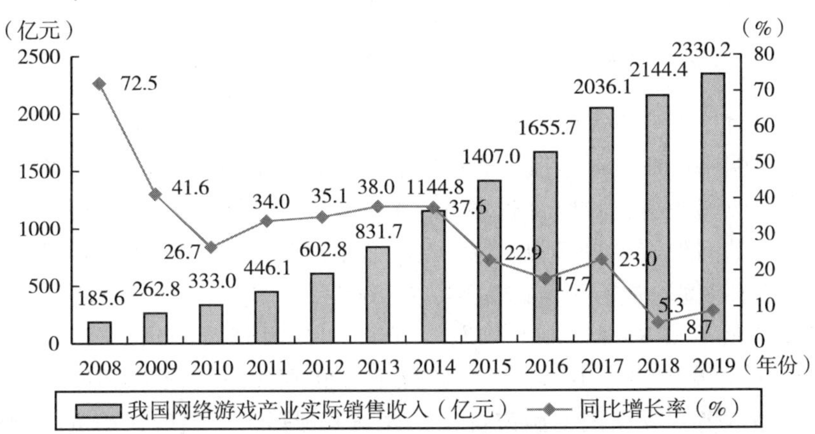

图 5－2　我国网络游戏产业实际销售收入

资料来源：伽马数据（http：//www. joynews. cn/）.

（五）低速增长阶段（2018 年至今）

由图 5－1、图 5－2 可知，2018 年我国网络游戏产业的实际销售收入为 2144. 4 亿元，同比增长率仅为 5. 3%；同年主营业务收入为 2806. 1 亿元，增长率为 7. 6%。2019 年我国网络游戏产业的实际销售收入和主营业务收入分别增长 8. 7%、10. 6%，虽然有所回升，但仍为低速增长。与之前时期相比较，我国网络游戏产业的发展速度明显回落，说明我国网络游戏市场已进入成熟时期，发展进入了低速增长阶段。在这一阶段，我国手机游戏产品表现突出，在海外市场的竞争力显著提高，市场份额不断扩大。根据 App Annie 发布的《2018 年中国移动游戏出海报告》，从营运收入看，2018 年国产手机游戏产品在海外市场的销售收入达到 61 亿美元（约合人民币 408 亿元），同比增长了接近五成；从下载量看，海外市场 2018 年下载的中国手机游戏类应用约 32 亿次，同比增长接近四成，其中表现耀眼的有注册用户超过两亿的王者荣耀游戏和在日本市场长期排第一的荒野行动游戏。

二、我国网络游戏产业政府规则演进

1994 年，中国互联网正式接入国际网络，国内市场开始出现网络游戏，政府监管也随之开始萌芽，而真正意义上的政府监管出现在 2000 年。伴随着网络游戏产业的产生与发展，我国政府规则演进主要经历了两个阶段。

（一）以新闻出版总署为主管部门阶段（2000～2008 年）

2000 年，国务院颁布《互联网信息服务管理办法》，标志着政府正式启动了对网络游戏产业的监督管理。在这一时期，网络游戏产业被列入出版业，因此国务院将其监督管理方面的工作交由新闻出版总署负责，也意味着我国的网络游戏产业从此有了相关的法律依据。2001 年，国务院对《出版管理条例》进行了修改完善，提出网络游戏产业管理由新闻出版总署依据此项法规来进行制定实施。2002 年，国家新闻出版总署出台了《互联网出版管理暂行规定》，明确规定互联网的出版活动要履行审批程序，必须申请"互联网出版许可证"才可开展运营。随后，相关职能部门对网游出版开始了审核批准工作以及更深入全面的监管，"互联网出版许可证"制度成为互联网企业从事网游运行经营和管理的首要准入门槛。新闻出版总署成立国家游戏出版审查委员会，开始对网络游戏出版物特别是进口的网游产品进行严格的监督管理并从严审批。依据新闻出版总署的《电子出版物出版管理规定》，如果管理部门没有审核批准，没有向其颁发"著作权合同登记号"的游戏不能合法运行经营，我国从此形成了"一证三号"① 的网络游戏审批模式。在这个模式中，新闻出版总署是唯一的监

① "一证"是具有网络经营范围的许可证，"三号"是版权认证号、审查批准文号和网络游戏出版物号。

管主体。2003 年，文化部制定了《互联网文化管理暂行规定》，对包括网游企业在内的“经营性互联网文化单位”实行许可制度。2004 年，文化部又制定了《关于加强网络游戏产品内容审查工作的通知》，提出网游企业需获得网络文化经营许可证，国产网络游戏需向文化部备案并取得相应的备案文号，网络游戏进口活动则需要报文化部进行内容审查并获得批准文号后方可运营①。随后不久，为了解决各监管主体存在多头管理、权责不明的问题，国务院下达了《国务院对确需保留的行政审批研究设定行政许可的决定》，首次划分了网络游戏产业的审批权力与责任，文化部负责审批经营性互联网文化企业的设立和审查源自国外的互联网文化产品内容，新闻出版总署负责审批境外著作权人授权的电子出版物国内出版等事项，互联网络游戏产品位列其中。在这一阶段，我国政府规则多以改善网络游戏产业发展环境、提供更为便捷的发展平台为主，监督管理的理念从原来注重进行事后监管，转向侧重事前和事中监管，而且监督管理的手段除了罚款和取缔营业资格等之外，还大力营造风清气正的网络环境以加强对游戏产品消费者的保护。

（二）以文化部（2018 年与旅游部合并组建文化旅游部）为主管部门阶段（2008 年至今）

2008 年，我国的网络游戏产业监管进入了快速发展的阶段，在中央开展大部制改革的推动下，网络游戏监管迎来了新的发展机遇。在这一阶段，我国政府政策多以保护人民身心健康、维护社会长治久安为主，并逐步形成了网络游戏监管立法体系。针对网络游戏监管混乱的状况，为了使各个监管主体各司其职、各负其责，国务院在 2008 年发布了《主要职责、内设机构和人员编制规定》，“将动漫、网络游戏管理（不含网络游戏的网上出版前置审批），及相关产业规划、产业基地、研究建设、会展交易和市场监管的职责划给文化部”。而新闻出版总署则保留对游戏出版的前置审批和对出版国外著作权人授权的网游进行审批等两项许可权力。网络游戏的主要管理部门由新闻出版总署转变为文化部。2010 年，为保证网游玩家的合法权益，文化部制定《网络游戏管理暂行办法》，为消费者提供相应的法律法规。针对未成年人自制力差、易沉迷游戏等青少年保护问题，2013 年，国家 15 个部门共同出台了《“网络游戏未成年人家长监护

① 孙司芮．我国网络游戏政府监管问题研究．东北师范大学博士学位论文，2016.

工程”实施方案》，保护未成年人的健康发展。2015 年，文化部发布《关于加强网络游戏宣传推广活动监管的通知》，严查违规营销的网络游戏企业，保证网络安全。2018 年，国家卫健委、教育部等八部门联合印发《综合防治儿童青少年近视实施方案》，指出要对网络游戏总量实施调控。网络游戏产业的政府监管经过 20 年的发展与完善，进入了一个相对成熟的阶段。

三、我国网络游戏产业发展成效

（一）产业规模持续扩大，经济效益显著

网络游戏产业作为发展最迅速的娱乐产业之一，产生了巨大的经济价值。一方面，网络游戏产业为我国创造了十分可观的税收收入，对我国经济和税收的增长作出了不容忽视的贡献。改革开放以来，我国网络游戏产业以相对较快的增长速度实现了规模的大幅扩张。图 5 – 1、图 5 – 2 显示，2019 年我国网络游戏市场实际销售收入达到 2330. 2 亿元，拉动了我国税收收入的增加，取得了巨大的经济效益。2019 年全年腾讯公司总收入为 3772. 89 亿元，纳税额度超过 100 亿元。另一方面，网络游戏产业极大地带动了相关产业的发展，推动了我国电信业务、网络软件服务以及直播平台的迅速发展和就业的增加，促进了我国经济稳定增长。

（二）市场份额不断扩大，产业“走出去”步伐加快

我国网络游戏产业从 21 世纪初以代理运营国外产品，尤其是韩国和日本的产品为主，发展到现在已经以自主品牌为主导。我国全球游戏市场份额不断增长，近 10 年来，海外市场游戏收入迅速增长，并开始处于竞争优势地位。在这一期间，我国网络游戏产业发展增速明显快于全球平均增速，市场规模的快速扩大使我国在 2016 年替代美国成为全球最大的游戏市场。根据《2019 年中国游戏产业报告》，2019 年我国自主研发的网络游戏海外市场实际销售收入达 115. 9 亿美元，增长率超过 20%；海外市场中，美国、日本、韩国占比近 70%，美国占比超过 30%[①]。从中可以看

---

① 2019 年中国游戏产业报告发布，http：//www. cnr. cn/hn/jrhn/20191219/t20191219 _ 524905431. shtml.

出，游戏产业成为我国文化出口的重要领域，也是增强我国文化软实力的重要载体。

（三）自主研发能力增强，网游企业竞争力提升

《2017 年中国游戏产业报告》发布的数据显示，2017 年国内游戏销售收入超过 2000 亿元，其中移动游戏是游戏产值的最主要部分，用户规模超过了 5 亿人，销售额的 95% 来自我国自主研发的国产游戏，体现了我国网络游戏企业强大的研发能力。2004 年我国自主研发的《航海世纪》游戏进入了韩国、英国、德国、加拿大等超过 20 个国家的游戏市场，2005 年开始我国游戏产品"出海"呈现井喷之势。游戏产业网官网的数据显示，我国游戏公司海外市场的收入在 2008 年仅为 0. 7 亿美元，2019 年与之相比较增长了近 166 倍。如此快速的海外市场营收增长，源于中国游戏公司开发出了具有较强竞争力的产品和服务。根据苹果应用程序商店（App Store）的数据，我国游戏公司开发的 App 在越南、泰国、韩国以及德国等国家的下载安装数量能够位列前 10 名，在日本、美国以及法国等国家的下载安装数量则能够进入前 20 名。完美世界公司是我国在海外市场经营网络游戏的代表性企业之一，早期依靠海外著作权人的授权出口游戏产品，现在已经具备整合全球资源的能力，游戏消费者扩展到世界 100 多个国家和地区，出口的游戏产品数量众多，2018 年海外收入高达 14. 81 亿元人民币，在推动我国游戏产品出口方面发挥了很大作用。这表明我国网络游戏公司开发的产品和服务在国际市场已经具备了一定品牌影响力，企业竞争力得到了很大提升。

四、经验启示

（一）根据意识形态属性强弱进行分类管理

与电影产业等相比较，网络游戏产业意识形态属性要弱一些。对于与网络游戏产业类似的行业，根据其竞争力、市场地位等客观条件，可以允许外资以合资或独资等方式进入国内市场，激发中外企业在生产、销售等领域开展合作或竞争。需要注意的是，在不违背我国法律法规、不构成市场垄断的情况下，如果外国文化企业的产品或服务在一些行业的市场份额比较大，也不需要过于"担忧"，因为这能够营造更好的市场竞争环境。

21 世纪初，外国网络游戏产品占据了我国游戏市场的绝大多数份额，我国游戏公司依靠代理外国游戏公司的产品艰难度日。但在竞争压力下，我国网络游戏公司加强自主研发，已经在国内市场牢牢占据了主体地位，在国际市场也已经崭露头角。这说明，市场竞争促进了我国网络游戏产业的快速发展和竞争力的提升。

（二）加强政府监管力度

进入新时代以来，我国“文化强国”的建设步伐加快、文化“走出去”获得前所未有的重视，先后颁布实施了超过 200 个促进文化产业发展的政策文件，为网络游戏产业提供了良好的发展空间。在鼓励网络游戏公司自由竞争的同时，我国政府根据网络游戏产业发展过程中出现的问题及时强化监管和引导，尤其在事中事后监管和依法监管方面取得了显著成效，保证了网络信息安全可靠，促使产业朝规范化方向发展。

（三）加强自主研发，注重原创与质量

在全球网络游戏产业迅速发展的时期，玩家对游戏质量的要求越来越高，要想在网络游戏产业中保持领先地位，必须加强自主研发和思维创新。我国游戏公司充分挖掘孙悟空、花木兰、“三国”人物等流传甚广的传统文化故事内涵，在进行游戏设计时进行创造性转化，开发多种多样的创新型游戏产品。如此，在游戏产品“出海”的过程中，游戏产品就不再仅是娱乐的媒介，而是一种将全球游戏产品消费者集聚在一起的文化载体，推动着中华文化走向世界，增强我国文化的世界影响力。

（四）坚定文化自信，坚持对外开放

我国网络游戏企业面对外国游戏公司的强势竞争，从主要依靠代理外国游戏产品到在国际市场风生水起，就是坚定文化自信、坚持对外开放结出的硕果。我国网络游戏公司在对外开放中既坚持中国文化特色，又考虑海外用户的文化需求，已经发展成为国际游戏市场的重要“玩家”，在网络游戏产业的国际竞争中展现了巨大发展潜力，有效地传播了中国文化，讲述了中国故事。

第三节　我国阅文集团发展壮大的案例①

一、阅文集团发展历程

由腾讯文学、盛大文学合并组建的阅文集团，主要经营范围为运营网络文学，管理着起点中文网等在国内具备一定影响力的至少 9 个品牌，大致经历了以下三个发展阶段。

（一）起步阶段（2002～2014 年）

2002 年吴文辉等人在“中国玄幻文学协会”（CMFU）的基础上，联合创立起点中文网。2003 年推出革命性的 VIP 付费阅读制度，奠定了网络文学商业模式的基础。2006 年推出“白金作家”品牌，成为当前网络文学优秀作家的最高标志之一，在这一年起点中文网日平均浏览量突破 1 亿，成为业内第一家浏览量过亿的网站。2008 年，以起点中文网为基础，盛大文学成立。盛大文学随后又收购了红袖添香、小说阅读网、潇湘书院等网站。由此，中国的网络文学开始迈上了集团化发展的快速轨道。2009 年推出粉丝制度和上线打赏功能，成为网络文学粉丝经济运作的成功示范。2012 年 QQ 阅读客户端上线，移动阅读时代来临。2013 年以创世中文网为核心的腾讯文学成立，并于当年冲上网络文学市场份额前三位。

（二）发展阶段（2015～2016 年）

2015 年 3 月 16 日，腾讯文学和盛大文学合并成立的新公司“阅文集团”正式挂牌。阅文集团统一管理和运营原本属于盛大文学和腾讯文学旗下的起点中文网、创世中文网等网络文化品牌。阅文集团占据了国内网络文学行业 80% 的市场份额，其读者群体超过全部网络文学作品读者的 60%。截至 2017 年 6 月 30 日，阅文集团共有 640 万作家，960 万部文学作品，阅文的平台及腾讯分销平台上，月活跃用户数 1.918 亿，其中移动端 1.793 亿，电脑端 1250 万人。在 2016 年，按百度排名，中国的十大最

---

① 高凤欣．阅文集团网络文学出版研究．河北大学硕士学位论文，2020.

高搜索率网络文学作品中，阅文集团的作品占到了9部；2016年，阅文集团的总营收为26亿元，相较于2015年增长59.1%；2016年毛利为11亿元，增长81.7%，纯利润达到3040万元。

（三）腾飞阶段（2017年至今）

2017年11月8日，腾讯旗下的阅文集团在港交所挂牌上市，开盘后上涨约63%，达到90港元每股，总计816亿港元的市值。2018年10月，阅文集团以现金与新股相结合的方式完成了对新丽传媒的收购，新添了一家全资附属子公司，增强了内容实力，完善了IP业务结构。2019年5月，集团旗下的起点中文网发布“百川计划”，粉丝经济与社区生态得到进一步拓展。

二、阅文集团发展成就

（一）拥有巨量客户资源

以起点中文网为例，该网站上拥有庞大的、类型多样的作品，包括奇幻、武侠、都市、现实等，几乎任何需求的读者群体都能找到自己所需要的作品。正因为拥有满足消费者需求的强大能力，阅文集团的读者月平均活跃用户数持续快速增长，截至2017年末，其阅读平台集聚了810万名创作者、1.79亿移动端消费者和0.12亿电脑端消费者。阅文集团依靠内容多样性增加了对消费者的黏性，数量庞大的读者群体吸引了大量高质量的作者，从而使其内容生产的优势愈加彰显。阅文集团的有序扩张塑造了良好的生态循环，通过整合使旗下众多平台分工明确、紧密合作，有力地促进了作家与读者的交流互动，为作家生产出更加丰富的内容与更多的IP创造了环境，同时也引致从事IP开发的内容改编伙伴被吸引到平台。这种参与者的利益不断相互强化的良好生态系统对读者和作家群体都有强大的吸附力，赋予了平台强大的生命力和活力，推动着中国网络文学的进步发展。

（二）搭建众多服务用户的平台

阅文集团围绕网络文学作品、读者与用户搭建了起点中文网、创世中文网等交流平台，并负责网络文学作品的全生命周期运营。为满足不同读者的需求，阅文集团搭建了众多服务用户的在线平台，包括正版与原创书籍的阅读平台、文学 IP 培育与网络听书的平台等，并在此基础上打造了依托于 IP 作品的多元化生态系统，例如将平台上的内容开发成为影视、游戏等作品。阅文集团拥有丰富的渠道，旗下集聚了多元化的电脑端网络平台和移动端手机 App，能为作者与读者提供丰富的互动交流渠道，提高网络文学 IP 开发运营的效率和效果。

（三）形成成熟的差异化服务模式

阅文集团与各方展开了广泛的合作，十分注意维护和加强与作者、读者、内容改编伙伴的关系，其中生产作品的作者尤其重要，因为作者起着吸引读者和内容改编伙伴的作用。阅文集团与作家合作主要通过签订合约的方式进行，依据合约为各种类型的作家提供服务。阅文集团也会给作家进行分级，根据级别给作家提供不同的服务。要在阅文集团旗下的平台发布文章，作家首先需要注册成为用户，成为签约作家的条件则是其发布的文章通过编辑的审核。作家的等级划分是依据经验值来实现的，作者的经验值包括了文章的更新速度和质量、为平台创造的价值贡献、读者的打赏等方面。作家被划分为不同等级，平台为其提供的服务存在很大差异。阅文集团有纯分成、预付加分成、买断等方式为作家支付稿酬，也为一些高级作家的作品提供更大力度的推广、配备内容改编的制作人等优厚待遇。

（四）集聚 IP 版权和签约作品等核心资源

经过多次兼并收购扩张，阅文集团已经成长为我国网络文学产业中的“领头羊”，占有了国内大部分最具经济开发价值的文学 IP 资源和签约文学作品。截至 2019 年底，阅文集团拥有 1220 万部作品；从字数来看，仅 2017 年就新增了 430 亿字。从这些庞大的作品内容资源中产生了《鬼吹灯》《盗墓笔记》等极具商业价值的 IP。2017 年，由阅文集团发行的作品在中国的网络文学改编产品中占大多数，在 2017 年最具影视化潜力的网络小说排行榜 TOP50 中，起点中文网的作品共有 25 部作品上榜，占到了一半，并有 6 部作品排在前 10 位。

（五）业务推广成效显著

阅文集团业务范围很广，关键业务包括内容的生产与销售以及版权运营。为了更好地促进内容生产与作品销售，阅文集团根据内容风格的差异对网络文学作品进行了分类，同时也把用户划分为不同的等级，根据消费者所处的等级对售卖的作品实行差别定价，以推动会员制发展，打通内容分发渠道。版权运营在阅文集团众多业务中越显重要，阅文集团对商业价值突出的 IP 进行全方位开发。以《全职高手》为例，在小说连载期间，阅文集团在作者与读者之间累积了丰富的交流信息，使小说的拥趸更加稳固且日渐增多。小说连载结束后，阅文集团随即将其出版推向市场，通过举办作家签售会与读者见面会等方式进行大力推广。其后，小说在 2019 年被改编为动漫作品，一天之内的网上播放量就超过了 1 亿，同时还把版权输出到了海外市场。在动漫电影风靡市场的基础上，阅文集团趁热打铁将其改编成了电视剧并于 2019 年下半年播出，在市场上大受欢迎。

（六）营业收入结构明显优化

2017 年，阅文集团营业收入主要来源于在线阅读与版权运营两部分，收入总计达到 41 亿元，其中在线阅读收入在总收入中占据了高达 83.6% 的份额。2020 年 3 月 17 日公布的阅文集团 2019 全年业绩报告显示，其总收入、净利润分别达到 83.5 亿元、11.1 亿元，比 2018 年分别增长 65.7%、21.9%。值得注意的是，随着内容创新能力不断提高，阅文集团的版权运营收入在总收入中的比重急剧攀升，2017 年版权运营收入仅占总收入不到一成，但 2019 年全年版权运营收入达到 44.2 亿元，占总收入的比重接近 53%。短短 3 年间，阅文集团营业收入结构实现了由以在线阅读收入为主向以版权运营收入为主，反映了公司的创新能力不断提升。

三、经验启示

（一）提升用户体验

一是进行内容扩容。庞大巨量的内容是吸引用户的基础资源要素，阅文集团通过采购、与出版机构开展合作等方式，花费巨资在自身平台引入了中国最全的图书内容，仅 2015 年用于非网络文学内容的采购资金就超过了 1 亿元。二是加强内容编排。阅文集团为了让消费者在阅读过程中体验更为舒适，开展了我国电子书发展史上迄今规模最大的精排版行动，花费巨大人力对拥有的优秀作品进行精细编辑，设法让用户的阅读体验提升到最优的层次。三是优化搜索应用，为了让用户能够以最少的时间成本找到自己想要阅读的作品，集团与国内先进的互联网搜索公司合作，改进了搜书引擎，读者能方便、快捷地获取精彩内容。四是注重产品全移动化。阅文集团顺应移动网络发展趋势，将大量资源投向手机端 App 的开发和推广，读者能在各个移动终端上十分方便地下载应用。

（二）强化 IP 版权运营，打造强势产业链

版权与作者是网络文学运营企业最核心的竞争力来源。版权运营在文化市场的热潮长期不退，将文化版权的重要性提高到了新的高度。从我国文化市场表现出色的游戏、影视等作品来看，其中很大一部分改编自网络文学 IP。阅文集团 2015 年成立以来，在网络文学市场进行了前瞻性布局，将网络原创文学领域九成的著名创作者汇集到自己的平台，并且建构了电脑端、手机端等强大的渠道入口资源，集聚了庞大的读者群体。通过近 5 年的努力，阅文集团通过改编网络文学产品，向游戏、影视、动漫等行业延伸，成功打造了完整的强势“泛娱乐”产业链。

（三）与时俱进的企业发展战略

2015 年腾讯文学与盛大文学完成整合，阅文集团正式成立，拥有包括起点中文网等 17 家知名网络文学网站，在网络文学领域的生态布局和资产优势非常明显。阅文集团充分利用拥有的优势资源，制定实施合理的企业发展战略（见表 5 -1），已经成为引领中国网络文学发展的风向标。

表 5 -1　　　　阅文集团的发展战略

年份	战略及其实施效果
2016	发布国内首份原创文学风云榜，成为国内首份原创文学 IP 价值的综合盘点
2017	（1）海外网文门户“起点国际 Webnovel”上线，用户访问量在 2019 年达到约 3600 万，覆盖近 700 部中文译文作品和 88000 部本地语言原创文学作品 （2）以“全内容聚合”“全平台运营”“全社群互联”为策略，推动公司版权运行收入高速增长 （3）在港交所挂牌上市，拓展了资金来源渠道，提高了企业声望
2018	（1）“红袖读书”正式上线，标志着女性频道战略升级 （2）将传统的 IP 销售升级为“IP 全链服务”，以互联网思维建构全新模式，公司版权运行更加成熟 （3）正式完成收购新丽传媒，企业做大做强 （4）发布了有声阅读品牌“阅文听书”，扩大了用户规模

续表

年份	战略及其实施效果
2019	全面推进全版权运营战略，加速版权的多元开发，充分释放 IP 价值，实现公司版权运营收入占总收入约 53%

资料来源：阅文集团官网（https：//www. yuewen. com/）.

（四）加强人才管理

阅文集团通过一系列的政策和制度设计培养、激励和保护人才，主要包括牵引制度、激励制度、约束监督制度和竞争淘汰制度。牵引制度，即阅文集团构建了配套全面的培训开发体系，为网络作者提供授课培训、研讨会及文学编辑团队的帮助等，改变了网络作者主要通过自发学习进行创作的窘境，提高了写作质量。激励制度，阅文集团的激励制度主要是合理化的收益分享和福利保障相结合。网络文学的收益分享主要通过线上收入（付费阅读）和线下收益（版权改编）来实现，福利保障则以奖金和最低收入保障为主要内容。在网络写作人才的管理中，阅文集团的约束监督落实到具体内容上主要有版权维护、抄袭监测及写作内容审核管理等方式。在网络写作人才的竞争淘汰管理中，阅文集团以作品的榜单管理、作者等级评定体系为主要方式。

第六章

国外文化产业安全实现机制的经验借鉴

毫无疑问，构建我国文化产业安全实现机制应该借鉴其他国家的有益经验。从全球范围来看，美国凭借其优势明显的文化产业国际竞争力，在国际文化市场获得了巨大经济利益，同时对其他国家进行文化渗透，严重威胁到其他国家的文化（产业）安全。因此，本章选择法国、加拿大等维护文化产业安全机制建设比较成熟的国家，以及后起的韩国、印度等国家作为案例，探索这些国家通过加强机制建设促进文化产业安全发展的经验，并得出对我国的启示。需要指出的是，对文化产业的保护不能简单化理解为通过贸易壁垒等方式抵抗强势文化的渗透，增强文化产业竞争力更是保护文化产业的重要部分。

第一节　法国的经验及其启示

一、法国的经验

（一）政府强力干预，加强文化产业保护

1. 高度重视保护传统文化

法国在世界文化发展史上扮演过重要角色，在当代全球文化格局中依然保持着重要地位。法国非常重视文化发展，尤其在保护传统文化方面建立了十分完善的政策体系。王室时代的法国就对文化提升国家软实力的作用有着深刻的认知，在这个思想指导下，法国政府持续不断强化对传统文化的保护力度。自 1959 年法国政府赋予文化部统一集中管理文化事务以

来，法国“文化保护”政策体系逐步臻于完善。法国政府认识到保护文化遗产既可以提升国家形象，也能够发挥提高国民素质、民族凝聚力的作用，因此，为了对本国的文化产业尤其是传统文化进行保护，法国在几乎所有的文化领域都颁布了法律规则。例如，法国2004年颁布实施的《遗产法典》详尽规定了本国文化遗产法律保护的基本原则和途径等，同年制定的《视听产品保护法》规定，欧洲内容应占所有广播电视节目的60%以上，播出法语节目的时间至少要达到40%，国外节目要低于40%；音乐作品使用法语的比重要在40%以上。再有，为了保护法语，法国1994年通过了《关于法语使用的法案》(简称《杜蓬法》)，其中规定禁止在公告、广告以及电台、电视台播送节目中使用外国语言，在法国境内出版的所有出版物都必须运用法语进行概述等[①]。另外，法国为了加强对文化产业领域内各种知识产权的保护，还陆续颁布实施了《著作权法》《文化艺术产权法》等多部法律。

2. 以“文化特殊”原则维护文化安全

法国一如既往地坚持文化保护政策，在关税及贸易总协定中提出“文化例外”，2001年在联合国教科文组织第31届大会上提出“文化多样性”，“文化例外”与“文化多样性”两个原则构成了“文化特殊”原则的核心理念。1993年召开的法语国家共同体首脑会议通过的决议指出，与其他工业产品和服务产品相比较，文化产品有着十分显著的差异，精神特征明显的文化产品应该排除在世界贸易谈判之外，标志着“文化例外”作为法国国内奉行的原则正式被国际社会认同。法国总统希拉克在2001年召开的联合国教科文组织大会上，在对“文化例外”进行延伸和扩展基础上，提出了“文化多样性”的原则。由此，“文化多样性”与“文化例外”共同构成了“文化特殊”原则，该原则的基本内涵是全球文明、文化的内容和发展时序虽然存在差别，但并没有优劣高下的区分，要尊重和包容文化的差异性和多样性，抵抗美国式“文化霸权”的威胁。

为了扩大自身影响力，法国还努力将“文化特殊”原则推广到整个欧盟，例如法国推动欧盟制定了《共同行动纲领》，为避免欧盟成员国的民族视听文化被域外文化产品大幅度侵蚀提供了法律依据。在20世纪末期开始的《多边投资协定》谈判中，法国也运用了“文化特殊”原则抵制美

---

① 蔡武进，彭龙龙．法国文化产业法的制度体系及其启示．华中师范大学学报（人文社会科学版），2019（2）．

国“霸权”式的跨国公司权利法案。主要由法国推动发表和颁布的《世界文化多样性宣言》（2001 年）和《保护文化多样性国际公约》（2003 年），已经以法律的形式得到了大多数国家的认同和支持，表明世界各国面对经济全球化带来的文化霸权威胁，保有自主选择本国文化发展道路和决定本国文化政策的权利。

（二）大力提升文化产业国际竞争力

1. 构建“多位一体”的财税保障体系

法国在为文化产业提供直接的财政支持之外，还颁布实施了《企业参与文化赞助税收法》《文化赞助税制》《共同赞助法》等政策，使文化产业的财税支持制度在法治轨道上运行，税率优惠有法可依，保证了政府依法行使文化工作行政权力和经济权力，在文化领域构建了“多位一体”的财税保障体系。法国文化产业的资金扶持方式多样，其中主要有三种：一是中央和地方政府财政的直接资助，包括法国文化部的年度财政预算，国家教育部、外交部、合作部、青年与体育部等其他政府部门的财政拨款和地方政府的财政投入①。2017 年，法国政府文化财政预算高达 100 亿欧元，占国家总预算的 1.1%，比 2016 年增长了 5.5%，远高于当年的经济增长率 1.9%②。这表明，即使经济低迷，法国政府依然将文化产业作为优先支持的行业。二是优惠税制政策的间接资助。法国政府为了鼓励文化产业发展，制定了多种税率优惠政策。比如法国大部分文化产品的税率只有 5.5%，而正常税率则高达 19.6%。另外，法国为文化发展提供资助的企业、个人可以享受减免税收等优惠政策，例如支持文化艺术的企业可减免 3% 左右的税收，捐款赞助者可以享受当年所得税额度 66% 的大幅减免。三是第三方的社会捐助。这主要包括私人和企业的赞助以及各类中介协会的募捐、赞助等。除此之外，法国政府为了能在资金方面给中小文化企业的发展提供资助，还支持成立了相关机构为其提供担保、注入风险投资等。总之，法国政府财税资助政策的规模很大、体系很完整、法制化程度很高，有力地保障了文化产业的财政投入，并确保法国宏观经济形势恶化时期文化领域的财政投入也能够实现增长。

---

① 蔡武进，彭龙龙．法国文化产业法的制度体系及其启示．华中师范大学学报（人文社会科学版），2019（2）．

② 法国彰显文化战略优先发展重心．中国文化报，2017－5－5．

2. 培养和吸引创意人才

法国坚持文化政策的功用在于促进文化创新，坚持文化的生命力在于创新，人才则是创新的驱动力。一是加强国内文化人才的培养。法国把开展全过程的艺术教育视为提高国民素质的重要途径，坚持“从娃娃抓起”，在学校教育中开设一系列艺术教育类课程，加强儿童创意创新能力的培养。法国拥有遍布全国各地的艺术院校，主要包括直属文化部领导的、地方开办的和社会资本开办的艺术院校。二是积极吸收国外优秀创意创新人才。法国的独特文化魅力吸引了众多国外文化人才和创意人才，每年举办的巴黎时装周，外国设计师占到了全部参加者的1/3，明显高出仅占比7%的米兰时装秀，显示出法国对外国人才的吸引力以及号召力更胜一筹。此外，法国政府为了吸收并留住来自国外的文化创意人才，还制定了一系列优惠和补助政策使他们更好地生活和工作。三是政府采取诸多措施支持文艺工作者的创作与创新。法国政府出台了系列政策资助传播文化作品的机构，还建立了相关基金专门用于支持创作和创作者，文化人才创作与创新的潜力被充分激发出来。四是严格保护艺术家们的权益。艺术家们除了享有《伯尔尼公约》中所包括的发表权等各项权利外，按照法国法律规定，法国艺术家还绝对享有修改或销毁其作品、控制作品复制数量与质量、拒绝买方或任何条件、追究赝品法律责任等精神权利，且这个精神权利不受时效约束①。

二、对我国的启示

（一）提高忧患意识，确保文化产业安全

面对英语文化的强势扩张，法国提出了“文化例外”和“文化多样性”的应对原则及措施，体现了法国政府和人民珍视民族文化、维护文化安全的忧患意识及对推动民族文化发展的强烈愿望。社会主义中国面临的文化挑战更为艰巨，新时代以来，我国文化产业的发展虽然取得了历史性成就，但“西强中弱”“西攻中守”的世界文化产业格局依然没有根本改变。这既使我国丧失了巨大的经济利益，也严重威胁到我国意识形态安

① 蔡武进，彭龙龙．法国文化产业法的制度体系及其启示．华中师范大学学报（人文社会科学版），2019（2）．

全。我国必须始终保持忧患意识，全面分析国家文化产业的生存发展环境，对文化产业安全状态作出客观评价，并据此采取因应措施确保文化产业安全持续发展。面对世界百年未遇之大变局，文化市场上各种价值观念和社会思潮的交锋更加激烈，我国更应警惕国际敌对势力利用文化产品进行思想渗透的战略图谋，努力通过发展文化产业，扩大社会主义核心价值观的国际影响力，切实增强我国文化软实力。

（二）对文化产业的保护要适度

法国坚持不懈地提出“文化特殊”原则并据此制定政策，从某种程度上看，是在经济实力和国际影响力下降导致文化竞争力不足背景下的被动反应。法国保护文化产业的目的在于维持其文化软实力，但是从整体上看，由于法国政府提供的过度保护，法国文化产业竞争力和文化软实力并没有得到明显提升，衰弱趋势也没有得到完全扭转。在文化市场的扶持方面，法国政府每年将 1.5% 的 GDP 用于开展各类文化和娱乐活动，与之相比，德国、英国、美国分别只有 0.7%、0.5%、0.3%。法国文化部花费大量资金建设博物馆、歌剧院和举行各种艺术节，供养了 148 个文化团体、26 个研究中心、176 个考古队和 11200 名文化官员①。法国政府对于文化产业的补贴政策也招致了众多批评，批评者认为补贴保护了平庸之辈，限制了文化从业者的视野和创作热情，如法国国内市场被配额和语言屏障保护起来，国内制作人缺乏将版权卖到海外的积极性。2015 年，法国影院观众人次高达 2.06 亿，在欧盟国家中排名第一，其中上座率前 25 位的电影中有 18 部外国电影，其中美国片 16 部、1 部美英合拍片和 1 部澳美合拍片，法国本土影片只有 7 部，好莱坞电影受到大量观众尤其法国年轻人的欢迎。法国电影市场的状况说明现在的法国已经基本丧失了抵御美国文化入侵的能力。

（三）加强对文化遗产的保护和开发

文化遗产的保护和开发关系到一个国家公民的国民素质和民族凝聚力，甚至国家的形象和文化安全等，因此我国十分有必要借鉴法国的经验，进一步加强对文化遗产的保护和开发。第一，完善文化遗产保护的行政管理体系。在法国行政管理机构的设置中，法国文化部扮演着文化遗产

---

① 高海涛．中国文化产业安全研究．北京：中国政法大学出版社，2015：203.

保护的核心角色，文化部下面设置了专门负责各种不同类型遗产的部门，各级地方政府设有专门负责文化遗产保护和管理的行政机构。此外，法国还设有部际联合机构负责协调不同部门在文化遗产保护和管理过程中的职责。我国在文化遗产保护方面还处于“多头管理”的状态，存在协调难、执行效率低等弊端，应尽快借鉴法国经验，建立起有效运转的行政管理体系。第二，分类开展文化遗产的开发和保护。设立专业性咨询机构，通过专家评估的方法对文化遗产进行分类定级，技术难度大、不确定性高的文化遗产，避免破坏性开发，待技术条件等具备之后再进行开发性保护；其他类型的文化遗产则可以通过政府和社会合作等方式进行保护性开发，一方面能有效缓解政府的财政投入有限等问题，另一方面避免出现完全由市场开发可能导致的过度开发等问题。

（四）将引导和保障创新作为我国文化产业立法的关键点

文化产品是否能够有效满足民众的精神文化需求，取决于内含的文化创意元素和质量。正是出于这样的认识，法国为了能在文化产品中增加更多的创新元素，并从整体上提高文化创新能力，构建了多层次的财税保障体系，培养和吸收了大量文化创意人才以及建设了高标准的产权保障制度。在我国，党和政府历来高度重视促进文化领域的创新，尤其新时代以来，文化创新能力取得了长足进步。但我国文化领域的创新生态还有颇多缺陷。正如冯骥才先生指出的那样，《非物质文化遗产法》从2011年起实施4年多后依然是零执法，与管理部门的认知不够和理解不到位脱不了干系。[①] 因此，我国应当以法国为镜鉴，抓住《文化产业促进法》将要出台的历史机遇，通过法律的引导在文化建设进程中尽可能引入多元力量，提高版权保护标准和侵权执法力度，为文化创作者的成长营造更加宽松的环境，全面推进文化产业创新激励。尤其要注意的是，传统文化是创新的不竭源泉，创新应该奠基于传统文化的深厚土壤，这也正是法国文化产业立法以保护民族传统文化为核心的原因。党的十九大明确提出，要着力对中华优秀传统文化进行创造性转化并推动其创新性发展。只有对传统文化进行法制化保护，并运用法律制度推动传统文化与现代科技高度融合，文化产业的创新发展才会成为可能。

---

① 全国政协委员冯骥才：“《非遗法》实施4年多来，没有一起执法案例”．中国艺术报，2015－3－13.

第二节 加拿大的经验及其启示

一、加拿大的经验

由于地理位置、经贸关系等原因，加拿大受美国文化产品的冲击较为明显；加拿大较小的人口基数决定了其文化消费能力有限，完全依赖市场机制发展文化产业很难行得通；加上多民族、多元文化交织的国情，加拿大政府由此将保持自身民族文化特色作为制定文化政策的基本原则。上述情况的制约，也使加拿大成为世界上第一个明确提出“文化主权”主张的国家。加拿大认为文化主权指的是为了本国人民利益，一个国家能够自主制定相关法律、法规和政策，对本国文化与文化产业进行有效保护并推动其持续发展。加拿大的文化主权政策十分重视发挥政府在文化产业规划等方面的作用，以此为核心形成了多种政策组合，其文化政策主要通过以下机制与途径开展实施。

（一）构建完善的法律保护体系

据统计，加拿大与文化相关的法律法规，截至 2017 年底已经颁布实施了 10 多项，其中《广播电视法案》作为联邦法律，对加拿大所有电台、电视台的运作制度作出了详细的指导性规定，法案中的第二条十分清楚地指出本国电台、电视台要“保护、丰富和加强节目中的加拿大文化、政治和经济主题，鼓励加拿大意识的表达”。加拿大广播电视和通讯委员会于 1971 年制定了《“加拿大内容”条例》。由本土的个体或机构创作的、叙述具有加拿大民族特色内容和精神的文化产品即为“加拿大内容”，并且该条例还提出了非常具体的衡量“加拿大内容”的标准，构建了一套操作性很强的量化评分系统。根据该条例规定的配额管理办法，相关企业表达加拿大本土内容的节目要占到电台、电视台每天总播出时间的一定比例，而且对每年本土戏剧、音乐、综艺和儿童节目的播出时长也作出了明确的要求。具体而言，加拿大本国节目要占到电视常规播出总时长的60%，在晚 6 时至午夜的黄金时间要占到播出时长的 50%，电台音乐节目的“本国内容”必须至少达到 35%。

1999 年颁布的《外国出版商广告服务法》规定：在加拿大境内的外国出版商，其来自加拿大市场的广告收入不得超出其广告收入总额的 18%，以此确保本土出版商获得必要的广告收入，从而推动国内出版商能够与成本较低的外国出版商开展公平竞争。《加拿大收入税法》鼓励加拿大企业在本国传播媒介刊登广告，在本土文化内容占比 80% 以上的杂志、报纸等上刊登广告可得到税费全免待遇，在美国电视台做宣传则无免税待遇。

此外，根据《同期置换的规定》，加拿大广播电视和通讯委员会要求国内发行公司在传播节目时，要优先保证国内电视台的收视率和广告收入，即当发生两个电视台同一时段放送的内容九成五以上都相同的时候，必须选用本国电视台传输系统。为了保证加拿大人对电台和电视台的控股权，《广播电视法案》要求外资拥有广电企业的股权比例不能超过 20%。《加拿大投资法》禁止本国电影发行公司被外资收购，外国投资者只有满足了将其所得在加拿大进行再投资的条件时，才被允许收购加拿大电影发行企业；同时，该法案还要求在加拿大出版的外国报刊内容应以本地为主。

（二）形成扶持文化产业发展的政策体系

加拿大经过多年的探索实践，形成了主要包括资金扶持、基金扶助、知识产权保护、税收减免等在内的文化产业支持政策体系。

1. 资金扶持

根据加拿大法律规定，加拿大遗产部负责对整个文化产业的宏观调控，各省区政府内部也设有资助文化活动的机构。加拿大在艺术、文化和媒体等文化领域的国家预算每年约占 5%。为了使社区居民能欣赏到高水平的文化艺术，从 2015 年开始，加拿大政府每年资助艺术理事会 1.05 亿加元，扶持重点研究的创作、排练和展演等。2015 年底，贾斯廷·特鲁多出任加拿大政府首脑后，对艺术理事会的财政支持额度翻了一番，每年资助 3 亿多加元；还每年新增 2500 万加元用于加大对本国电影局等的资助，同时恢复了已经取消了的两项海外文化推广计划，对其给予每年 2500 万加元的经费资助。加拿大遗产部每年在网站上面向全国推出近 50 个研究计划，如加拿大艺术与遗产支持、国家电影录像培训、互动媒体应用研究、加拿大虚拟博物馆投资等方面的计划，业内人员和相关机构都可以提出申请，成功者将获得经费支持。

2. 基金扶助

受到国内文化市场相对狭窄的限制，加拿大文化企业很难做大规模且资金实力也十分有限，规模经济的缺乏导致其文化产品的生产成本相对较高。为增强文化产业的竞争力，抵御国外廉价文化产品的影响，加拿大政府在文化领域设立了多种类型的支持基金。在多媒体制作业，1998 年加拿大政府提供了一项为期 5 年、总额达到 3000 万加元的基金支持；1996 年设立的电影故事片基金当年发放了 2200 万加元支持电影创作，1997 年设立的电影故事片发行基金当年划拨了 1030 万加元支持电影流通。加拿大在国家层面设立了“加拿大创新基金会”等法人机构，鼓励开展文化创新，并建立了数量颇多的各类全国性和地方性基金，能为文化产业几乎所有领域的发展提供资金资助。

3. 知识产权保护

加拿大 1997 年实施的《版权法》，赋予了文化从业者广泛的版权权利，也为他们提供了广泛的版权保护。该法不仅为制作者提供版权保护，还将版权保护扩大、延伸到表演者等。加拿大版权协会与高校、各种类型的学术机构以及大型商业机构签订协定，按年度收取一定数额的版权使用费，出版社和作者能从中获取一定比例的收益。加拿大的版权保护法律能够及时调整完善，针对数字技术条件下作品更容易被盗版者侵权而证据更难收集的现象，加拿大对数字版权保护方面的法律进行了完善，比较好地调整了创作者、信息服务提供商和著作权使用者等利益主体之间的关系。

4. 税收减免

加拿大政府为了促进本国文化产业发展，对文化投资和文化产品创新实行税收减免。加拿大 1997 年修订的《所得税法》规定，投资或者捐赠于文化艺术机构的款项，被认为能对社会产生很大益处，这样的资金类别可以享受到政府的免税待遇。同时，加拿大政府规定，助力文化发展的捐助者也能够得到联邦税退税优待。据统计，加拿大的捐助者每年能获得超过 20 亿加元的退税收入。依据加拿大《所得税法》，国内本土广告公司在本国人持有 75% 以上股份的报纸期刊登载广告，可以得到一定幅度的税收减免，在 80% 以上股份的电视台做广告也享受同等待遇；如果本土企业在加拿大 100% 控股的电视台做广告则可以全额免税，在美国电视台做广告则没有上述待遇，从而为本土文化企业开拓了较为稳定的收入渠道。

（三）采用“文化例外”原则保护本国文化产业

在文化贸易领域，加拿大政府坚持“文化例外”原则，将其作为保护本国文化产业的重要工具。早在乌拉圭回合谈判时，加拿大和法国等国家就提出，文化产品的精神属性决定了其与其他产品不能同等对待，既要从经济层面看待，还要考虑保护文化的多样性，并最终得到多数国家认同。加拿大政府在《北美自由贸易协定》的谈判过程中坚持“文化例外”，成功争取到文化产业豁免，长期通过税收优惠、资金补助和准入限制等方式对文化产业进行保护和扶持。虽然美国曾以加拿大实行文化贸易保护政策为由向 WTO 投诉，并且在 20 世纪 90 年代发生的《体育画报》诉讼案中赢得了胜利，但加拿大并没有因此改变自己的政策目标，仅仅调整了政策的形式，具体内容并没有实质性改变。以邮政补贴为例，根据 WTO 的要求，加拿大取消了对国内杂志的优惠邮寄费率，但加拿大政府将其直接支付给了国内杂志出版商。

二、对我国的启示

（一）提倡实施多元文化政策

加拿大文化政策的要旨是捍卫文化主权、保护文化的自主性和独立性，从其近百年的实践来看，政策取得了很大成功，产生了重要的世界影响，不少国家进行了效仿。作为一个多民族国家，加拿大文化政策从“盎格鲁—撒克逊化”的“一元同化”、英裔和法裔为主导的“二元熔炉主义”再到“文化多元主义”的变革历程值得学习。从加拿大的经验能够发现，多民族国家应该提倡实施多元文化政策，在民族文化差异和融合方面找到一个能够被接受的平衡点，努力避免因民族、语言和宗教多样性加深隔阂甚至产生歧视。我国文化产业发展必须要能够强化中华民族文化的共同价值观念，同时要平等对待包括各少数民族在内的中华民族多元文化，保证其能够得到传承和发展，这既是延续中华民族历史的必然要求，也是推进中国文化建设的必然途径。正致力于培养文化自觉、提升文化自信、建设社会主义文化强国的中国，在文化政策上要提倡实施多元主义文化政策，弘扬中华民族多元文化，这样有助于保护文化的多样性，使多元文化和平共处、相得益彰，从而使我国文化软实力得到增强。

（二）降低文化管理成本低，提高扶持效率

加拿大在扶持文化产业发展方面，充分发挥政府和市场的“双轮”驱动作用，已经形成了一系列管理成本低、扶持效率高的实践体系。加拿大

各级政府在管理文化企业方面很少采用直接的行政手段，而是采用了“国会立法政府拨款，公众舆论监督，专业委员会定政策，职能部门执行，政府公众企业多方运作”的复合方法，实行立法者、决策者、研究者、管理者、操作者相分离的市场机制，管理成本由整个社会分摊。例如专业委员会的成员里政府官员仅有10%～15%，其他还包括了研究专家、企业高管等，共同议定专业性的政策及其实施，同时各省设有分支办公室作为执行单位，比如只有4个人的新斯科舍（Nova Scotia）CRTC办公室管理着数百万加元的赞助资金并要承担繁重的管理工作。专业委员会独立性很强，资助的程序规范公开，公众可以通过网络等途径进行查询监督，对政府和社会负责。

我国文化产业发展过分依赖产业政策“主导”、过度依赖加大投资增量，政府推动文化产业发展的手段还需要优化、丰富，效率也有待提高。我国以行政手段配置文化资源产生了不少问题，比如行业性和区域性垄断依然比较明显，文化要素的自由流动还有很多阻碍；又如没有很好地发挥价格机制的作用，导致市场结构存在缺陷，一些开放度高的领域过度竞争、产品供大于求，一些准入门槛高的领域竞争不足、高端产品供不应求。这些障碍因素导致我国文化市场出现短缺与过剩并存的现象，供给侧结构性改革任务繁重。我国要进一步厘清市场和政府的关系，将文化产业发展的基础和动力从政府转向市场，根据市场配置资源的需要全面深化文化体制改革，将工作重点转向推进文化产业供给侧结构性改革。

（三）在国际文化贸易中坚决保护本国文化产业

从我国文化产业政策目标和政策体系来看，我国走的是一条“双行”路线：一方面，主要通过行政手段组建文化集团、扶持强势文化企业等，提升我国文化产业国际竞争力，确保其能够抵御国际大型文化企业的威胁，切实维护国家文化利益与文化安全，保证国内文化市场不至于被国际大型文化企业瓜分；另一方面，采取加快国有文化企业改革、逐步开放文化市场等措施，增加文化市场主体，促进各类文化市场主体平等、充分竞争，增强文化市场活力，从根本上提高我国文化产业的发展质量与整体竞争力。这一文化政策显然与法国和加拿大的文化保护思路十分类似，即把保护国家文化利益与文化安全视为文化产业国际竞争中的头等要务。加拿大处理国际文化贸易争端中的经验，能够帮助我国更好地保护文化产业，促进文化产业整体竞争力的提升。

第三节 韩国的经验及其启示

为了促进文化产业安全高效发展，韩国政府持续改善、优化文化产业发展环境，引导本国文化企业积极参与国际竞争，形成了一套以提升产业国际竞争力为主要目标的文化产业政策体系。韩国文化产业政策取得了较好的效果，文化产业已发展成为服务业的三大支柱性产业之一，对出口的贡献仅次于汽车产业，出现了乐天、SM、showbox（秀宝）等一批具有国际竞争力的文化企业，且文化产业的科技水平已居国际领先地位。

一、韩国的经验

（一）持续推进“文化立国战略”

在汲取了由于对外贸易依存度过高而在 1997 年亚洲金融危机中受到严重影响的教训基础上，韩国确立了文化立国这一新的国家发展道路，力图通过大力扶持文化产业振兴经济，同时借机宣传韩国形象。金大中政府提出从 1999 年到 2003 年分三步实施完成《文化产业发展 5 年计划》。卢武铉当政的 2003 ~ 2007 年间，分别发布了《文化强国 C-Korea 2010》和《创意韩国》等政策文件，提出要把韩国建设成为世界五大文化产业强国之一。李明博当政的 2008 ~ 2012 年间，于 2011 年颁布的《内容产业振兴基本计划》确立了文化产业增加值占 GDP 的比重从 2009 年的 2.7% 增加到 2015 年的 5% 的目标。2013 年，朴槿惠政府提出了“韩流”与信息技术（IT）结合起来发展“创造经济”的思路，同时基于 2010 年韩国文化企业只有 16 个销售额在 1 亿美元以上的情况，要求到 2020 年的时候该类企业增加到 100 个。

（二）制定系列扶持政策

财税政策方面，一是建立财政资金扶持机制，韩国政府规定年度文化经费应保持在财政预算总额的 1% 左右，鼓励民间机构进行投资或与官方机构共同出资援助经由文化振兴院评定的文化研究等；二是 1999 年以来先后制定《税收减免管理法》《特别税收待遇管理法》等法律，为包括文化产业在内的各种新兴产业提供税收优惠。金融政策方面，韩国政府鼓励文化企业通过发行股票和债券等拓展资金来源渠道、改善公司治理结构，鼓励风险投资进入游戏、电影、音乐、人物形象等重点行业，同时为进驻文化产业园区的企业提供低息贷款以形成产业集聚。鼓励出口方面，实施海外出口奖励等优惠政策，增强韩国文化产品和服务在国际市场的影响力，例如韩国政府为文化作品的翻译和制作提供全额补助，尤其重视推动影视产业和游戏产业等具有较强竞争优势的产业参与国际竞争，帮助文化企业占据更多的国际市场份额。

（三）支持和鼓励文化产业“做大做强”

面对美国、日本等文化产业大国、强国的威胁，韩国政府认为，只有鼓励和支持各大行业、企业尤其大集团、大财团投资文化产业，才能将文化产业做大做强，以在国际文化市场占有一席之地。在政府的支持下，乐天集团、LG 公司等投资文化产业的热情持续高涨。这些拥有先进技术的大集团，引导着韩国文化产业的发展。韩国政府鼓励和支持集团之间打破行业、地区间的阻隔，资金上互相融通、技术上相互支持、经营管理开展交流合作，打造将传媒、娱乐、电信等融于一体的超大型国际文化企业集团。另外，韩国政府出台一系列的政策支持文化产业走集群化发展道路，2006 年修订的《文化产业振兴基本法》鼓励产、学、研三方集中力量支持和培育文化产业园区，文化产业园区的主要资金来源于地方政府和中央政府的大力扶持，同时鼓励社会资本投资。

（四）支持中小型文化企业发展

据统计，韩国政府十分重视营造良好的竞争环境，针对市场垄断行为和不正当竞争行为制定了多达 170 多部法律，其中《限制垄断及公平交易法》和《防止不正当竞争法》起着关键作用，发挥着维护市场秩序和确保同等对待大型、中小型市场经营主体的作用。市场经济的活力在于充分的竞争，充分的竞争促使企业实现优胜劣汰，提高资源配置效率，激励企业改革创新。韩国的电影产业很好地说明了这点，20 世纪 90 年代之前的韩国电影业，进入壁垒很高，在电影制作发行领域仅存在几家电影制作公司，且都是由政府和文化公共机构开展运作经营，这样的垄断性市场结构导致韩国电影制作公司缺乏竞争活力。20 世纪 90 年代以后，韩国政府降低了电影业的进入门槛，私人财团随之在电影行业投入巨资，电影市场的国家垄断性经营格局被打破。其后韩国政府进一步降低电影市场准入门槛，涌现了为数众多的中小型电影企业。为鼓励中小文化企业创业，2004年韩国修订的《税收特例现值法》将电影、公演和广播电视等行业列为可以享受税收减免的中小企业行列，其中所得税和法人税能够被减免5%～30%。根据修订的《特别消费税》，原税率为20%的摄影机、摄像机特别消费税降为零。税法改革，对提高韩国中小型企业的积极性、促进文化产业基础的形成具有重要意义①。

（五）重视文化领域专业人才的培养

韩国政府确立了文化立国战略以后，持续重视加强文化产业人才的培养，在文化产业规划和政策文件中不断提出“确立专门人才培养体系”“培养引领知识经济基础的专门人才”“扩大文化参与提升文化创造力”等目标和措施。韩国政府推动教育领域设立与文化产业相关的专门学校或开设相关专业，在政府支持下，韩国开设文化产业本科专业的大学数量快速增长，达到了100多所，其中20多所是专门的文化产业大学，有代表性的如首尔游戏学院、全州文化产业大学、清江文化产业大学等，为文化产业的发展贡献了大量基础型专业人才。另外韩国政府组建了“CT产业人才培养委员会”，主要职责是推进高端文化产业人才培养，形成了“产学研”紧密结合的人才培养体系，人才管理系统已经十分完善。例如，釜山东西大学为数字映像大众传播、数字内容、数字设计等学部的学生开设了实践指向型教育研究，依托研究对学生开展教育。学生在与文化企业一起制作作品的过程中，既能够熟知业界最新运用的技术，又可以掌握将产品迅速推向市场的营销方法。此外，韩国政府十分重视通过网络或者社会教育机构培训急需的实用性文化产业人才，并加强与美国、日本等文化产业发达国家的专业人才和研究机构的交流与合作，培养具有国际竞争力的文化专才，从而构建一种艺术与产业“双赢”的人才培养模式。

二、对我国的启示

（一）重视培育与开拓新兴文化产业

韩国政府注重发挥市场的作用，“刺激”和“倒逼”新兴文化业态加

① 熊澄宇．世界文化产业研究．北京：清华大学出版社，2012.

快发展，培育和开拓新兴文化产业市场。韩国政府在把握世界文化产业发展趋势的基础上，制定韩国文化产业推进政策，出台诸多优惠政策大力扶持一些有“潜力”的新兴文化行业，快速提升市场竞争力。在政策的扶持下，韩国新兴行业在国际市场已经具备一定影响力，韩国游戏产业得到了全方位发展，公演产业、人物形象和漫画等也已成为韩国文化产业的新亮点。韩国新兴文化产业的迅速发展吸引了国际资本的参与，产生了巨大的经济效益。这些原本在韩国并不发达的产业能够获得长足发展，有些甚至还成为国际文化市场的“宠儿”，这与政府的“远见”及其政策扶持是密切相关的。我国文化产业起步比韩国还晚，在文化核心领域的发展方面，与西方发达国家相比差距甚大，短时间还难以赶上。在这种情况下，要使我国文化产业顺利实现“弯道超车”，可以借鉴韩国的有益经验，着力培育和壮大能够代表未来发展趋势的新兴文化业态。

（二）完善文化产业组织政策

韩国政府大力支持本土文化企业做大规模、增强综合实力，尤其加强文化自主品牌建设，我国应借鉴其经验加大工作力度，推动文化企业开展跨地域或跨行业的重组或兼并，继续壮大一批代表性国有及国有控股文化企业的实力，使之具备发展成为大型国际企业的条件，使重点国有文化企业切实发挥出主导性和领导性作用。同时，以字节跳动科技有限公司等为代表的非公有制文化企业正日益发展壮大，我国应进一步深化文化体制改革，鼓励支持非公有制文化企业茁壮成长，形成国有和民营文化企业协同发展的良好局面，合力打造文化自主品牌。另外，我国应尽快改变对中小文化企业的资助“口惠而实不至”的现状，将政府在资金、税收、政府采购等方面的帮扶落到实处，还帮助他们制定合理的发展规划；我国应大力推动成立一批培养文化专才的文化培训机构，为文化产业高质量发展提供人才支撑，并通过提供税收优惠等方式鼓励文化企业积极参与国际文化市场竞争。

（三）培育人才推进技术创新

借鉴韩国人才培养经验，首先要完善人才管理，即通过制定产业发展规划或成立相关机构，对文化产业人才培养进行协调；鼓励民间开设文化产业教育机构，加大对文化人才的培养和引进力度，对优秀人才给予奖励和资金支持，并在文化产业的各个细分行业进一步完善人才奖励措施，提高奖励的力度和权威性。其次要加强高等院校文化人才培养力度，鼓励其增加开设文化产业相关的专业和学科，并成立硕士、博士研究院等文化产业研究机构。再次要拓展人才培养渠道，灵活利用媒体内容和网络教学，加强批判性思维能力培养，尤其注重培养具备国际文化交流能力的专业人才。最后要学习韩国“产学研”协作模式，推进技术创新，我国政府应加强引导和支持，使文化企业、文化教育机构以及文化政策和科技研究机构等开展卓有成效的合作，尤其确保能在高端前沿技术的研发方面开展协同攻关。除此之外，我国政府应加大引导和支持力度，鼓励本国文化企业更多地参与国际交流活动等，以此引进和吸收国外文化企业的先进技术和管理理念，不断缩小与先进国家的差距，并逐步降低准入门槛吸引外企向我国文化企业注入资金，为国外先进技术向我国有序转移、转让创造条件。

（四）国内发展与国外竞争相结合

韩国由于人口基数小，国内市场有限，文化产业的发展从开始就瞄准了广阔的国际市场。利用国外需求拉动国内需求、推动国内需求的增长，利用国外需求影响国内市场竞争格局，已经成为一些国家推动文化产业发展的可行选择。我国人口数量巨大，加上我国文化产业起步相对较晚，致使我国文化市场可以拓展的空间还比较大。由此，我国文化产业在一定时期仅依靠国内文化市场就能实现较快发展，然而，文化全球化是不以人的意志为转移的，当文化产业成长到一定阶段后，文化产业的发展如果依然仅限于国内市场，缺少世界市场支撑的文化产业要实现全面可持续发展是不太可能的。改革开放以来，我国对参与国际竞争重要性的认识已经形成广泛共识，当前我国“走出去”的文化企业在产品出口、分销渠道开拓等方面取得了一些成绩，但是也遇到了“文化折扣”等障碍。我国文化企业要多从国际市场历练中汲取经验，努力通过参与国际竞争变得更加强大。

第四节 印度的经验及其启示

印度与中国在国情上有诸多相似之处，如皆为人口众多的发展中国家、历史文化积淀深厚、文化产业发展资源丰富等。由此，印度振兴和发展文化产业的做法经验对我国推动文化产业安全持续发展，可能具备较大的参考价值。

一、印度的经验

（一）依法提供持续的资金扶持

四大文明古国之一的印度有着悠久的历史、灿烂的文化，对文化产业向来青睐有加。印度宪法明确规定了政府保护民族文化、促进文化发展的职责，政府在每五年制定的计划中都充分肯定了文化的重要性并制定了相应的发展规划。印度政府根据法律和发展战略规划，在资金支持文化产业发展方面出台了一系列政策。总的来看，印度受经济实力不强的制约，资本总量规模不大，因此印度政府直接投资于文化产业的资金总额数量并不大，而且其中大部分资金主要用于保护文化遗产等。但印度政府出台了一系列政策措施，引导社会资本进入文化领域、鼓励金融部门为文化建设提供资金、吸引外国资本加大文化投资等，在政府提供持续的资金支持外拓展了资金来源渠道，逐步完善的投融资体系扩大了投资规模。

印度文化产业的资金来源多元。一是稳定的政府财政拨款。印度政府的年度财政预算，都包含有一定数量的、专门用于支持文化发展的资金；印度各级主管文化的部门也有支持文化产业发展的专门预算。印度政府还在文化产业的细分行业发展规划里确定相应的资金支持力度，如促进动漫产业发展的十年规划，规定在该时期免除动漫生产所需相关硬件的进口税、动漫企业参加国际动漫展等的注册和出行费用可以获得50%市场发展补助，在动画内容的合作制作和开发等方面则可获取更多的补助资金①。印度在音乐、舞蹈、电影等的全球营销方面投入了大量资金，例如印度文化艺术遗产基金会从2006年起，每年在英国举办印度音乐节。二是政府通过在税收方面提供较大幅度的优惠、提供金融支持等途径引导和鼓励民间资本、外国资本等增加文化产业领域的投入。例如，2001年印度政府正式承认电影的“产业”地位，引导银行和其他金融组织向电影业提供融资，使印度电影业的发展迈进了有组织融资的新阶段。再如，印度最大的通讯社印度报业托拉斯获得的私人投资大幅增加，具有广泛影响力的印度报纸印度时报系、印度斯坦报系、印度快报系等获得的私人投资也快速增长。另外，印度政府对文化产业一些领域的外国资本进入门槛逐步降低，

---

① 王学人．文化创意产业发展：印度的实践与借鉴．南亚研究季刊，2012（3）．

外国文化企业在印度的投资环境变得更加“友好”。如印度政府从 1999 年起允许外国人投资印度电影工业，并能够享受优惠的税收和金融政策，由此扩大了国外资本的流入，世界著名电影及音乐企业如华纳兄弟、环球、默多克、索尼、宝丽金、百代等纷纷投资印度文化产业，为印度文化产品进入国际市场带去了资金、管理经验和营销渠道①。再如，2002 年印度政府允许外国资本可以拥有印刷媒体企业最高 26% 的股份，2005 年允许外国资本可以持有非新闻报纸和杂志 100% 股权。宽松的投资环境使印度报纸业的外资呈现井喷之势。仅在 2004 年后的一年半时间里，外国资本就向印度报纸行业注入了 3 亿美元资金②。印度政府的上述举措，使文化产业的资金投入由原来的主要依赖政府拨款转向全社会多元筹措资金，不仅增强了文化产业持续发展的资本支撑，也形成了社会力量共同推进文化产业发展的良好格局，大大加速了印度文化产业的发展。

（二）提供坚实的人才保障

文化产业的发展依赖各种相关要素的强力支撑，其中人才要素至关重要。印度文化产业人才培养是积极有效的，为文化产业高速发展作出了突出贡献。为了加强文化人才队伍建设，印度政府一方面增加教育经费投入力度，支持一批高校加强文化产业人才的培养，同时对教育教学设施进行改造和完善，增加资金支持建设大批与文化产业相关的人才培养基地；另一方面，印度政府通过提供堪比发达国家的工作条件、不输于发达国家的工资、优渥的福利待遇等，将主要在发达国家工作的印度裔文化人才吸引回国。除政府外，印度文化行业协会、民间文化组织、文化企业等在文化人才的培养方面也发挥着重要作用，他们根据文化产业数字化、网络化的发展趋势有计划地强化人才教育和培训，培养了大批优秀的文化人才。目前，印度高等教育体系已经位居世界前列，在校大学生规模超过中国，科技人员的数量仅比美国少，居全球第二位。据统计，印度人或印度侨民在美国硅谷和华盛顿地区信息技术人员中的比例，达到了 40%③。印度文化产业的人才队伍规模庞大，人才质量也稳步提升。印度的文化人才培养以市场为导向，学校有权力根据市场对学生的技能要求自主确定培养模式和费用收取，不注重向学生“批发”各类资格证书，将学习与实习摆在同等

---

①③ 梁君，杨霞．印度发展文化产业的经验及其借鉴．特区经济，2011（12）．

② 王耀东．印度报业的现状及发展趋势．新闻战线，2008（1）．

重要的地位，强调实践能力的培养和实际技能的提高，避免出现学生实践操作能力差不能适应文化企业需要的窘况。另外，印度学校重视根据文化产业对人才的需求开发相应课程，使课程设置与市场需求紧密对接，全面提高人才培养质量。印度文化产业人才政策和培养模式，促进了高质量、高素质的文化产业人才队伍建设，为文化产业大发展大繁荣发挥了重要作用。厚实的人才队伍基础是印度加速文化产业发展，促进文化产业繁荣的强有力保障。

（三）培育一批具有较强国际竞争力的龙头企业

在政府的大力支持下，经过多年努力，印度涌现出了一批实力较强和具备进军国际市场能力的龙头企业，在产业创新发展中起着主导和“领头羊”的作用。其中最为突出的是软件设计和服务外包业。该领域的印度公司 TCS 拥有超过 2 万名的员工、业务遍布 50 多个国家、年收入超过 20 亿美元，还有诸如 Infosys、Satyam、Wipro 等在印度和美国上市的一大批软件业大型企业的年收入超过 10 亿美元①。印度 DQ Entertainment 公司员工数量超过 4000 人，已成为亚洲最大的动漫行业服务提供商，并且已经承接了海外的 3D 动画电影制作等新技术业务。而信实集团旗下的信实娱乐公司拥有一家电影制片公司、20 个电视频道和 45 个广播电台、国内两大多厅影院院线的其中一个、一家专门制作宝莱坞歌曲的专业激光唱片公司以及颇具市场影响力的网站，是文化产业领域最具实力的印度跨国公司之一。除此之外，新崛起的 UTV 集电影、电视、广播和互动（包括动画和电脑游戏）四大业务于一体，逐渐发展成为全球娱乐公司。该公司 32% 股份由美国迪士尼公司持有，其少儿频道 Hungama 收视率在印度儿童频道市场排名首位，超过了迪士尼和时代华纳的卡通网络。印度报业托拉斯等几大报社和宝莱坞基地则垄断了报纸和电影等行业。

（四）文化企业创新进取

印度文化企业为了能够通过竞争赢得市场青睐，不断创新经营模式，很好地发挥出了推动文化产业大发展的市场主体作用。一是开展销售模式创新。如印度 Zee 电视台将播出时段出租给广告公司以获得广告收入，即

---

① S. R. 德什潘德．印度放宽外资进入门槛促进新兴产业发展．中国社会科学报，2011 - 04 - 19.

不同频道的捆绑式销售和同一频道的不同时段搭配销售，吸引了众多广告客户购买产品。二是实行跨界混业经营。随着印度政府对文化行业的管制变得更为宽松，许多印度国内文化企业跨越不同的行业开展多元化经营。如印度 Zee 集团既创办了日报《每日新闻分析》，还于 2006 年收购了原来国有的印度联合通讯社，《印度时报》与路透两大集团合作开拓广播市场，最大的印地语《觉醒日报》报刊集团与爱尔兰独立广播公司在电视市场开展合作，加尔各答的《欢喜市场报》集团入股星空新闻频道①。三是积极推进国际合作、开拓国外市场。一些印度文化企业在与发达国家的制作公司开展前沿技术合作的过程中捕捉到了将自身发展提升到更高层次的机遇，因此，大型合作研究日渐增多。如近年来著名导演詹姆斯·卡梅隆的数字领域（Digital Domain）与印度信实 ADA 企业集团下属的信实媒体（Reliance Media Works）合作成立了电影制片厂、卢卡斯影业（Lucasfilm）与印度主焦点公司（Prime Focus）合作将《星战前传：魅影危机》（Star Wars：The Phantom Menace）转换为 3D 影片，巅峰动画工作室（Crest Animation Studios）与狮门电影公司（Lionsgate Entertainment）合作等。宝莱坞也加强与西方国家文化企业的合作，利用西方的营销渠道优势增强其海外影响力。印度工商业联合会的研究结果表明，印度电影的海外票房收入占电影票房总收入的比重从 2005 年的 5.3% 提高到 2008 年的近 10%，据《人民日报》2017 年报道，印度电影海外票房收入占比已经接近 1/3②。印度的 Zee 电视台也已经成功进入国外市场的主流频道。

二、对我国的启示

（一）更好地发挥政府的主导作用

印度之所以能够不失时机地把文化产业推进良性发展轨道，使以“宝莱坞”等为代表的民族文化品牌具备很高的辨识度，文化产业国际竞争力也展现出强势提升的潜力，主要原因在于政府通过法律赋予文化产业很高的战略地位，并依法制定了一系列高效的引导措施。中国当前的文化管理体制从传统计划经济体制演化而来，文化产业发展模式的政府主导特征十

① 王耀东．印度报业的现状及发展趋势．新闻战线，2008（1）．

② 印度电影加快国际化转型　票房收入近 1/3 来自海外，http：//ent. sina. com. cn/m/f/2017 - 05 - 23/doc - ifyfkqiv6677651. shtml.

分明显，而且与印度比较，中国政府主导文化产业发展的角色更加突出。但我国文化管理体制分工过细、职能交叉和政企不分等弊端，长期困扰着文化产业发展。我国要适应新时代文化产业结构性改革的要求，在管理体制方面牢牢坚持和完善党的领导，强化宏观管理，按照精简、高效、市场化运作的原则不断提升政府在文化领域的管理水平，更好地发挥行业协会的协调作用，增强行业自律意识，加速推进微观管理体制改革提升国有企业自主经营能力。

（二）积极建设文化市场

印度政府通过提供资金与金融支持等方式提高私企和财团投资文化产业的积极性，逐步降低民间资本、外国资本进入文化产业的门槛，在文化市场建设方面取得了很大的进展。我国应借鉴印度经验，一是加快国内文化市场一体化建设，改善文化资源条块分割的状况，打通文化要素流通的各种“梗阻”，加速放宽国内外资本进入文化市场的条件；二是在运行机制方面，政府在知识产权保护等方面加强管理、规范市场秩序，促进不同所有制性质、不同规模和综合实力悬殊的大型、中小型文化企业公平竞争，更加充分地发挥市场的引导和激励作用，激发企业的创新能力；三是在市场导向下以经济利益为驱动，促进文化资源跨部门、跨地区流动，逐步由主要依靠行政力量转向主要发挥价格机制的作用配置文化资源；四是加强市场主体培育，在进一步厘清产权关系的基础上，鼓励大型国有文化企业组建跨地区的文化产业集团，打造具备持续进军国际文化市场的文化龙头企业。

（三）提升人才培养质量推进文化产业创新

文化内容和科技等方面的创新大大加速了印度文化产业的发展。目前，我国高端、前沿技术研发能力还存在不少短板，突出表现在基础研究方面的积累还比较薄弱，文化产业（技术）竞争力的持续提升存在“中断”风险。同时，我国文化产品同质化严重，内容创新不足的问题十分突出。当前我国文化产业面临的这些问题，主要原因是社会创新意识和创新氛围较为淡薄，创意人才跟不上文化产业发展需求。因此，一方面，我国政府要通过政策、规划等引导全社会形成尊崇创新的意识，在注重培养大学生等重要群体的创新意识的同时，努力将创新意识向全社会各个阶层扩散；另一方面，政府通过税收优惠等组合式政策工具，鼓励企业与社会力量开展高端前沿技术研发，以及技术与文化融合发展等方面的研究，协同发力提升我国科技创新和文化内容创新能力。同时，我国政府应持续实施系统性文化产业人才培养计划，为文化产业创新奠定最核心的要素支撑。此外，我国可汲取印度有益经验，推行实践技能为重、以文化企业需求为导向的人才培养模式，培育高质量人才推动文化产业创新。

（四）立足国内开拓国际市场

我国面对世界文化市场日益激烈的竞争态势。首先，国内市场是一个国家文化产业发展的根基，应大力加强国内文化市场挖掘。当前好莱坞电影几乎横扫世界电影市场，但印度电影却在本土拥有忠实的巨量观影人群，国内本土电影不仅在电影数量上超过好莱坞，而且电影票房收入牢牢占据着票房总收入的主导地位，高达95%，美国电影的市场份额不到5%。这使得印度本土电影不仅拥有稳固的国内市场，同时又为进军国际市场打好了坚实基础。与之相比，我国电影在国内市场的表现上，与宝莱坞相比存在着很大的差距，因此，我国要进一步深化文化体制改革，积极完善与广大人民的文化需求相契合的文化生态环境。其次，更加注重开拓国际市场。在我国改革开放渐次深化的背景下，为了扩大产业发展空间和扩展文化资源供给以及增加产业利润，我国文化企业必须拓宽发展路径，积极延伸产业链，深度参与国际分工协作。面对国际文化市场竞争压力，我国文化企业要及时调整竞争策略，加大文化内容创新和科学技术创新力度，打造民族文化品牌，增强国际竞争力。

第七章

我国文化产业安全实现的宏观机制

从第三章对我国文化产业安全的评价及第四章对我国文化产业安全面临的问题描述来看，影响我国文化产业安全的因素很多，可从宏观、中观、微观等层面对其进行分类。宏观层面的因素，包括文化产业安全治理思想、安全管理体系、安全状态预警等；中观层面的因素，包括文化产业的市场结构、产业行为及其市场绩效等；微观层面的因素，包括品牌、技术、人力资本等影响文化企业竞争力的诸多因素。

第五章对我国维护文化产业安全的典型个案进行的解析，以及第六章总结的代表性国家文化产业安全实现机制的有益经验，为构建我国文化产业安全实现的宏观机制、产业机制和微观机制并确保机制高效运行，提供了很有价值的参考。

从宏观层面来看，文化产业与一般的经济产业有着根本差别，即具有双重属性：商品属性和意识形态属性；文化产品出售后不可避免地发挥两个效益，即经济效益和社会效益。构建一个良好的外部大环境，是确保我国文化产业安全发展的首要任务。

第一节　完善我国文化产业安全治理思想

一、以习近平总体国家安全观为根本遵循

维护国家安全，贯穿在中国共产党建设、改革开放等各个历史阶段的治国理政进程中，文化安全在国家安全总体布局中占据着重要地位。习近平同志在党的十九大报告中指出：“统筹发展和安全，增强忧患意识，做到

居安思危，是我们党治国理政的一个重大原则。"① 随着中国特色社会主义进入新时代，社会主要矛盾向人民日益增长的美好生活需要和不平衡不充分的发展之间的矛盾转化，人民的精神文化需求急剧提升，维护国家文化安全的重要性、紧迫性愈加突出。文化安全与其他类型的安全一起，共同构成了国家安全总体布局，是国家总体安全不可或缺的重要组成部分。习近平同志早在 2014 年 4 月召开的中央国家安全委员会第一次会议上，就明确指出要"构建集政治安全、国土安全、军事安全、经济安全、文化安全、社会安全、科技安全、信息安全、生态安全、资源安全、核安全等于一体的国家安全体系"②。2015 年 1 月中共中央政治局审议通过的《国家安全战略纲要》要求做好文化等领域的国家安全工作。2015 年 7 月第十二届全国人民代表大会常务委员会第十五次会议通过的新《中华人民共和国国家安全法》明确文化安全等 11 个领域的国家安全任务，并规定每年 4 月 15 日为全民国家安全教育日。2016 年 12 月中共中央政治局通过的《关于加强国家安全工作的意见》，是新形势下贯彻落实总体国家安全观、统筹推进文化安全等各项安全工作的重要指导。

党的十八大以来，习近平同志从指导思想、核心价值观、新闻舆论、传统文化转化创新、学校教育、文化体制改革等方面，构筑了维护国家文化安全的总体布局。其中，习近平同志特别强调文化发展要坚持马克思主义的指导地位和社会主义核心价值观的引领作用，将其看作维护国家文化安全的关键。习近平同志对维护国家文化安全工作提出了明确要求，主要有：坚持和加强党在文化领域的领导，必须由党牢牢掌控意识形态工作领导权、管理权、话语权；坚持运用社会主义核心价值观引领文化建设、敢于向文化领域的错误倾向"亮剑"；坚持文化自信，不忘本来、借鉴外来、面向未来，建设中国特色社会主义文化强国；落实意识形态工作责任制，将"全党动手、全党参与"和"守好一段渠、种好责任田"有机结合；新时代文化体制改革要统筹好文化事业和文化产业的关系、社会效益和经济效益的关系、文化传承与文化创新等的关系。

市场经济条件下，国家文化安全的重要现实基础和支撑即是文化产业。

---

① 习近平．决胜全面建成小康社会　夺取新时代中国特色社会主义伟大胜利——在中国共产党第十九次全国代表大会上的报告，2017 年 10 月 18 日，http：//cpc. people. com. cn/n1/2017/1028/c64094 -29613660 -9. html.

② 中共中央党史和文献研究院．习近平关于总体国家安全观论述摘编．北京：中央文献出版社，2018：5.

进入新时代以来，以习近平同志为核心的党中央将加快文化产业发展提升到一个新的战略高度，将其作为一项重大战略任务来抓，在文化体制改革等方面作出了一系列重大决策部署，在金融支持文化产业发展等方面出台了一系列政策措施。习近平同志强调要以供给侧结构性改革推动文化产业迈上高质量发展新阶段，要健全现代文化产业体系、完善现代文化市场体系，促进各类文化市场主体齐头并进，推动新型文化业态和文化消费模式蓬勃发展，以高质量文化供给满足人民日益增长的精神文化需求、增强人民的文化获得感、幸福感。在习近平同志关于社会主义文化建设重要论述的指引下，我国社会主义文化强国建设取得了前所未有的进展，正如十九大报告指出的，过去的5年，我国公共文化服务的供给水平和质量取得前所未有的提高，文化自信得到最大程度的彰显，国家文化软实力获得大幅度提升，中华文化影响力显著增强，从而使我国文化产业安全发展奠定在更加坚实的基础上。

党的十八大以来，国家文化安全工作和文化产业发展取得的历史性成就表明，习近平同志关于国家总体安全观的一系列重要论述，绘就了新时代国家文化安全工作的总体蓝图，为推进国家文化产业发展指明了价值方向、目标任务和主要着力点，是新时代文化产业安全治理的根本遵循。

二、以人民为中心的价值导向

新时代中国文化产业安全治理，要坚守人民立场，让人民成为文化产业安全的参与者、守护者，文化产业发展成果由人民共享。

文化产业安全发展依靠人民。文化产业的经济、意识形态双重属性，决定了其安全管理不仅要考虑文化产品的国内外市场占有率等，还要对产品的意识形态进行管理。因此，一方面，要动员全民参与才能真正实现安全管理。制定文化产业安全发展的有关政策和方案，应征询、尊重文化相关人员的意愿、取得他们的知情与配合，规避政策风险可能给文化产业安全发展造成的损害。特别是文化贸易、文化外资等环节，要引入公众尤其文化领域的专家参与，促使相关部门作出符合国家文化产业安全发展目标的决策。另一方面，在构建与运行国家文化安全管理行政组织体系、对文化产业经营者的行为进行有效监督，以及吸收文化产业发展资金等方面，也需要动员公众参与、获得群众支持。

文化产业安全发展的成果由人民共享。文化成果由人民共享，一要提高文化供给质量。党的十九大强调，“满足人民过上美好生活的新期待，必须提供丰富的精神食粮”，必须把满足人民美好精神文化需要作为发展文化产业的出发点和落脚点。由此，要大力提升文化产业经营者的素质，强化文化产品的思想内涵，生产出更多反映新时代风貌、充满社会正能量、弘扬中国精神的经典文化产品，展示社会主义中国的独特魅力，形成良好的社会风尚和健康的文化氛围，为抵御外来文化思想的渗透筑牢防火墙。二要扩大文化产品的受惠面。缩小城乡文化消费差距和东中西部文化产业发展差距，推动文化产品向基层和中西部流通、服务向基层和中西部拓展，增加基层和中西部资源投入，使更多民众能够享受“买得起、看得懂、能获益”的文化精品，让文化发展成果更多、更好地惠及人民群众。

三、坚定文化自信

文化产业被认为是以内容为主的产业形态，只有在文化自信的引领下，坚持以马克思主义为指导，坚持为人民和社会主义服务的方针，结合当代中国现实对中华优秀传统文化进行创造性转化和创新性发展，反映新时代的精神风貌，才能生产出人民满意的文化产品。意识形态是文化产业内容的关键和核心，决定着文化产业前进方向和发展道路。坚定对自身文化的自信，才能确保文化产业发展不会走上歧途。在推进文化产业高质量发展过程中，一方面要充分认识文化产品的商品属性、产业属性和经济属性，发挥市场在文化资源配置中的作用，为各类文化市场主体创作、生产更多的优质文化产品创造激励，更好地满足人民群众的精神文化需求。另一方面，又必须毫不动摇地坚持用马克思主义思想指导文化产业发展，促使各种类型的文化企业自觉传播党的主张和声音，将社会主义先进文化的教育、感化、导向作用贯穿于文化产业的整个产业链，在生产、营销等各个环节弘扬社会主义核心价值观，充分展示新时代中国特色社会主义取得的新成就，使人民群众进行文化消费时，潜移默化地接受关于历史、民族、国家和文化的正确观念，提高民众的思想素质、道德水平和文明素养，增强抵御西方发达资本主义国家“文化霸权”的能力。正如2016年11月30日习近平同志在中国文联十大、中国作协九大开幕式上的讲话中指出，“坚定文化自信，是事关国运兴衰、事关文化安全、事关民族精神独立性的大问题。”[①] 党的十九大报告更是鲜明指出，“文化兴国运兴，文

① 习近平．在中国文联十大、中国作协九大开幕式上的讲话（2016年11月30日），http：//www. xinhuanet. com/politics/2016 －11/30/c_1120025319. htm.

化强民族强。没有高度的文化自信，没有文化的繁荣兴盛，就没有中华民族伟大复兴。”①

本国民众对自身所拥有的文化保持坚定自信，才可能持续增大对民族风格文化产品的购买欲望。西方发达资本主义国家主导文化全球化的能力虽然有所削弱，但是迄今仍然在世界文化市场处于优势地位。在这样的环境下，良莠不齐的各种思潮随着这些国家文化产品的输入，不断向我国渗透。我国文化领域出现了历史虚无主义、“西方中心论”等有害思想，对传统文化和革命文化起到了消解作用，造成一定程度的文化思想混乱，进而减少了文化市场对本国文化产品和服务的需求。一方面，来自国外的文化产品、模仿国外生产且蕴含西方思想与审美的文化产品充斥市场，培育、占有了不少“粉丝”。另一方面，中国传统文化却遭遇误解与淡忘，导致一些传统文化产品受众缩小、市场收窄、发展动力不足。只有国人在精神上由被动转入主动，对中国文化感到由衷喜爱与自豪，而且数量日益扩大，蕴含中国优秀传统文化、具备革命精神和崇高理想信念以及符合社会主义核心价值观的文化产品才能更加有效、全面地占领主流文化市场。

国人对自身文化有着坚定自信，才能催生出既有历史传承，又有时代精神的高质量文化产品。中华优秀传统文化、革命文化、社会主义先进文化是我国文化产业发展的内容金矿，唐诗、宋词、元曲、明清小说等文学经典，儒、道、墨、法家等中国哲学理论，红船精神、井冈山精神、长征精神、延安精神、西柏坡精神、沂蒙精神等中国优秀革命精神，就是优秀传统文化的杰出代表，从中可以挖掘、提取到文化创新的灵感源泉。例如，正是由于恰当地表达了中国特色的家国情怀与想象力以及中国式英雄的“人类命运共同体”责任担当，被誉为开启了中国科幻电影元年的电影《流浪地球》成为中国电影史上票房前三的影片。只有运用好优秀的民族文化资源，把其中体现民族精神的“根”与“魂”巧妙地融入文化产品创作与研发过程，才能将长城、故宫、兵马俑、中国功夫等中国文化符号激活起来，生产出坚守中华文化立场、深受国内外消费者欢迎的文化产品。

当然，坚定文化自信在文化需求和文化供给等方面能否切实发挥好作用，依赖于好的制度安排及其执行的效果。当前我国虽然制定实施了影视产品的备案审核制度等，引导文化生产“弘扬社会主义核心价值观”、充

① 习近平. 决胜全面建成小康社会 夺取新时代中国特色社会主义伟大胜利——在中国共产党第十九次全国代表大会上的报告（2017 年 10 月 18 日），http：//cpc. people. com. cn/n1/2017/1028/c64094 –29613660 –9. html.

满“社会正能量”、传承创新中华优秀传统文化等，但在指导文艺创作方面的力度还有待加强。我国通过设立诸如“精品工程”、重大工程、重大奖项等对文化创作生产进行引导，这种将其他生产建设领域的管理方式移植到文艺创作生产的管理，对提升文艺创作的数量能起到较好的作用，但对文化质量的提升所起的作用十分有限，容易出现为获奖而创作等不良现象。而且，往往一个利于获奖的“好”主题出现的时候，创作者立刻蜂拥而上进行效仿，甚至模仿抄袭赶制出毫无新意和市场价值的作品，由此导致文化市场出现文化产品数量过剩、高质量的文化产品短缺的现象。显然，这与艺术创作规律是严重相背的，也是国外文化产品能在国内长驱直入、人民的精神文化需求外溢的重要原因。

因此，应进一步完善制度安排并加强执行力度，使行业秩序更加规范，弱化“精品工程”等的数量要求及其在衡量艺术高峰方面的功能，强化对文化产业经营者的价值观培养，提高如影视编剧等的入行门槛。文化产品能在多大程度上发挥对受众的引导能力，取决于作品的精神内涵、创作者的价值观以及创作者面对的规制环境，一个对自身文化缺乏自信、价值取向模糊甚至错误的创作者所创作的作品，断难传递民众所需要的文艺力量，也绝不会成为文化消费主流。据统计，美国电影史上票房收益最高的前十部全都是大众级电影，暴力等表现程度高的成人级电影乏人问津。文化产业繁荣发展不仅是拥有高数量的文化产品，而应是不断涌现高质量的文化产品。我国文化产业不仅要满足广大人民的精神文化需求，坚定文化自信，同时也有责任从“高原”走向“高峰”，向世界展现新时代的中国精神。

四、坚决反对“去意识形态化”，努力克服“泛意识形态化”

意识形态属性是文化产业的鲜明特征，因此，世界上任何一个国家都把确保国家意识形态安全作为文化产业的天然使命，然而，受到西方“价值中立”等思潮影响，我国当前文化产业发展“去意识形态化”的声音不时泛起。另外，世界上资本主义和社会主义在意识形态领域的斗争将长期存在，我国作为社会主义国家，文化产业发展又容易跌入“泛意识形态化”的困境。无论“去意识形态化”还是“泛意识形态化”，对国家意识形态安全的维护都将产生危害，也对文化产业的正确发展导向和内容创新等产生了干扰。对此，我国应坚决反对文化产业“去意识形态化”发展、防止“泛意识形态化”阻碍文化产业发展。

（一）坚决反对文化产业“去意识形态化”发展

与传统产业部门生产的物质产品不同，文化产品具有丰富的意识形态内涵。行销于文化市场的大众娱乐产品，向民众潜移默化地传输由经济基础决定的特定价值观念和生活方式，发挥着培育和强化主流意识形态的作用，从而推动社会精神气质和意识结构的形成、转型。文化产品的意识形态属性必然要求它为特定的统治阶级履行增强意识形态合法性的功能。事实上，全球化时代、市场经济条件下的文化产品已成为世界各国传播意识形态的最重要载体①。同时，文化产品以更为隐蔽的方式传播意识形态，效果更好。在互联网空间飞速扩张的情况下，时间与空间的距离不再成为文化产品难以打破的传播壁垒，观念差异也不再成为文化产品难以逾越的传播障碍，使得内蕴特定意识形态的文化产品明显加快了流通速度、扩大了接受范围。因此，面向市场、按照市场规律与市场逻辑运作的文化产业，表面上淡化甚至祛除了文化产品的意识形态元素，但事实上其中的特定思想意识以不易为人察觉的方式渗透传播，促使人们无意识地接受了以文化产业为载体传播的异质文化产品，并且乐此不疲的“享受”着意识形态的熏染与教化。

美国等国家的文化产品依靠高科技手段与内容的结合，大肆向其他国家进行输出，成为发达资本主义国家意识形态扩张的重要载体和路径。毫无疑问，美国发展文化产业的战略目标是多重的，但主要体现在经济和政治两个层面。从经济层面看，美国的目标是增强文化产业国际竞争力，藉此向世界文化市场输出文化产品和服务，攫取让世人艳羡的经济利益；从政治层面看，通过进入他国的文化产品，将自身价值观打扮成普世价值，影响他国民众思想获取意识形态霸权地位。一方面，西方发达国家把文化产业看作最具发展潜力的战略性产业之一，倾力将其打造成支撑经济发展的支柱性产业。在美国，至今长盛不衰的好莱坞电影产业和以 Facebook、Twitter 等为代表的新兴文化业态，对经济增长贡献率越来越高。文化产业现已是美国的第二大出口行业，只有航天工业的出口总值比它更高。另一方面，在文化产品的意识形态功能的运用方面，西方发达资本主义国家比发展中国家娴熟得多。以美国为首的西方发达资本主义国家凭借雄厚的文

---

① 单世联．现代性与文化工业．广州：广东人民出版社，2001：403.

化产业实力，以其为载体将自身价值观和生活方式散播到世界其他各国，尤其美国的文化帝国主义战略对其他国家的文化安全构成了严峻挑战，如今在电影行业，好莱坞电影的影迷是世界上最多的；在篮球产业，美国职业篮球联赛（NBA）的球迷是世界上最多的。拥趸们在观看影视节目、欣赏体育竞赛的时候，必然也会受其中渗透着的文化价值观影响，导致他国的异质文化逐步潜入甚至替代自己民族的传统文化。这充分表明，即使在竞争激烈的国际文化市场处于领先地位的发达国家，也并没有因为文化市场化、产业化发展而对文化生产"去意识形态化"。相反，他们在市场竞争中运用更加先进的手段、更加隐蔽的方式将国家的意识形态与文化产品水乳交融。在全面深化文化体制改革进程中，如果不牢牢把握文化产品的意识形态属性，势必危害国家在意识形态领域的主动权与文化领导权，严重危害我国文化产业安全治理。

受冷战思维影响，我国在改革开放之前的一段时期，将意识形态的排他性与包容性绝对对立起来，文化体制改革中的"去意识形态化"倾向即是对这种思维模式的矫枉过正。我国改革开放的40余年，是经济持续快速发展、政治社会长期稳定的40余年，"岁月静好"也使随着冷战结束产生的价值中立、"普世价值"等思潮，在我国有一定的市场。持"去意识形态化"观点者"天真"地认为随着经济全球化的深度发展，文化的意识形态功能将会被终结，文化与政治将不会有丝毫瓜葛，文化产业没有履行意识形态职责的义务。按照他们的观点，文化产业的发展不应该持有意识形态立场，应努力寻求被世界共同认可的观念形态；文化繁荣发展的目的是宣扬所谓"人性"，展现个体的精神价值。在他们看来，对文化产业意识形态属性的强调，不利于推进我国文化体制改革。在"以阶级斗争为纲"的年代，意识形态管理部门严密监控着文化发展，对阶级对立性的过分强调使文化发展陷于僵化萧条。"去意识形态化"在一定程度上矫正了特定历史时期形成的文化教条主义，然而矫枉过正，对文化的意识形态属性持完全否认的观点则走向了另一个极端。

意识形态内在于文化产品之中，因此，文化产业的意识形态属性是不能取消、不容回避的。确保意识形态安全是我国文化产业发展过程中必须牢牢守住的底线，正如有学者指出，对一种意识形态的否定是为了维护另一种意识形态，去除一种意识形态是为了确立另一种意识形态①。"去意

① 李志昌．评"去意识形态化"．中共云南省委党校学报，2012（1）.

识形态化”的危害性在于：在实践上，无视社会文化传统的历史传承，认为意识形态对社会不能发挥出任何积极的社会功能，只强调意识形态的消极作用；在理论上，认为意识形态没有蕴含任何科学合理的内容，导致民众思想变得混乱。更巨大的危害在于，这一观点使部分民众对马克思主义指导地位产生了疑惑甚至动摇，是对社会主义主流价值观某种程度上的消解与解构。如此，导致我国在十八大召开之前的一段时期，西方国家的文化渗透有扩大之势，一些消极落后的价值观念也趁机扩大了市场，对我国意识形态安全构成严重威胁。

“去意识形态化”使我国文化治理出现了两种不容忽视的错误，一种是将文化产品经济功能与社会职责割裂开来，以弱化文化的社会责任为代价单纯追求经济效益，导致部分文化企业以满足市场需求为由生产、销售数量不少的“三俗”① 产品；一种是无视文化与政治的天然关联，认为文化发展中的意识形态监督管理毫无必要②。缺乏精神内涵的文化产品充斥造就的文化市场虚假繁荣，必然拉低人们的文化品位，造成文化消费的庸俗化，导致出现让世人十分担忧的“文化失范”现象。所谓文化失范，就是指在社会文化急剧变迁过程中，由于在文化领域缺乏明确的准则，导致人们的行为及价值观念陷于混乱无常的状态③。“文化失范”主要表现在以下五个方面：人们的精神生活很难得到“正确”的理想信念引导；多元化思潮侵蚀社会主流价值观念，导致大众在价值选择上感到茫然迷惑；道德滑坡、伦理失衡；政治腐败现象不能得到有效遏制；民众不再崇拜文化权威④。“文化失范”是“去意识形态化”影响下不少人真实的心灵反映。

可见，“去意识形态化”思想倾向在我国文化产业安全治理中起着明显的消极作用。从历史上看，20 世纪 80 年代中后期，苏联共产党的文化改革不考虑实际情况，几乎全部放弃了意识形态管理部门对文化领域的监督和管束，造成舆论阵地完全失控的灾难性后果，从而导致苏共在文化领域丧失主导权并动摇了人们对共产主义的信仰。当前我国正在加快全面深化文化体制改革进程，必须始终高度警惕“去意识形态化”思想倾向对国

---

① “三俗”指“庸俗、低俗、媚俗”。

② 彭继红．改革开放 30 年文化产业发展与意识形态变迁的相关研究．湖南师范大学社会科学学报，2009（1）．

③ 朱效梅．大众文化研究——一个文化与经济互动发展的视角．北京：清华大学出版社，2003：63.

④ 孙泽学．社会主义初级阶段文化建设研究．武汉：华中师范大学出版社，2004：215－220.

家意识形态安全的不利影响，确保文化产业自觉承担起维护意识形态安全的社会责任。

进入新时代以来，我国各个领域的改革都进入了全面深化阶段，文化体制改革因其要达到提升国家意识形态安全度的目标而格外引人注目。在文化领域划分出事业和产业两种类别，标志着中共在文化体制改革理论方面取得了重大突破。这种区分体现了文化事业侧重于公益性、文化产业则侧重于经营性，有利于更好地发挥政府的作用，同时又发挥出市场机制的功能。一般而言，文化事业的意识形态性容易得到重视，因为其具备明显的公益性、公共性等特征并由政府主导。而文化产业是直接面向市场的，文化资源的配置主要根据价格机制进行，文化企业的经营活动以获取利润为目的。由此，在市场的“掩护”下，文化产品的意识形态属性容易被淡化甚至忽视。事实上，无论是文化事业还是文化产业，根本任务都是提供人民需要的精神产品；两部门提供的文化产品，都具有经济与意识形态双重属性。因此，我国在全面推进文化体制改革、不断扩大文化对外开放的过程中，绝不应该也绝不会因为文化事业承担了文化公益性职责，降低对文化产业意识形态功能的要求。如此，我国才能在完善国家文化产业安全治理中切实维护国家意识形态安全。

（二）防止“泛意识形态化”阻碍文化产业发展

党的十八大以来，我国文化产业进入到历史上最好的发展时期，但从世界范围看，与美国等文化产业强国的距离还很大，仍将处于追赶和跟随的地位，“西强中弱”的竞争格局仍将是我国文化安全治理战略和政策制定的出发点。“西强中弱”的世界文化格局，加上近代以来在与外部世界交往中形成的“防御型”民族主义心理结构，导致我国形成了防御导向的文化政策模式。我国的防御型文化政策容易出现泛意识形态化的弊端，造成在维护国家文化安全的名义下对文化产业施行“过度保护”。例如，文化企业尤其部分国有文化企业以承担了意识形态宣传及其安全维护为由，要求政府补贴其因为承担公共责任和社会效益而招致的“亏损”，以掩盖自身经济效益目标没有实现的失职或增加更多的非市场利得；对外文化企业以“外宣”产生的各种“成本”为由，要求国家对其进行支付。在泛意识形态的舆论环境下，我国政府很难拒绝文化企业以实现文化安全的“国家目标”为名，提出的种种不合理要求。由此，一些文化企业由经营市场转向“经营政府”，企业经营表面上看似发展迅速、运行良好，但这种不是经由市场竞争成长起来的企业，难以承担传承发展中华文化的责任、更遑论要求其能在国际文化市场占有一席之地。

文化安全与意识形态安全并不相同。从内涵上看，文化安全要比意识形态安全更广，文化安全涵盖了意识形态安全。当前文化产品涉及文化安全的情况主要有否定党的领导、激化民族和宗教矛盾、破坏社会公德、危害个人权利等四种类型，涉及意识形态安全的主要是前两种。从性质、影响程度等看，这四种类型有很大不同，应区别开来对待。但意识形态泛化抹杀了四种类型的区别，将意识形态安全完全等同于文化安全，将几乎所有文化问题都上升到意识形态安全的层面予以评判。正如有学者指出，我国在对外谈判中，基于意识形态安全考虑，一定程度上滥用了“文化例外”原则，例如对国际贸易和投资自由化谈判中的文化市场准入及扩大文化服务业对外开放的合理要求持消极甚至否定态度。从国际趋势看，虽然国际组织出台了文化多样性公约、保护非物质文化遗产公约等文件，但从内容上看，不仅大力倡导保护世界各地具有民族传统特色的多样化文化，还强调世界各国要与文化全球化、市场化发展的现实与趋势相适应，即各个国家在自主决定对自身民族文化实施保护的同时，更要注意采取产业化方式使文化不至于面临发展“中断”的风险。由此可见，“文化例外”原则并不是鼓励国家采取文化保守的态度发展本国文化①。

值得一提的是，把跨国文化公司看作是来自国外的意识形态战场上的“敌人”，也是一个认识误区。无可讳言，跨国文化公司与母国主流意识形态肯定有着千丝万缕的联系，但从本质上看，主要还是追求利润的企业。为了保证利润不会招致“意外”损失，跨国文化公司会在输出文化产品的时候，考虑接受国的意识形态需求等因素。比如，跨国文化公司为了扩大在中国文化市场的占有率，往往会选择中国故事作为题材，或者在中国开展拍摄工作，或者邀请中国人进入演出队伍，甚至主动征求中国文化主管部门意见。文化自信就应该有海纳百川的气度，坚定对中国特色社会主义文化体制、中国特色的文化内容和消费者的鉴别能力的自信，避免意识形态泛化误伤国内外各具特色、各有优势的文化产品的平等竞争，为消费者拓展更多的选择空间。

改革开放以来的实践证明，中美合作出版《计算机世界》杂志、扩大

---

① 祁述裕，陆筱璐．论放宽文化市场准入——扩大文化市场开放的若干思考．山东大学学报（哲学社会科学版），2018（3）．

美国电影进入中国市场的配额、允许三星级以上宾馆接收境外节目等举措，增加了竞争主体，使我国文化市场迸发出更加强大的生机活力，为我国文化繁荣发展作出了贡献，也对提升国家文化安全度发挥了积极作用。习近平同志2014年在北京文艺工作座谈会上说：“当今世界是开放的世界，艺术也要在国际市场上竞争，没有竞争就没有生命力。比如电影领域，经过市场竞争，国外影片并没有把我们的国产影片打垮，反而刺激了国产影片提高质量和水平，在市场竞争中发展起来了，具有了更强的竞争力。”① 21世纪初，外国网络游戏占据了大部分市场份额，但多年竞争以后，我国网络游戏市场上本土游戏公司开发的产品已经获得了主体地位。因此，我国应在牢牢守住底线的基础上，进行分类管理，做好有序开放。对意识形态属性强的行业，我国要坚决主导、控制其发展过程、发展状况，不允许外资进入如电视网络频道、时政类新闻服务等。对意识形态相对弱的行业，我国要根据其所处发展阶段、竞争力状况等，允许外资以合资或独资等形式进入我国文化市场开展生产、销售等，坚定不移不断地提高文化对外开放水平。

第二节　健全我国文化产业安全管理体系

一、制定文化产业安全战略

2013年11月成立的中国国家安全委员会，统筹协调国内和国际、各个领域涉及国家安全的事务。兼具经济属性和意识形态属性的文化产业，在文化安全领域占据着重要地位。

（一）目标内容

文化安全是国家安全的重要组成部分，文化安全战略自然应该包括清晰的文化产业安全战略。因此，随着国家安全委员会运行机制日益成熟，应该尽快制定文化产业安全战略，并明确安全战略的目标和内容。

---

① 习近平．在文艺工作座谈会上的讲话（2014年10月15日），http：//www.xinhuanet.com/politics/2015－10/14/c_1116825558.htm.

1. 战略任务与目标

新时代我国文化产业安全战略的主要任务：促进文化产业安全发展，捍卫我国文化的主权和利益，确保我国意识形态安全。具体目标：壮大文化产业，弘扬中华优秀传统文化和社会主义核心价值观；优化产业发展环境，繁荣文化市场，促进国际文化交流；反对文化霸权，抵制文化渗透，积极参与构建国际文化新规则。

2. 主要内容

文化产业安全战略是一个大战略，在这个大战略内应包含多个彼此独立而又相互作用的小战略。为确保国家文化安全，我国文化产业安全战略应至少包含中华民族文化发展战略、文化外交战略、文化产业安全管理战略、文化产业立法完善战略等。

（二）方针原则

新时代中国制定文化产业安全战略，应坚持以下四个方针原则。

1. 积极防御、动态平衡

在做好积极预防、有效控制和全力化解我国文化产业面临的风险和安全问题的同时，根据我国文化产业竞争力的变化等情况，坚持文化产业安全策略与时俱进，在文化产业动态发展过程中抓住主要矛盾，促进我国文化产业的国际交流与合作。

2. 坚持党的领导

国家文化产业安全不仅指产业经济利益等可以量化的安全，还包括意识形态安全等隐形安全，关系到国家的合法性以及民族存亡。如果文化产业发展不能由领导一切的中国共产党有效管理、控制，也就处于“不安全”的状态。因此，党对国家文化产业安全管理拥有绝对领导权，必须由中央统一决策、统一领导、统一部署。

3. 依法治国

文化产业安全管理工作的运行和进一步完善都依照法律规定进行，不受个别人意志的左右。只有这样，我国文化产业安全管理才能在法治轨道上持续运行，管理运行机制才能更加规范和更有保障。

4. 坚持以发展化解安全问题

彰显民族文化个性特征的同时，积极向外来先进文化学习；继承和发扬中华优秀传统文化的同时，顺应时代发展潮流，融合先进的文化技术。以创新意识、创新精神、创新能力提高文化产业国际竞争力，化解我国文化产业可能遇到的各类安全风险。

二、完善文化产业安全行政管理架构

我国应该构建层次分明、责任清晰、运行高效的组织机构，厘清中央与地方的关系，对决策与执行的机构分别赋予明确的责任，对管理与辅助的机构加强协调和协同，以科学的行政体制设计保障国家文化产业安全。

中央国家安全委员会等是我国文化产业安全治理的决策机构。文化产业安全管理部门各司其职、密切配合，都要按照中央决策机构的统一领导和部署开展行动，形成工作合力。

职能机构包括中共中央宣传部、国家安全部、文化与旅游部、国家广播电视总局、商务部等，国家安全部从国家安全角度管理文化产业安全，其他部门从促进国家文化产业发展的目标出发，对公共文化服务、对外文化交流合作、文化市场等进行有效管理，使国家文化产业安全得到切实维护和保障。

辅助机构，建立类似中国社会科学院国家文化安全与意识形态建设研究中心的智囊机构，如组建“国家文化产业安全管理研究中心”等机构。政府支持其对国家文化产业安全等问题进行调查研究，为决策机构提出相应对策建议或者为相关部门提供指导意见。再如建立“国家文化产业安全管理培训中心”，负责对与文化产业安全相关的管理人员和主要文化企事业的管理人员，定期或不定期开展文化产业安全管理方面的相关培训。

派出机构，如我国党政部门的驻外机构和重点文化企事业单位的驻外机构，要对文化产业安全信息保持密切关注并对之进行收集与分析、汇报，指导和协调政府行政部门和文化企业的对外文化交流。

需要强调指出的是，必须坚持以国家安全委员会为最高决策机构的制度，中央对下级部门进行统一领导。中央国家安全委员会是文化产业安全管理的决策机构，处于应对国家各类安全挑战的核心地位，文化与旅游部、国家安全部、国家广电总局、商务部等在文化产业安全管理方面都要完全服从国家安全委员会的指挥，配合其工作，切实担负起履行文化产业安全管理职能。

中央还要对省际文化产业安全管理部门之间的关系进行统筹协调，推动各个省的管理部门能够更好地进行协同、合作和交流。条块分割是我国行政组织体系的重要特征，各个省在平衡产业经济绩效和意识形态建设之间的关系时，对文化产业安全管理的战略定位、目标和机构设置等方面存在差异，各自为政的现象依然突出，协调的难度比较大。因此，中央主管部门要对地方管理部门加强文化产业安全方面的指导和监督，既形成畅通有效的中央对地方的统筹管理模式，又形成健全高效的横向工作协同模式，进一步完善国家文化产业安全管理组织架构。

三、科学划定文化产业安全管理部门职责

文化产业安全管理组织的横向关系体现在多个方面，主要有党委与政府的关系、文化部门与其他部门的关系等。中央对地方的纵向治理必然会受到这些横向关系的重大影响，因此，横向关系的调整是国家文化产业安全管理体系建设的重要一环。

（一）建立部门协调机制

目前，我国有多个部门行使对文化产业的管理权限，单从中央政府层面看，宣传部、文化和旅游部、商务部、国家广电总局、网信办、工信委等都可以行使文化产业管理职能。各个部门根据文化产业的发展和文化市场的变化出台相关管理规定，但存在的协调不足导致一些管理条款一再出现甚至发生冲突，文化产业的发展因此受到拖累。这种管理制度将文化产业切割为一个个“小产业”予以管理，严重制约了我国文化产业链的延伸及其与其他产业的融合发展，阻碍了文化产业竞争力的提升，危及我国文化产业安全。为此，我国需要进一步完善行政协调管理机制，设立文化产业管理工作的部际联席会议或者设立党政合署办公的文化产业发展委员会。类似机构可以在文化产业安全发展的战略、文化产业安全的法治建设等重大方针政策的制定方面发挥指导作用，并统筹协调攸关文化产业安全发展的重大事项和重要工作，统筹协调行业协会、企业等担负起安全发展的责任，形成文化产业安全管理立体网络。总之，建立党领导下的统一、协调、高效的文化产业领导体制，以突破部门分割管理的局限，解决文化产业安全工作中的重大问题并加强相关政策的贯彻落实。

（二）厘清文化管理部门与文化企事业以及社会组织之间的关系

在指导和监督管理文化产业安全工作方面，文化管理部门是直接责任者，要切实履行好自身职责，防止文化产业安全管理工作出现监管缺位；

在对涉及文化产业安全的事务进行严格监管基础上，对于职权范围外的事要做到不越位，尽量减少对企事业单位和行业协会等的干扰，并积极配合和协调它们做好工作。只有这样，才能形成文化管理的良性互动、充分调动企事业单位和社会组织的积极性，又避免出现不履职、不尽职的情况。

（三）加强文化管理部门的内部管理

完善工作制度、管理制度、人员配置等制度，使文化管理部门的内部管理水平得到提升，确保部门内部运行良好。按照习近平同志对安全工作提出的“党政同责、一岗双责、齐抓共管、失职追责”[①] 的要求，进一步强化文化管理部门的文化产业安全工作。“党政同责”指的是保障文化产业安全是党委和政府的共同责任，当然党政的责权是不同的，党委主要在于谋全局、把方向、抓大事，政府部门主要在于贯彻执行落实，党政同心形成工作合力、党政协同促进齐抓共管；“一岗双责”指的是文化管理部门的员工不论职级高低，都要义不容辞地承担起文化产业安全管理责任，形成全员参与的工作机制。

第三节 加强文化产业安全预警体系建设

采取一系列举措进一步健全管理体系，有利于加强文化产业安全管理的顶层设计；构建文化产业安全预警体系，则是“底线思维”。产业安全预警包括两层含义：产业安全预测和产业安全警报，产业安全预测是产业安全警报的基础。产业安全预测即是产业安全评价，而产业安全预警就是根据产业安全评价结果比对所给定的预警范围，进而确定产业安全受到威胁的程度，发出警报，完成产业安全预警[②]。随着风险社会已在我国形成，构建一个高效、适用的产业安全预警系统十分必要。依托预警系统，产业监管部门可以根据预警系统在产业运行出现不安全趋势的初始阶段就采取针对性措施，避免产业爆发危机。在实现预警的过程中，产业安全预警系统具有预测警示、解释、监测以及防范调控等功能。

构建一套行之有效的产业安全预警体系主要包括预警模型建立、预警

① 习近平：党政同责 一岗双责 齐抓共管 失职追责，http：//www. xinhuanet. com/politics/2015 –08/17/c_1116281206. htm.

② 李孟刚．产业安全理论的研究．北京交通大学博士学位论文，2006：160 –164.

临界域的确定、预警结果的输出与执行。

一、预警模型的建立

产业安全预警模型构建方法有定性方法和定量方法两类方法，定性方法主要有专家评分法、专家会议法、德尔菲法等，定量方法主要有线性多属性综合预警模型、模糊综合预警模型、基于因子分析法的预警模型、基于数据包络分析的预警方法、人工神经网络预警模型、基于偏离—份额分析的预警模型以及上述预警方法的合成等①。本书借鉴李孟刚（2006，2010）的研究，采用线性模型构建文化产业安全预警模型：

$$S = f(M, T, Co, R, E)$$

其中，S 为产业安全状态；M 为市场竞争力；T 为技术竞争力；Co 为可持续竞争力；R 为相关产业竞争力；E 为企业竞争力。

延续第三章文化产业安全评价指标体系，本书把文化产业的安全状态看成文化产业市场竞争力、技术竞争力、可持续竞争力、相关产业竞争力、企业竞争力五个主要变量的函数值，并且认为以下关系成立：

（1）市场竞争力下降则产业安全受到威胁。

（2）技术竞争力低下则产业安全受到威胁。

（3）可持续竞争力薄弱则产业安全受到威胁。

（4）相关产业竞争力恶化则产业安全受到威胁。

（5）企业竞争力降低则产业安全受到威胁。

P 代表一国某产业安全受到威胁的可能性。

$P = \sum P_i X_i$，且 $0 \leqslant P \leqslant 1$。

P_i 表示某项竞争力指标发生变化后文化产业安全处于危险中的概率，$i = 1, 2, 3, 4, 5$。X_i 代表某项竞争力指标的恶化对于测定一国某一产业安全受威胁的权重，$i = 1, 2, 3, 4, 5$，$\sum X_i = 1$。

延续第三章的做法，文化产业预警评价指标体系中，一级指标 5 个，二级指标共计 20 个。5 个一级指标市场竞争力、技术竞争力、可持续竞争力、相关产业竞争力、企业竞争力的权重分别为 0.16、0.23、0.13、0.25、0.23。

---

① 李孟刚．产业安全预警研究．北京：北京交通大学出版社，2016：27－58.

假设市场竞争力为 M，临界值即下限为 L_1，指的是市场竞争力低于 L_1，则文化产业安全受到威胁。文化产业安全受到威胁的概率为 P_1，$P_1=m(M, L_1)$，即 P_1 由 M 和界限值 L_1 决定，可以取 $P_1=m(M, L_1)$，概率的大小与 $M-L_1$ 呈反方向关系，市场竞争力越高，产业受威胁的可能性越小。

同理，我们可以分别对技术竞争力、可持续竞争力、相关产业竞争力、企业竞争力进行相同的分析：

$$P_2=t(T, L_2)$$

$$P_3=co(Co, L_3)$$

$$P_4=r(R, L_4)$$

$$P_5=e(E, L_5)$$

$$P=\sum P_i X_i=P_1X_1+P_2X_2+P_3X_3+P_4X_4+P_5X_5$$

需要说明的是，预警模型是动态的，将随着经济形势的变化和预警系统运行经验的积累不断修改和完善。

二、预警临界域的确定

参照李孟刚（2006，2010）的研究，将产业安全受威胁的概率 P 值划分为 6 个区间（见表 7－1）。$P\leqslant 0.1$ 表示产业受威胁的概率不超过 10%，产业处于非常安全的状态；$0.1<P\leqslant 0.3$ 表示产业受到威胁的概率在 0.1～0.3 之间，产业比较安全；$0.3<P\leqslant 0.5$ 表示产业基本稳定；$0.5<P\leqslant 0.6$ 表示产业比较危险；$0.6<P\leqslant 0.8$ 表示产业受到威胁；$P>0.8$ 说明产业非常危险。据此可以在一定程度上把握一国文化产业安全受到威胁的程度大小，并发出相应的警报。

表 7－1　　产业安全预警范围

	P＝产业安全受威胁的可能性
浅绿灯区（产业非常安全）	$P\leqslant 0.1$
绿灯区（产业比较安全）	$0.1<P\leqslant 0.3$
浅黄灯区（产业基本稳定）	$0.3<P\leqslant 0.5$
黄灯区（产业比较危险）	$0.5<P\leqslant 0.6$
红灯区（产业受到威胁）	$0.6<P\leqslant 0.8$
紫红灯区（产业非常危险）	$P>0.8$

注：预警范围采用李孟刚（2006，2010）的界定。

三、预警结果的输出

在确定预警范围后，为了计算得出我国文化产业整体受到威胁的概率值，还需要对 5 个子系统对产业安全构成威胁的概率进行分析。本书采用专家调查法，即挑选一些文化产业领域的专家，把专家的经验、知识和个人价值观作为进行预测的依据，确定关键指标对文化产业安全构成威胁的概率。

采用这种方法的步骤是：

（1）组织 r 个专家，对一级指标 $X_j(j=1, 2, \cdots, n)$ 对文化产业安全构成威胁的概率进行估计，得到各个指标威胁文化产业安全的概率估计值 ω_{k1}，ω_{k2}，$\cdots$，$\omega_{kn}(k=1, 2, \cdots, r)$；

（2）计算 r 个专家给出的概率估计值的平均值 $\bar{w}_J = \frac{1}{r}\sum_{k=1}^{r}\omega_{kj}(j=1, 2, \cdots, n)$；

（3）计算估计值和平均值的偏差 $\Delta_{kj} = |\omega_{kj} - \bar{\omega}_{kj}|(k=1, 2, \cdots, r; r=1, 2, \cdots, n)$；

（4）对于偏差 Δ_{kj}较大的第 j 个指标权重估计值，再请第 k 个专家重新估计 ω_{kj}，经过多轮反复直到偏差满足一定的要求为止，最后得到 5 个一级指标威胁文化产业安全的概率平均估计修正值 $\bar{\omega}(j=1, 2, \cdots, n)$。

笔者首先通过学术会议、收集研究资料等途径掌握与文化产业安全相关的专家名单，其后与这些专家沟通交流，确定了 5 位专家人选。遴选的专家中省级文化与旅游厅从事文化产业管理的专家 2 位，在高校进行文化产业研究的专家 3 位。经过上述 4 个步骤，得出市场竞争力、技术竞争力、可持续竞争力、相关产业竞争力、企业竞争力对文化产业安全造成威胁的概率分别是 0.20、0.20、0.10、0.20、0.30。当然，上述概率仅是专家对当前文化产业安全状况的基本判断，随着文化产业发展进程的变化，应该根据专家的看法进行调整。

本书采用数量模型法建立的文化产业安全预警模型，P 代表一国某产业安全受到威胁的可能性，$P = \sum P_i X_i$，且 $0 \leqslant P \leqslant 1$。

P_i 表示一旦某项竞争力指标发生恶化后一国文化产业安全处于危险中的概率，$i=1, 2, 3, 4, 5$。X_i 代表某项竞争力指标的恶化对于测定一国文化产业安全受威胁的权重，$i=1, 2, 3, 4, 5$，$\sum X_i = 1$。

根据专家给出的5个一级指标对文化产业安全造成威胁的概率，以及第三章采用熵值法确定的5个一级指标在文化产业安全评价体系中的权重，可以计算我国文化产业整体受到威胁的概率：

$$
\begin{aligned}
P_i &= \sum P_iX_i = P_1X_1 + P_2X_2 + P_3X_3 + P_4X_4 + P_5X_5 \\
&= 0.16 \times 0.20 + 0.23 \times 0.20 + 0.13 \times 0.10 + 0.25 \times 0.20 + 0.23 \times 0.30 \\
&= 0.21
\end{aligned}
$$

对比表7-1预警范围，0.21落在绿灯指示的区域，说明我国文化产业处于比较安全的状态。同时也说明产业安全程度还有提升的余地，产业竞争力需要提升，需要保持对安全状况的警惕。

四、预警体系的运行

（一）加强法律制度建设

文化产业安全管理体系和预警体系的建设与运行，都有赖于有效的法律法规的环境支持。拥有健全的法律制度，才能营造可预期的文化产业发展环境，确保国家文化产业竞争力稳步提升。我国要进一步完善与文化产业安全相关的法律法规，主要包括《反垄断法》、《国家安全法》、市场准入制度等，确保能够及时评估、监控、预警和处理发生的文化产业安全问题。我国要更加完善贸易救济体系，使之既符合国际惯例又适应中国国情，把握好文化产业的开放范围和程度，合理、合法保护我国文化企业，有效限制有损我国文化产业安全的行为。

出台《国家安全法》的配套法规等。我国2015年颁布的《国家安全法》第二章第二十三条明确规定："国家坚持社会主义先进文化前进方向，继承和弘扬中华民族优秀传统文化，培育和践行社会主义核心价值观，防范和抵制不良文化的影响，掌握意识形态领域主导权，增强文化整体实力和竞争力。"这就在原则上规定了维护国家文化安全的任务，为制定相关文化产业安全的配套法律法规预留了空间。事实上，由于缺乏对不良文化等的认定依据及其处理程序、处理手段和处罚标准等，该条文还处于悬置状态，实际操作性较差，这也是造成我国文化市场不良文化扩散的重要原因。对文化艺术产品进出口的原则在法律法规中也要进一步细化，尤其要加强对网络新兴媒体的规制，使国家文化产业安全管理方面的法律制度建设更加完善。因此，我国要加快出台"防范和抵制不良文化的影响"等配套法规，更加明确地规制文化产业安全管理部门的职权和义务，更加清晰地界定侵害国家文化产业安全的行为，明确规定文化经营主体危害国家文化产业安全所要承担的法律后果。同时，对内加强立法进程，更好地规制文化市场规范发展，强化侵权案件的审判和执行保护创作者的合法权益；对外则要积极参与世界文化市场规则的重新塑造，使国内文化产业法规政策与国际文化规则接轨甚至引领国际文化规则，为国内文化产业的发展创造优越的国内、国际环境。

加快法律真空地带的立法进程。我国《文化产业促进法》或将于近期出台，这将有力改善文化领域国家层面立法少、部门规章多、相关立法位阶较低的法律规则现状，大大提高法律运行效率。但随着传统媒体与移动互联网等新兴媒体融合发展，我国文化产业发展方式正在发生颠覆性的改变。这种改变导致我国文化产业领域出现种种新的问题与难题，例如“互联网媒介”等新兴文化产业的内容传播在现有法律体系中没有明确规定主管部门。为应对这些挑战，文化产业相关监管部门短时期内出台了许多监管政策及措施，以保障文化市场的公平竞争和抵御不良文化的侵蚀。然而突击集中出台的行政法规及相关部门频繁的联合执法行动，又对文化产业的发展产生了一定的消极影响，例如企业短时间难以适应因一时所需出台的限制政策，以至于企业的前期投入成为沉没成本无法回收。在文化产业创新融合、文化产业市场形势明显变化的情况下，急需对我国文化产业现行的“分业监管”和“分业立法”进行完善，横向打通产业壁垒，形成功能性监管的模式。例如，为加强文化产业内容管理，可以制定专门的“内容传播法”，对传统媒体和新兴文化产业等多种类型传播媒介的内容传播“限定底线”，以法律规则约束文化内容的传播。相关企业和个人自创、模仿或者引进的内容，无论采用何种技术、模式、平台，都不允许盗版、造假、损害国家文化安全、违反社会公序良俗和侵害其他公民或企业权益，同时注意避免出现因违法成本过低而导致文化产业经营者过度追逐经济利益等现象。

（二）明确部门分工，加强协作①

文化产业安全管理牵涉多个部门，造成文化产业安全预警也颇为复

---

① 惠光东等．我国文化产业安全预警体系的构建研究．齐齐哈尔大学学报（哲学社会科学版），2016（8）．

杂，因此，相关部门的分工与协作，是推动我国文化产业安全预警体系构建并使该体系有效运行的基础。

当前，以5G、虚拟现实、量子信息技术等为代表的第四次工业革命正如火如荼地进行，推动着文化产业变革日新月异，为我国文化产业创造了新的发展机遇，同时也带来了新风险、新挑战。为了使国家总体安全观得到全面彻底的贯彻落实，适应“百年未遇之大变局”，在文化产业安全预警体系构建和运行过程中，我国要充分发挥国家和地方商务部门、行业协会和商会、咨询机构以及重点文化企业等具备的优势，合理分工、加强协作、共建共享。

国家商务部作为主要负责产业安全的部门，其中的公平贸易局和产业损害调查局等，主要负责构建文化产业损害预警机制并逐步进行动态完善，收集国外文化产业发展变化、文化贸易进出口异常等信息，并对信息进行整理和挖掘，分析其对我国文化产业发展现实的或潜在的影响，提出确保文化产业安全的措施或建议。国家商务部大力支持地方商务主管部门、文化企业和中介组织等，帮助他们掌握构建文化产业安全预警模型的方法、技术手段等，促进他们科学识别危害文化产业安全发展的各种因素。

地方商务主管部门要密切关注文化产业安全态势的新变化，根据所辖区域文化产业实际需求，加强文化产业安全相关信息的收集、科学评价本区域文化产业安全警限范围和产业竞争力，组织建设文化产业智库，依托智库专家编制文化产业预警报告，及时上报可能发生不利情况的预警和产业安全动态信息，进而使自身处置文化产业安全问题的能力得到提升。

文化产业协会在文化企业和政府之间发挥着桥梁作用，在产业信息搜寻等方面优势突出。文化产业协会依靠企业会员实时掌握文化市场、文化贸易进出口等情况变化，对可能危害文化产业安全的情况进行预警，并及时与相关企业和机构开展信息共享，帮助他们采取有效因应对策。因此，要维护文化产业安全，就必须充分发挥行业协会等中介组织在交流、协调、培训、信息传递、政策研究、合法权益及公平竞争维护等方面的职能作用。

我国重点文化企业要高度重视文化全球化环境带来的风险，关注文化产品、技术和知识产权等进出口安全对企业运营可能造成的影响。文化企业的经营活动应该依据文化产业政策与法规进行，配备专门人员负责安全工作，一旦发现预警信息，要及时向各级商务主管部门反映，切实维护自身发展安全和国家文化利益。

第八章

我国文化产业安全实现的产业机制

本书从产业竞争力的视角构建了文化产业安全评价指标体系，并据此对我国文化产业安全状况进行了实证。也即是说，我国文化产业安全度能够体现文化产业竞争力的状况。实证分析结果表明，我国文化产业竞争力总体来看是比较高的，但是与美国等国家比较，差距还是明显的。第四章具体探讨了文化产业信息安全的“短板”、文化产业国际竞争力缺乏等影响我国文化产业安全的主要因素。上述表明，我国文化产业安全面临不少中观层面的问题。

从产业层面寻找提高我国文化产业安全度的途径，一方面，要更好地发挥政府的作用，通过完善产业政策、优化营商环境，提高产业内部治理效能，完善产业国际化发展政策，为促进我国文化产业竞争力的提升创造良好的环境和条件；另一方面，使市场在文化资源配置中发挥出决定性作用，依靠市场机制推进现代文化产业体系建设，加强现代文化市场体系建设，提高文化产业绩效，从而进一步改善我国文化产业安全状况。

第一节　强化文化产业的政策支撑

一、完善产业组织政策

产业组织政策是政府对产业的市场结构和市场行为进行干预，从而重新调整企业之间的关系、达到提高市场绩效目标的公共政策。改革开放以来，我国文化领域的进入门槛逐步降低，出台了多项政策鼓励非公有资本以及自然人进入文化产业领域并大力推动文化企业兼并重组。但我国脱胎于计划经济的文化产业还存在着大型国企行政性垄断和政策性保护等现象，扭曲了市场主体的竞争行为，产业组织政策还有待完善。

（一）畅通进入及退出机制

初期大量生产者进入市场，在自由竞争的过程中“发现”“选择”优胜企业，随之生产和销售集中于优胜企业，接着通过企业的兼并、收购和破产等方式进一步提高产业集中度，最终形成竞争力强、规模经济明显的企业集团，这是产业发展的基本规律。我国的文化产业集团是基于区域层面，通过政策调控进行行政捏合而成的，并不是在完全竞争开放的市场环境中形成的，由此产业集中度低引发的各种问题依然得不到有效解决。而且目前政策壁垒依然不少，文化领域部分行业新企业不能进入，市场竞争机制的作用不能有效发挥，抑制了文化产业竞争力的提升。

我国公有制为主体、多种所有制共同发展的基本经济制度，必然要求放宽准入，允许合法的非公有制企业进入文化领域开展经营活动，充分调动社会资本发展文化产业的积极性。支持社会资本以并购、股权等多种形式进入文化产业，并完善对民营文化企业在财政、金融等方面的扶持，鼓励文化企业通过跨地区、跨行业经营形成产业集聚，打破区域和产业隔阂，增强产业竞争强度，通过市场手段使文化资源和市场向优势企业转移和集中，使我国文化产业集聚更多地以产业自身的特点表现出来，在市场竞争中持续提高文化产业竞争力。

另外，按照中办、国办印发的《关于推动国有文化企业把社会效益放在首位、实现社会效益和经济效益相统一的指导意见》（2015），我国对已不具备基本生产经营条件的国有文化企业，要求依法依规坚决将其退出市场，但实践中依然存在退出不畅的难题，影响了产业资源在行业内的重新配置，降低了整个行业的活力。我国要进一步完善退出市场的机制，解决不正当竞争问题，提高我国文化产业集中度，实现规模经济，从而提高产业国际竞争力。

（二）加强对中小微文化企业的支持

面对以美国为首的强势文化产业的竞争压力，我国主要通过政策引导组建了一批文化产业集团，文化企业规模实力得到很大增强，形成了保障我国文化产业安全的一道重要堤坝。但同时也要看到，与一般产业相比，文化产业的“创意为王”特征，使中小微企业在某种程度上更具有创新活力与竞争优势。没有大的文化"航母"很难做强文化产业，没有小的文化"快艇"很难搞活文化产业，两者相互补充、相互竞争，才能快速提升我国文化产业竞争力。因此，在文化产业的发展过程进一步完善产业组织政策，要系统考虑产业组织的大与小的关系。

进入新时代以来，我国陆续出台了不少支持政策鼓励中小微文化企业参与市场竞争，如 2014 年文化部、财政部、工业和信息化部发布了《关于大力支持小微文化企业发展的实施意见》等，各大金融机构根据政策要求，开展了针对中小微文化企业的支持业务，使得中小微文化企业的发展在融资等方面有了更好的保障，也促进了我国文化企业数量的快速增长。但由于中小微文化企业实物抵押资产少，又因为文化创意的市场价值难以预测和评估，造成这些企业在实际操作中获得金融支持依然十分困难，致使中小微企业的文化创意不少"胎死腹中"，降低了它们的市场竞争力。这就要求为中小微文化企业从财税、信贷、土地等方面提供更好的政策环境和产业发展环境，将它们培育成为小而特、小而专、小而活、小而强的企业，引导其差异化、特色化发展，使其获得更大的发展空间。

二、完善产业技术政策

新时代以来，我国文化产业技术进步与创新发展的政策环境持续向好，具体表现在，一是明确了文化产业技术创新发展及应用在创新型国家战略中的重要地位，二是在国家整体产业结构中文化产业技术的重要性日益凸显，三是出台了多项扶持文化产业技术进步的政策。但我国还存在国家层面的文化产业技术战略规划缺乏、文化产业技术标准有待完善、文化产业技术成果转化率有待提高、科技人才队伍有待加强等问题。例如，从总体上看，目前我国文化领域的核心技术和关键技术大都掌握在美国、日本等主要发达国家手里，中国新闻出版、广播电影电视领域高端系统装备大都依赖进口，据统计，目前中国文化系统关键技术和重要装备的进口比重占 60% 左右①。当前我国亟须做好以下四个方面的工作。

（一）形成推进文化科技发展工作新体系

加强部门之间的协调，更好地发挥政府在顶层设计、监督管理等方面

---

① 熊澄宇等．中国文化产业政策研究．北京：清华大学出版社，2017：221－224.

的调控作用，提升相关管理部门在文化科技融合发展等方面的管理效能，推动简政放权、优化营商环境，探索建立文化、科技、财政、金融、市场监督等多部门共同参与的协同管理机制，提升服务质量。一是加快制定国家层面的文化产业技术战略性规划。规划要与文化产业国际化、数字化发展等新形势相适应，尤其重视5G、虚拟现实（VR）、增强现实（AR）、8K视频等技术对文化产业形式和内容的影响，关注文化产业与互联网、旅游、体育等行业的融合发展；规划要把增强我国文化产业技术的自主创新能力、强化文化产业关键技术的国产化作为主线，构建文化企业为主体、市场为导向、产学研相结合的文化产业技术创新体系。二是积极引导、促进企业界早期介入文化产业技术研发。明确文化产业技术的具体计划和重点发展的技术领域，明确重大技术专项战略突破的组织方式，为文化企业转化与应用科技成果准备条件，大力提升文化产业科技的引领与支撑作用，增强我国文化产业的技术竞争力。

（二）加强中国特色文化技术标准体系建设

结合中国国情，对现有的文化技术标准体系进行完善健全，为文化产业技术创新提供方向性引导。首先，根据我国文化产业发展现状，对文化领域的产业技术和标准进行全面摸排梳理，结合文化产业特点形成文化技术标准的体系框架，将标准分为基础通用标准、产品标准、方法标准、管理标准等，再根据其应用的深度和广度，将其归入强制性标准或推荐性标准，以使我国能够在世界上保持部分领域关键技术的标准制定权和领先优势。其次，在中美经贸摩擦可能长期化的背景下，要更加重视、采取更行之有效的方式和途径与美国等发达国家开展技术交流和合作，加强对国外先进技术的引进、消化、转化和创新，使与国外的技术交流和合作更好地发挥促进文化产业发展的作用，也使中国文化产业技术标准体系建立在国际标准基础上，保持中国文化产业技术和标准与国际标准相衔接，为中国文化产业技术与标准“走出去”创造条件。

（三）增加对技术进步的资金支持

政府部门应积极完善财政、金融等政策，为文化产业技术的研发、成果转化提供资金支持。一是保证科技投入稳定增长。在投入目标上，国家推进文化产业技术进步，是为了确保国家文化建设和传承能够持续以及文化产业安全问题能够被化解，广大人民群众最基本的文化权益能够得到最大限度的保障。在投入规模上，国家科技投入总额中的文化产业科技投入所占比例要进一步明确，并且争取能够保持一定的增长幅度。在投入方式上，政府的文化产业科技经费支持对象应从当前以支持研究为主扩展到支持基地和研究者个人。二是开拓投入文化产业技术研发的资金来源。政府对文化领域核心技术等提供更多的财政支持、税收减免等优惠政策，在科技成果研发与应用方面，可以尝试成立文化技术开发与应用风险基金等，逐步落实知识产权质押融资，推动优秀文化科技企业上市融资。

（四）加强文化科技人才队伍建设

一是创新文化科技人才培养开发机制，以重大科技研究、产业化攻关研究、国际科技合作研究以及产业技术创新战略联盟等为载体，培养一批高层次创新型文化产业科技人才、领军人才等。二是改进高层次创新型科技人才评价机制，确立用人单位在文化产业科技人才评价中的主体地位，建立分类评价体系。比如，对从事基础研究的人才，主要运用同行评议的方式考核其学术水平和影响力；对从事应用研究和技术开发的科技人才适当延长评价周期，重在考核其创新成果等，鼓励其持续研究和长期积累。三是健全科技人才激励机制，鼓励和支持文化企业按知识、数据、技术等生产要素贡献进行分配，鼓励和支持文化企业实行知识产权折价、股权期权激励等激励方式；政府施行知识产权保护责任制，加大对知识产权的保护力度，强化知识产权、技术成果等对受益人的激励作用，提高主要发明人的收益比例。

（五）加强产学研关联

一是设立更多类型的创新基金鼓励产学研合作与协同，基金和企业投资、地方政府投资相结合，支持和推动文化企事业单位开展文化创意产品研发。二是以高校和科研机构为主体开展知识创新，为区域乃至国家的经济与社会发展提供创新知识增量储备，加强与区域外知识要素的交换与融合，从而产生更大的创新能量。三是加强企业的创新主体地位，以正确处理政府与市场的关系、完善市场经济体制建设为基础，以健全创新转移机制体制和组织为突破口，完善企业在创新中的投入、执行、评价机制，强化企业创新主体地位；通过技术创新枢纽将文化企业的创新活动和产业发展紧密结合，使技术创新有效服务于文化产业需求。四是加强以中介机构为纽带的服务创新体系建设，从区域创新与经济发展的实际出发，通过资源整合和信息共享，充分发挥政府、中介服务机构的作用，建设与完善创新服务平台，包括基础设备共享平台、创业投资合作平台、知识产权信息共享与交易管理平台，为知识创新与技术创新之间的有序联结搭建桥梁、创造连接通道，加速知识的传播和技术的流通。

三、完善产业国际化发展政策

（一）站在构建人类命运共同体的高度推进文化产业国际化

2013 年，习近平同志首次提出了蕴含着中国文化、中国智慧的构建人类命运共同体的理念，得到国际社会的高度评价和广泛响应。我国要站在构建人类命运共同体的高度，加速文化产业国际化进程，成为构建人类命运共同体的主导力量。“国之交在于民相亲”，伴随着文化产业的国际化发展，我国的影视作品、图书、网络游戏等在世界文化市场流通。这有利于减少其他国家对我国持有的某些偏见，也在相互交流中增强世界各国的信任与理解，进而促进彼此尊重与认同。通过共同建设文化产业园区、开展跨国文博交流会、互办主题图书展览和电影节等多种多样的活动，世界各国将在高频率的沟通中逐渐凝聚起价值诉求的最大公约数。因此，文化产业国际化发展的具体实践，促使世界各国在国际文化市场上展开竞争，实现跨文化交流，缩小由于历史和政治等原因产生的文化隔阂，有利于促进各国相互尊重与信任，助力人类命运共同体理念在世界各国的传播①。同时，人类共同体意识和共同体利益得到强化，也为我国文化产品和服务进入国际市场创造了较好的消费环境，有利于我国文化产业在世界文化市场脱颖而出，有利于削弱发达资本主义文化产业的优势，增强中国文化产业抵御国际风险的能力。

（二）为文化产业国际化发展提供法制保障

《非物质文化遗产法》《电影产业促进法》等法律的出台，《文化产业促进法》或于近期公布实施，说明我国文化产业相关领域的法律法规建设取得了很大进展。但党的十八大以来，我国出台的与文化产业国际化发展相关的政策措施只有 6 条，仅占总数的 9%②。这反映出我国文化产业国

---

① 姜丽．构建人类命运共同体视野下的跨文化交流．当代世界，2018（7）．

② 宋文婷，任锋．人类命运共同体视角下韩国文化产业国际化发展政策对中国的启示．中国海洋大学学报（社会科学版），2019（2）．

际化发展的法律法规立法进程缓慢，跟不上国际文化市场潮流动态变化，满足不了我国文化产业国际化发展的规则需求。

为了使我国文化产业在竞争日益激烈的国际市场获得与中华文化的内涵和底蕴媲美、与经济实力匹配的地位，我国有必要出台一部有关文化产业国际化发展的专门法规，为文化产业国际化发展保驾护航。法规坚持以“人类命运共同体”理念为导向，以法制化方式协调各部门的关系，更好地管理文化进出口事务，健全知识产权保护政策，鼓励文化企业创新发展。制定我国各类印刷品、音像制品、文学作品、音乐、视觉艺术、体育用品等如何“走出去”的规划，根据规划对我国文化产业提供财政支持和优惠税率等扶持，推动中国文化产业国际化发展从“走出去”到“走进去”的提升。

（三）打造具有中国特色的文化品牌

我国应利用文化积淀深厚、民族文化多元的优势，对文化产业资源进行整合挖掘，选取优势品牌重点进行政策扶持，使中国特色文化品牌的影响力扩大、竞争力提高，提升国际文化市场占有率。从策略上看，我国应继续巩固杂技、功夫电影等在国际市场的知名度，并推陈出新进一步扩大受众群体；编制“中国文化知名品牌目录”，从中择优选择扶持对象给予其资金、政策等资助；鼓励文化企业“借船出海”，即借用国际文化品牌包装中国内容，采取国际化形式降低文化折扣，更好地占领国际文化市场。引导我国市场声誉佳、社会效益好的文化企业成立战略联盟，加强信息沟通和国际交流，吸收世界优秀文明成果产出“高峰”作品，增强对国内外消费者的吸引力。

（四）强化市场营销

大力开展精准营销和品牌营销。在文化产品国际营销方面加大投入，充分做好市场调研，对国外营销对象的文化习俗和意识观念进行整理分类，充分了解所要进入市场的消费者需求特点，在此基础上进行市场细分。以市场调研为依据，结合中国文化内容和特色进行合理演绎，对中外文化交流的内容和模式进行创新，降低文化折扣的消极影响，找寻、确立和发展中国文化产业国际化发展的名片，并以现代意识为包装，对品牌元素进行整合营销。

鼓励拓展国际化营销渠道。在文化产品营销方面，目前我国主要通过两种渠道进行，一种是参加各种博览会、书展活动等，另一种是由国外企业代理销售。这两种渠道促进了文化贸易，但都有远离国际市场、难以把握外国消费者需求、很难培养出对市场的敏锐感觉等局限性。因此，我国应在政府的帮助下以企业为力量主体，组建专业的海外文化产品销售公司或收购国外现有的文化推广企业；也可以与国际大型跨国文化企业开展战略合作，充分利用其成熟的国际销售网络，提升产品推广效果；支持条件较好的文化企业加盟海外文化协会等中介组织，充分利用新兴的网络平台等。此外，应加强政府、企业和研究机构之间的联系，使三者之间互通信息，为我国文化产品出口搭建信息平台，从而提高我国文化产品海外市场竞争力。

（五）加强国际合作，构建国际化发展新格局

创建国家网络服务平台。随着“互联网+”和“共享经济”的发展，以创意为主要内容的新兴文化产业，需要依托服务平台体系支撑文化产业创新、传播和交流。文化产业合作网络服务平台，不仅能够整合优化文化资源和文化要素，而且能够促进文化要素按照市场主导的原则流动，为市场、客户和资本提供了交流、对接的渠道。利用国家文化产业合作网络服务平台，对国内外消费者的文化需求进行深度剖析，为我国文化企业的产品生产与输出提供精准引导，并利用大数据分析获取规模经济。随着5G等信息技术的发展，尤其要以文化产业合作网络服务平台为基础，大力发展新兴数字文化产业。总之，通过组建、运行文化产业网络服务平台，努力将其建设成为中国特色现代化文化体系的一部分，扩大中国文化产品的特色宣传，推动中国文化向全球传播，增强对国外消费者的吸引力，扩大我国文化产品影响力，提升我国文化产业国际竞争力。

建立跨文化人才联合培养机制。历史传统、宗教信仰、政治制度等造成的文化隔阂，已经成为我国与其他国家开展文化产业合作的重大障碍，跨文化人才匮乏也成为突破该障碍的重要瓶颈。我国要结合“一带一路”倡议，制定实施系统的跨文化人才培养计划，扩大跨文化人才规模、提升跨文化人才质量，为文化产业国际合作提供关键支撑。应充分利用高校的资源优势，加强中外教育文化合作意愿、完善合作方式，培养既懂得文化艺术、又掌握国际贸易规则的复合型人才。在建设孔子学院等中外文化交流平台的过程中，加强网络汉语和中国文化课精品课建设，尤其要推进小语种的语言教育，落实“一带一路”倡议。重视中外教育系统间的协

调配合，完善跨文化人才联合培养机制，达到既能够盘活人才存量又能够提高人才增量的效果，并且促进人才质量的提升，助力我国文化产业“走出去”。

积极参与甚至引领国际文化投资贸易新规则的制定。近年来，单边主义、保护主义有泛滥之势，美国等少数发达国家阻挠 WTO 上诉机构的运作、试图抛弃发展中国家特殊和差别待遇原则等，同时，《美加墨协定》、《全面和进步的跨太平洋伙伴关系协定》（CPTPP）、《区域全面经济伙伴关系协定》（RCEP）等都有有关文化贸易的条款。这些因素使得 WTO 服务贸易总协定中关于文化贸易的规定变得几乎没有了实际操作意义，也使得中国文化产业发展面对一个全新的战略命题，即中国在塑造新的国际文化贸易规则过程中扮演何种角色，为国际文化投资贸易规则供给什么样的中国方案，从而为自身文化产业发展创造更好的发展环境，促进文化产业高质量发展，提升文化产业国际竞争力。我国一是积极跟踪国际经贸新规则，并且最大限度地进行对标。在知识产权、网络服务、国有企业、竞争政策等新规则新议题方面，根据国际通行做法或跟踪把握国际先进规则的最新动向，形成与国际前沿规则相衔接的高标准文化制度体系，为我国参与甚至引领国际文化投资贸易新规则奠定基础。二是注重在优势领域引领制定国际文化投资贸易新规则。在积极与国际文化领域新规则进行对标的同时，在跨境电商、电子商务、移动支付、新兴文化业态等我国发展早、市场规模大、优势明显的领域，积极引领制定国际文化领域合作新规则。

（六）积极稳妥推进对外开放

当今全球化虽然遭遇了一些波折，但不太可能从根本上逆转。扩大文化产业对外开放是推进我国全面开放的必然要求，也必然给文化产业带来各种冲击。只有经受住了对外开放的考验，我国文化产业才能真正实现持久的安全，依靠封闭得到的安全状态是脆弱的，也是不可持续的。对外开放是文化产业发展的重要推动力，要坚定不移地推进，同时又要做到稳妥有序。

我国文化产业对外开放应该主要坚持以下三个原则。一是增强文化自信，不断提高文化领域的开放水平和开放质量。二是在确保意识形态安全的情况下，开展分类管理，有序开放。电视网络频道、时政类新闻服务等意识形态属性强的行业，应牢牢由政府把关和控制，不能放开。意识形态属性不强的行业，可根据竞争力情况等，在生产、销售等领域允许外资采取合资、独资等形式进入国内文化市场，即应根据文化行业意识形态属性的强弱及其发展状况，区别对待、分类实施开放的顺序和程度。三是在扩大开放的同时，大力加强监管，尤其要加强事中事后监管和依法监管。

第二节　建设现代文化产业体系

我国文化产业发展历史不长、发展方式较为粗放，造成当前我国文化产业发展不平衡不充分依然表现突出，主要体现在质量相较于体量增长提升缓慢。这导致既不能有效满足人民不断升级的美好生活需要，也影响到我国文化产品和服务在市场上的竞争力，对我国文化产业安全形成了巨大的挑战。我国要补齐现代文化产业“短板”、消除现代文化产业“梗阻”、激发现代文化产业“活力”，促进形成现代文化产业体系，以适应现代经济的高质量发展需求，提高文化产业在国内外市场的竞争力，为改善我国文化产业安全状况做出贡献。

一、拉长“短板”，夯实文化产业发展基础

（一）优化文化产业结构

按照文化产业高质量发展的要求，根据把我国文化产业打造成为国民经济支柱产业的战略目标定位，不断增强将要出台的“十四五”时期文化产业发展规划等重要发展战略的科学性和可操作性，使战略目标有序顺利推进。着力提升信息技术自主创新能力，加强高科技技术在文化产业生产中的运用，提高文化产品的科技含量，推出制作精良、内容优质的“高峰”之作，优化文化产业结构、丰富产品层次，降低低端同质化的文化产品供给，不断彰显现代文化产业发展的活力。

（二）加速创新进程

促进思维创新，打破陈规陋习，克服固有的思维定式束缚，培养文化产业从业人员的创造精神和冒险意识，是文化产业获得持续创新力的前提。促进价值创新，将正确的、根植于我国深厚文化底蕴的社会主义核心价值观，运用全方位、多角度的方式融入我国文化产业，不断赋予其鲜活的生命力，助力构建人类命运共同体，展现中国价值和世界价值，提升我

国文化产业内容价值对国内外受众的吸引力。促进制度创新，继续全面深化文化领域的改革和创新，包括深化国有文化企业改革、文化金融、文化贸易、知识产权保护等方面的改革创新。

（三）强化高端人才供给

根据我国文化产业发展实际需求和目标定位，完善高校文化人才培养体系，促进体制内外的人才自由流动，达到拓展人才供给渠道的目的。激发文化企业的创新活力，营造有利于人才发展的宽松环境，让高层次创新人才不断涌现。安排文化人才专项支持资金，吸引海外文化人才为文化产业发展作贡献，建立健全激励机制，促进人才、技术、成果良性互动。

（四）打造高端文化品牌

充分发挥中国超大规模市场优势培育文化品牌，借鉴国外优秀文化企业的经验，加大自主品牌研发和创新力度，打造国际文化市场“中国品牌”。借助新型文化业态和各类平台模式先行发展的优势，鼓励文化企业采用大数据技术开展精准营销等，将我国文化产品更高效地推向国际市场，提高文化品牌的接受度和美誉度。充分利用“一带一路”倡议的历史机遇，深化与沿线国家的文化产业合作，开展影视片合拍、文化艺术交流等活动，提升文化品牌的认知度和影响力。向世界大力宣传和推广“中国（深圳）国际文化产业博览交易会”“中国北京国际文化创意产业博览会”“上海国际电影节”等重要展览活动，扩大这些载体和平台的影响力，使其更好地推动中国文化品牌“走出去”。

二、打通“梗阻”，提升现代文化产业运行效率

（一）提升产业内部治理水平

完善中国特色国有文化企业治理制度。作为实行公有制经济为主体的社会主义国家，在国有企业治理的每一个环节都要贯彻落实党的领导。党组织与国有企业公司治理结构的有机融合，是中国特色国有文化企业治理制度的应有之义。我国国有文化企业要处理好投资主体多元与党组织参与企业决策、党管干部原则与公司依法聘用管理者的关系。深化国有文化企业人事、用工和分配制度改革，进一步强化评价考核和监督约束，将党的工作与生产

经营有机融合，使党的工作成为国有文化企业价值增值的主要环节和重要保障，确保国有文化企业在文化领域发挥出排头兵、主力军、顶梁柱作用。

（二）优化文化企业的生产经营机制

坚持全面深化文化体制改革，注重生产优质文化内容和服务，按照市场化运作模式实现与5G等先进技术的充分融合，促使文化企业的经营管理水平和盈利能力等得到提升。在“内容管理”方面强化制度约束，建立经济和社会效益相统一的目标考核评价体系，并完善激励机制，创造条件实施股权期权及分红激励等政策。如此，文化企业才能产出既有市场吸引力又富精神内涵的产品，从而提升我国文化软实力，使我国文化不仅能够“走出”国门，还能够“走进”海外消费者的心里。

（三）在人才、收入分配等方面加强政策性引导

在当前中国，“体制内”与“体制外”的人才流动依然存在较大的障碍，这种状况短时期是较难改变的。这种情况下，我国政府在支持力度上应努力平等对待“体制内”与“体制外”的文化人才，一方面为体制内的文化工作者创造更好的环境激发他们进行文化创新，另一方面对体制外优秀的文化从业人员参与文化研究加大支持力度。我国政府应该为传统文化产业提供更多的倾斜性辅助政策，让传统文化工作者具备进行文化转化创新的良好条件。另外，我国还应完善收入分配监督管理，对合法的收入坚决依法保护、对过高的收入运用个人所得税等进行合理调节；对隐性收入必须进行清理规范、对非法收入坚决予以取缔，引导文化产业在发展过程中形成合法规范的收入分配机制，为文化产业的持续健康发展打下坚实基础。

三、激发“活力”，增强现代文化产业竞争力

（一）激发资源活力

通过应用云计算、大数据等现代技术，推动传统文化产业提升治理能力、对商业模式进行变革和创新、根据自身特点研发适用性技术、对产业价值链进行再造，促进传统文化产业朝网络化和智能化的方向发展。立足本土市场，深入挖掘中华民族优秀传统文化、革命文化和社会主义先进文化的丰富内涵，赋予其新的表现形式；着眼现代，在文化产品生产中融入

中国特色社会主义"当惊世界殊"的发展成就，尤其产出更多体现新时代风貌的优秀作品，满足国内民众对高质量文化产品的需求和国外民众迫切渴望了解中国、理解中国的需要。综合利用国内与国际两种文化资源，着眼于未来，在坚决守护好文化根基的基础上吸收外来有益文化的精髓，创造出引领世界文化市场发展的文化产品。

（二）激发竞争活力

一如既往地坚持推动公有制文化产业经济发展，同时毫不动摇地鼓励、支持、引导、保护民营文化产业发展，让不同所有制属性的文化产业平等竞争。一方面，鼓励文化企业通过兼并重组等方式做大做强；另一方面，通过市场准入放宽、进入政府采购目录、资金扶助等途径加大对中小微文化企业的帮扶，为其生存和发展拓展更加广阔的空间。推动文化产业迈向更高水平开放，努力缩减国外文化企业进入国内市场的负面清单，同时以更大力度支持我国文化产业"走出去"，不断提升文化产品的国际市场占有率。

（三）激发消费活力

努力增加民众收入推动文化消费提速，扎实做好"六稳"（稳就业、稳金融、稳外贸、稳投资、稳外资、稳预期）工作、全面落实"六保"（保居民就业、保基本民生、保市场主体、保粮食能源安全、保产业链供应链稳定、保基层运转）任务，加大国家惠民力度，提高居民可支配收入水平，增加居民文化消费能力。促进居民文化消费转型升级，发挥社会主义核心价值观的引导作用，提高居民的道德情操，推动居民追求更高品质的文化产品，开拓文化消费的新增长点。不断推进文化"供给侧"改革，坚持内容至上，同时加强优质文化内容与虚拟现实、人工智能、5G 等新兴技术的融合，提升文化产品的内容价值和科技含量，推出体现新时代中国人"精气神"的文化产品。

四、着力培育新型文化业态

（一）创新实施"文化 +"融合发展模式

文化产业渗透性和关联效应都非常强，因此，要在打破行政分割的基础上，推进"文化 +"工程的实施，加速形成文化产业与教育、科技、农业、金融等多元融合发展新模式，打造多元多层次交互融合发展新格局，消融产业间的边界，使新的文化业态不断涌现并为其他产业增加更多文化内涵，从而对文化产业的价值链体系进行重塑，培育壮大新兴文化产业。结合我国地域广阔、文化资源各具特色和优势的国情，推动实现国内各区域间文化产业融合发展的同时，坚持“和而不同”，形成区域特色文化核心竞争力的文化模式。如此，我国文化产业的发展空间将更为广阔，将显著提高文化产业的市场化和规模化发展水平，助推文化产业转型升级，催生新的业态，形成强大国内市场。

推动跨要素融合。跨要素融合是以文化生产要素自由流动为基础，将文化、科技、创意、资本、市场、人才等集聚创新形成的融合发展模式，是文化产业的“对内融合”，其中文化与科技、创意等的融合发展，在产业层面的应用已经日益成熟。文化与科技的融合，主要是加强文化领域高新技术成果的运用，“文化 + 金融”重在拓展文化领域的资本投资渠道，“文化 + 创意”更多的是赋予文化资源以创意发展文化创意产业，同时促进与其他产业进行深度融合。

促进跨行业融合。跨行业融合是通过衔接行业间的功能和价值链条，文化内容和创意设计向农业、工业、服务业等渗透，打破行业之间的壁垒，促使不同行业产生共生相辅，是文化产业的“对外跨界”。当前，文化与制造业、旅游业、农业等多种业态融合发展的成效日益凸显。“文化 + 制造业”主要是通过提升工业产品外观和功能设计，创新管理经营和营销策划，赋予消费品更多的文化内涵。“文化 + 旅游”以增加体验、休闲、欣赏等旅游内容的方式，提升旅游研究、产品、节庆的文化内涵，增强对消费者的吸引力。“文化 + 农业”通过在农业领域强化创意设计等途径，推进农产品品牌建设。

推进跨平台融合。平台模式作为一种行之有效的重要新型文化发展模式，具有灵活、开放的特点。在一些大型平台上，政府、个体从业者、文化企业以及各类中间组织等各方面的力量可以充分发挥出来，资本、技术、市场等各种专业化资源都聚集于此，有需求的各类主体可以找到自身需要的各种资源，主体之间还能加强资源共享、实现优势互补。如广东深圳充分利用一年一度举办文博会的机会，通过这个国家级文化产业平台，调整优化文化产业扶持政策，培育新型文化业态，支持文化企业做大做强，不断促进文化产业发展。因此，平台思维应该得到进一步强化，强化对各种文化网络虚拟平台和实体平台的整合，将其建设成为高质量发展大平台，助推我国文化产业结构升级和文化企业转型发展。随着信息技术的加速进步，文化产业不断扩展自身的发展空间，在多领域进行跨平台的融合创新，其中文化与互联网的融合便是典型代表。互联网平台集聚了市场、资本、人才等，大大丰富了文化内容和创意表达，方便产品的传播、消费和运营投资，不同产业的市场边界和壁垒由此削弱，拓展了资本、人才的地域分布和产品类别，在空间上对文化产业进行了重塑。

（二）拓宽投融资渠道

进入新时代以来，我国社会主要矛盾的变化导致消费者提高了对文化产品的质量要求。但当前我国文化产业资金来源比较单一，与行业创新活动的需要差距甚大，造成文化消费市场高质量文化产品供给不足、对外国文化产品的需求增加。政府监管部门应当进一步降低文化产业进入门槛，提高财政金融支持力度，引导各类支持文化产业发展的基金提高资金使用效率，尤其要针对慈善捐赠机制存在的问题提出完善对策，使文化产业创新活动能有更多民间优质资本投入，强化投融资规划和软环境服务，协调解决金融资源配置等方面的障碍，促进文化产业融资渠道多样化。充分发挥资本化、证券化等融资平台作用，采取定增、配股、可转债、基金等多样化的资本运作方式，不断吸引更多的投资者加入文化产业发展队伍中。只有融资渠道通畅、资本市场支持的灵活性增强，文化业态创新孵化的资本投入格局才会更加优化，即由政府资本为主转到民间资本为主，更好地满足文化业态创新发展的需要。

我国可以主要从以下两方面增加更多的投融资渠道：一是积极引入国际资本。在加强监管的前提下，降低文化领域准入门槛，向境外投资者加大开放力度，缓解我国文化产业“走出去”过程中面临的资金短缺难题，营造促进文化新业态发展的资本环境，同时也推动我国文化企业更好地吸收国外新型文化商业模式和管理运营经验，加速文化新业态发展。二是放宽民间资本准入条件。我国闲置的民间资本需要寻找合适的投资渠道，而当前较高的准入门槛将它们挡在文化产业一些领域之外。我国文化管理部门要进一步扩宽社会资本进入文化领域的范围和渠道，尤其鼓励民间资本参与文化新业态的发展，加强制度建设增强投资者的盈利预期。

（三）提高技术支持

文化产业发展的技术支撑环境由基础研发状况及高新技术的应用条件

构成，既在很大程度上影响着文化创意的生产，又刺激着文化市场的需求，对促进新业态创新发展起到至关重要的作用。文化新业态随着信息技术的不断提高，加快了变革步伐，在相关领域取得纵深突破的国家无疑将取得先行优势。综观现实世界，美国特别强调将高新技术包装应用到文化新业态发展的各个环节，赋予文化内容新的展示形式，促使其文化产品在国际文化市场独占鳌头。立足新时代高品质文化产品的需要，我国必须进一步强化文化技术的研发，才能更好地支撑文化新业态的发展、提升文化产品的科技含量。

提升信息文化产业发展水平。蓄势待发的新一轮信息技术革命，包括人工智能、5G 等为我国文化产业再造和更新创造了难得的机遇，必须将其把握抓牢。美国等国家的诸多实践经验和我国若干领域的成功探索表明：传统文化资源的价值和意义巨大，一旦将其与新型信息技术结合，可以唤醒传统文化素材的市场潜力，乃至生产出具有国际性影响的文化产品，实现跨越式发展。网络视听、在线教育等对信息技术有着显在的要求，技术支撑的属性非常突出，我国文化产业要积极追踪数字化、智能化和大数据技术等的最新进展并及时得到这些技术的赋能。对于一些具有一定技术基础的企业，要加快建立健全企业孵化机制，加大新型文化业态的科技成果转化应用力度，促使其增强自主创新能力，促进科技与文化产业的联动发展。总之，先进信息技术是培育文化新业态的基础和支撑，文化企业及时将其赋能于文化产品，才能抢得市场先机，成为行业领头羊。

加强“互联网 + 文化创意”新业态发掘。这是文化创意与互联网信息技术两个产业相结合形成的新业态，充分利用了现代互联网技术和渠道平台优势，将文化内容创意和设计服务创新性创作、生产和传播，发挥着引领文化产业供给侧改革的作用，同时也延伸了文化产业增值链，成为新型文化业态的战略性发展方向。当前，文化管理相关部门应当高度重视大数据、区块链、人工智能、5G 等国家科技战略的实施，推动互联网 + 文化创意产业变革向全产业、体验化的新方向发展，创造消费者参与业态创新的良好环境。从产业领域看，互联网 + 文化创意产业既要应用于传统文化产业改造革新上，还应当深度拓展至农业、旅游、体育、大健康、在线教育、虚拟现实等多个领域①。

---

① 刘泽照．新时代文化产业新业态建设经验汲取与发展路径．成都行政学院学报，2019（4）．

（四）完善人力资源支持

美国等国家的实践表明，丰富和高质量的人力资源储备是文化新业态迅速发展的重要推动力。新型文化业态是典型的知识密集型产业，不仅需要掌握现代信息技术的文化专门人才推动其发展，更需要具有现代企业家精神的企业家促进其成长，依靠企业家的聪明才智推动我国文化产品向海外市场扩展，在世界文化市场竞争中赢得一席之地。

新型文化业态的突出特点是创新性强、科技投入大、产品附加值高，对技术的要求既广泛又前沿，因此我国十分有必要制定适应新型文化业态培育的人才发展战略。从我国的文化信息技术人才看，人才储备数量不足，具有专业文化产业背景的人才更是缺乏。因此，我国需要制定促进新型文化业态发展的人才培养规划、强化高新技术人才的培育及引进力度。首先，政府应该把信息技术人才的培养置于重要战略地位，将其体现在国家整体规划中和重大发展战略中。就国内相关人才的培养来看，政府应加大教育经费的投入，支持我国高等院校开设更多的文化课程，完善人才知识结构，向社会输出高质量的、复合型知识结构的创新型专业技术人才。其次，应完善高新技术人才的需求信息与人才资源市场的对接渠道，优化文化类高层次人才的激励制度，营造适合的人文环境，进而促进文化人才的合理流动及资源的高效配置。再次，重视海外文化人才的引进，通过适当修改放宽留学、移民政策等，制定规范管理细则，增强对海外高新技术人才的吸引力，鼓励国内企业开展跨国经营时，招收海外优秀人才，使其为我国企业服务。而后，构建多元化的人才开发体系，着眼长远，构建从幼儿教育到学历教育，再到在职培训、终身培训；从传授知识到强化创新意识、培养创意能力的多元化立体的人才开发体系。最后，拓展人才开发途径，打破学历、资历和身份限制，通过举办专业比赛、行业评比、资格认证、公开招聘等方式发现和集聚人才。

（五）打造以“市场内生力为主”的培育路径

在推动市场经济发展过程中，竞争是核心驱动力。文化产业作为发展市场经济的一种产业形式，合法有序的竞争机制是驱动新型文化业态迅速发展的天然驱动力。我国必须更加深入地发掘新型文化业态的商品价值，进一步提高文化产品休闲娱乐功能的开发力度，促使文化企业在市场竞争中依靠满足消费者需求提高经营绩效。当前，我国的市场经济体制改革进入攻坚阶段，在营造民营经济的公平竞争环境等方面还需要加强，国有文化企业与民营文化企业还不是平等的市场竞争主体。另外，有的垄断性国有文化企业市场竞争意识与规则意识不强、经营理念落后于新时代文化产业高质量发展的要求，优化配置文化资源推动文化创新的能力也有待增强。故此，文化相关管理部门需要为新型文化业态创新发展创造更加充分竞争的制度环境，将变革的价值理念和市场竞争意识贯穿到产业全链条，提高文化产业管理治理的法治水平，逐步消除产业垄断，充分激发市场竞争机制的作用，催化新型文化业态的蓬勃创新活力和国际竞争实力。

第三节　加快现代文化市场体系建设

现代文化市场体系，是指由相互联系的文化产品、文化服务和文化要素等市场相互作用形成的文化市场有机整体，它的加快建设将促进“产权主体关系明晰、生产要素配置合理、知识产权保护完善、产品服务流通顺畅、企业的市场主体地位受到较好的尊重”①。因此，现代文化市场体系可以为文化产业的发展提供坚强保障，也为提升文化产业竞争力发挥着重要的基础性作用。就现阶段来看，我国加快建设现代化文化市场体系，需要重点关注以下几个方面。

一、提升文化市场治理法治化水平

依法管理是现代文化市场体系的显著特征，也是打破地方保护主义、建立全国统一文化市场的根本保障。目前我国文化管理主要是靠发文件、靠典型事件决策等行政手段，固然有决策快等优点，但同时存在随意性较大、稳定性和连续性较差等不足，应向依法管理为主转型，抓紧制定《演出法》《出版法》《新闻法》《文化市场管理法》等法律，使文化市场执法做到有法可依，对违法行为依法惩处。加快建立由文化、公安、工商、海关等多部门组成的常态化协作机制，开展联合执法，着力解决当前在文化市场执法时遭遇的重复执法和执法盲区等问题。

---

① 范周．社会主义文化强国建设的两大支撑——专家谈“建立健全现代文化市场体系”与“构建现代公共文化服务体系”．光明日报，2013－11－18.

二、促进文化市场主体发展

文化企业是文化市场的活动主体，能否进一步促进不同所有制文化企业同等对待、平等竞争，关系到能否培育出合格的文化市场主体，也关系到现代文化市场体系的基石是否稳固。党的十八届三中全会《决定》指出，坚持实现公有制和非公有制企业在权利、机会、规则等方面完全平等，坚决清除阻碍非公有制经济发展的不合理规定，尤其要消除各种隐性壁垒。这毫无疑问也完全适用于文化领域，目前我国文化领域还存在着不少对非公有制文化企业的差别对待政策。在高度发达的互联网带动文化产业跨地域、跨行业发展的当代，行业壁垒与歧视性待遇使得传统文化产业转型困难重重、产业价值链延伸出现断点。我国应在文化市场准入方面弱化所有制性质的影响，探索实行负面清单准入，进一步放宽非公有制企业进入的领域，通过发展混合所有制经济等多种途径，引导社会资本进入传统媒体产业，并在资金、人才等方面进一步减少进入障碍，清除不合理的准入限制。同时，推动国有文化企业全面深化改革，加快公司制、股份制改造，建立完善现代文化企业制度，培育一批具有国际竞争力的文化名企。

三、推进文化市场信用体系建设

文化市场信用体系是否健全，关系到文化产品和服务的价值能否实现，也关系到文化市场秩序能否规范可持续。为了更好地规范文化市场主体的信用行为，一方面要进一步完善知识产权法、技术合同法等法规体系，另一方面还要着力建立健全信用监督和失信惩戒制度，具体内容主要包括构建文化企业信用指标体系、全国信息共享的文化市场信用管理平台，使失信企业和个人受到应有惩戒、守信的得到应有激励，形成依法经营、违法必究、公平交易、诚实守信的文化市场秩序。

四、健全文化产品和文化要素市场

文化产品和服务以及各种要素在全国范围内流动顺畅和充分竞争，有利于提升流通体系的运行效率，有利于形成统一的国内市场，也有利于文化企业获取规模经济，帮助文化企业做大做强、增强文化企业竞争力。健全文化产品和文化要素市场，文化市场即时、有效地传递新时代不断变化的文化消费需求和文化消费结构变化，为我国文化产业打造具有核心竞争力的原创性文化品牌提供信息支撑。

我国文化流通体系依然存在部门、区域条块分割现象，要努力打破行业垄断、地方保护主义，加速文化资源跨区域流通；鼓励演出院线、电影院线等加强流通网络建设，发展电子商务等流通渠道，提高流通组织运行效率、加快产品流通速度；运用信息技术赋能文化产品市场平台建设，特别是借助互联网平台打造全国性文化集散中心或区域性文化产品和服务贸易平台。

缓解文化企业资本短缺状况。政府帮助文化企业从风险投资基金获得更多的投入，尤其要更加重视中小微企业在文化产业创新方面发挥的作用，通过提供担保或贴息等途径缓解其融资困难；鼓励中小微企业在合同约束基础上，按照资金共享、风险共担的原则开展协作，向银行等金融机构申请打包融资；为市场表现优异的中小微文化企业创造上市融资的便利条件，为其扩展融资的渠道，鼓励金融机构创新开发适应中小微文化企业特点的信贷产品和信贷服务。同时，改善政府扶持文化企业发展的方式，积极优化财政资金投入模式，例如改变以往的固定资产投资，更加注重支持中小微文化企业进行自主知识产权研发；政府减少直接的资金补助，注重引导性投入，继续完善专项资金的发展模式，同时做好研究评审和监督管理；政府要将投资体系进行细化，对不同细分行业的文化企业施行针对性的财政补贴等支持政策，对文化产业中投融资的资源进行充分整合，减少甚至杜绝资源浪费，从而更好地提高文化产业的资金利用率，促进我国文化产业走上均衡科学的发展之路。

完善文化技术市场。依托现有的技术交易市场体系，政府、文化企业、技术中介组织发挥好各自作用。尤其政府要引导文化企业加大科技投入，提高我国文化产业科技水平，完善关于技术咨询、转让等的法律规定及案件审判机制，提升中介服务机构的服务质量，为提高文化科技成果市场化的速度和成效创造良好的条件。文化企业要充分利用高校和技术研发机构的基础研究积累优势，与他们加强协同、优势互补，形成产学研一体化网络。这样，我国将形成以文化企业为主体、以市场为主导，产学研结合的文化技术创新体系，与文化市场协调发展。

第九章

我国文化产业安全实现的微观机制

在本书的文化产业安全评价体系中，文化企业竞争力是其中的五个一级指标之一，对文化产业安全的影响权重达到0.23。从第三章的实证结果看，我国文化企业竞争力的得分从1998年的0.010223上升到2017年的0.745541，在观察期内取得了长足进步。当然，得分情况也显示了我国文化企业竞争力与理想状态存在的差距，事实上，我国文化企业与美国等发达国家的企业相比，竞争力还处于比较明显的劣势，第四章在阐述影响我国文化产业安全主要因素时从文化企业规模、文化品牌等方面作了分析。

毋庸置疑，文化企业竞争力是我国文化产业安全的重要影响因素。开放的市场环境下国际文化竞争加剧，我国文化企业能否获得持续发展的能力很大程度上决定了文化产业安全的微观基础。从短期来看，文化产业安全要求文化企业能够供应在一定价格水平上可靠、安全和稳定的文化产品，满足我国民众的文化精神需求；从长远来看，文化产业安全要求本国具有世界级的文化跨国公司并供给享有国际声誉的文化产品，文化企业在世界范围内具备良好的竞争力。在现阶段，品牌、技术、人才是文化企业投入要素的主要成分，这些要素在提高企业经营效率、推动文化产业结构调整与升级、促进文化产业价值链的重构与升级，以及增强文化企业竞争力等方面发挥着重要作用。

第一节　我国文化品牌与文化企业竞争力提升

企业在发展过程中，优质的品牌是其产品“黏住”消费者的强大无形力量，也是进一步增强市场竞争力的有力保障。开发、培育、发展品牌，使自身拥有的品牌成为市场知名品牌，企业生产的产品就能拥有稳定的消费群体，企业运营就具备坚实的市场基础。新时代以来，我国经济进入了高质量发展阶段，我国消费者对产品质量的要求随之提高，但我国企业存在的无效供给、低端供给不能与之匹配，导致从日用品到奢侈品等在内的大量中高端消费外溢，中国企业和品牌的竞争力没有能够充分展现出来。事实上，我国企业生产的许多产品的质量已经不输甚至超过了国外产品，但由于国内品牌对消费者的黏性较弱，导致我国产品在市场中容易被消费者“轻忽”，文化企业也同样面临这样的困境。

一、我国文化企业品牌建设存在的问题

（一）品牌意识亟须加强

国务院办公厅在2014年4月，颁布了《文化体制改革中经营性文化事业单位转制为企业的规定》和《进一步支持文化企业发展的规定》，大大加快了我国国有文化企业建立和完善现代企业制度的步伐，也为非公有制文化企业的发展奠定了良好的政策基础。大型国有文化企业是我国文化市场的主要活动主体，决定着我国文化产业发展的方向，也代表了我国文化产业发展的水平，在我国从“中国制造”向“中国智造”转变过程中，发挥着生力军的作用，同时也能为民营文化企业发展建构良好的环境和基础①。光明日报社和经济日报社联合发布的2018年中国文化企业30强中，国有或国有控股企业共有27家，所占比例高达九成，其中又以经营广播影视、新闻出版等业务的文化企业为主体。但是，这类国有性质的文化企业长期以来形成的经营机制对市场的敏感度比较差，缺少利用品牌进行营销的能力，品牌的塑造和传播遇到很大困难，进军国际市场的步伐未如预期。民营文化企业面临人才储备基础薄弱、融资渠道不通畅、文化产品质量良莠不齐等问题，短时间较难取得长足进步，普遍缺乏文化潮流预判意识，难以实现品牌造势。大型国有文化企业未能真正发挥出龙头骨干作用，非公有制文化企业的“小、散、弱”，导致我国文化企业缺乏品牌意识，品牌的市场价值普遍较低，使企业对国内外优秀文化创意人才和供应商的吸引力下降，难以从根本上提升我国文化企业品牌的市场认可度，对

---

① 辛欣．英国文化企业品牌磁场效应对我国文化企业发展的借鉴意义．武汉商学院学报，2019（1）．

我国文化产业做大做强和进入海外市场造成了很大阻碍。

（二）品牌保护和创新意识亟待强化

一个国家要提高自身竞争力，最关键的是要具备自主创新能力。同样，文化企业要打造核心竞争力，就必须注重知识产权保护和创新。在现阶段，我国知识产权文化的氛围还不是十分浓厚，企业在实践上对知识产权的尊重也不是很高，导致文化企业品牌保护和创新意识还不强，甚至走上模仿抄袭的歧途，对文化品牌的形成和发展产生不利影响。2017 年国产动画电影《汽车人总动员》与迪士尼的《赛车总动员》发生知识产权归属之争，结果国产片被判构成著作权侵权和不正当竞争。这样的事件绝非孤例，反映了我国文化企业在知识产权保护和创新方面的“短板”仍然突出。

（三）品牌发展意识有待提升

企业在花费巨大成本开发出品牌以后，应该要不间断地进行投入，不断丰富和完善品牌的表现方式、外在形象，并持续挖掘、深化品牌的内在价值，从而使品牌的市场影响力持久维持甚至不断增强，此即为品牌发展意识。但在我国文化领域，不少文化企业经过初期投入形成了一定的品牌影响力后，没有持续进行投入推进品牌建设，在发展的中后期没能维持品牌热度。例如，全国第一部“山水实景演出”《印象·刘三姐》曾经大受游客欢迎，但由于没有在发展过程中注意品牌的持续完善和深化，导致市场业绩大幅滑坡，运营商广维文华公司在 2017 年 8 月向广西高院申请破产重整，披露实际负债累计近 15 亿元。

（四）品牌营销渠道不畅

企业所处的外部环境和拥有的资源要素等，都会对品牌的传播产生影响，文化品牌的传播也不例外。从我国文化企业“走出去”的情况看，迫切需要文化品牌扩大国际市场影响力，这就要求我国文化品牌传播与所在国家或地区的文化环境相适应，更好地提升品牌影响力。从目前看，国际文化市场中的中国文化企业在品牌营销方面与国家的期望有较大差距，造成这种状况的原因主要在于国内文化企业对产品输出目标国的市场环境、政策环境和消费者心理等了解不够深入，加上海外营销由国外第三方代理机构完成，品牌对受众的影响就打了“折扣”。与此相对应，我国国内开展国际营销业务的中介组织较少，且其中多数发行企业的营销渠道较单一。如一些以发行电影为主要业务的企业，有的把业务重点放在了院线发行，有的则把业务重点放在网络、电视等线上平台，这使我国文化企业很难通过同一家代理机构同时多渠道开展海外市场营销工作，大大增加了营销成本。

二、提升我国文化企业品牌竞争力的机制

面对世界文化市场激烈的竞争，塑造品牌已成为文化企业孜孜以求的目标。在知识产权保护力度不断加强和西方发达国家文化品牌处于强势的背景下，中国文化企业迫切需要拥有品牌等知识产权，提高文化企业的竞争力。

（一）国有文化企业与民营文化企业“共享品牌”

我国大型国有或国有控股媒体类文化企业在宣传社会主义核心价值观等方面发挥着重要作用，也是推动我国文化产业大发展大繁荣的关键主体。为了进一步提升品牌认可度，更好地履行教化职能，我国大型国有文化企业应当通过积极奉献公益事业等方式增强品牌美誉度和对消费者的吸引力。国有文化企业应当主动适应外部环境变化，针对不同的消费群体制定不同的品牌建构策略，充分利用数字媒体等提高国内外中青年对其产品的关注；以广播等传统媒体吸引国内外老年人接受其生产的文化产品。最重要的是，大型国有文化企业可以在大型文化赛事（节日）举办等实践中将“品牌”与民营类文化企业“共享”。这样，文化品牌之间就不是“你强我就弱”的单一竞争态势，不同类型的企业可以开展“品牌共享”，优势互补、资源共享，形成综合实力雄厚、显示度较高的文化品牌，努力使企业文化品牌成长为国家文化品牌，以国家文化品牌形象参与国际竞争。

（二）形成文化产品标准

中国是制造业世界第一出口大国，但还不是世界制造强国，部分出口到国外的产品出现过质量缺陷，我国文化产品也因此受到连累在国际市场遭到质疑。事实上，我国文化产品质量确有被人诟病之处，其中的重要原因就是我国文化行业标准还有待完善。我国政府或者相关部门出台的各类文化标准，其中不乏以偏概全、实践操作性差，文化企业在标准制定方面

的作用没有充分发挥出来。由于文化企业从事的是精神层面的创造和生产，对产品外在表现形式和内在价值的要求更高。因此，文化企业的质量控制与其他一般物质生产企业比较，难度要大得多。为了更好地加强文化企业的质量控制，创作具备中国风格的文化产品并受海外消费者欢迎，大型国有文化企业应当着眼于完善产业链的战略需求，以品牌为中心吸附产业链上中下游各个环节，强化产业链的联系。即通过加强与上中下游的协作，引领制定出权威的、实践操作性强的行业标准。上中下游环节的各个文化企业根据得到行业确认的质量标准进行生产，并通过签订长期合同等方式确保文化产业链条的完整和质量的持续稳定。充分利用文化的“融合渗透”优势，继续深化文化产业与工业、农业等融合发展，尤其注意从横向、纵向等多层次拓展文化产业与其他产业的各个链条融合发展，开拓出新的业务、生产出新的产品和创造出新的商业模式，从而使文化品牌奠定在雄厚的产业基础上，形成文化品牌生成、演化、创新的深厚土壤。

（三）坚持内容创新，发挥优质 IP 的延展作用

IP 是英文 intellectual property（知识产权）的缩写，主要是指适合二次或多次开发利用的文学影视等作品，在受众当中拥有比较高的知名度和关注度，具有较好的变现价值。

“内容为王”的文化产品，要形成品牌并持续扩大市场影响力，自然主要依靠优质的内容资源，不断进行文化内容的创新和挖掘。依靠内容创意开发极具创新性的文化产品，文化品牌的核心价值才能得到更快的提升。文化产业发达国家的实践证明，只有坚持内容创新，文化产业才能不断发展壮大，文化品牌才能获得经久不衰的魅力。在中国大受欢迎的韩国电视剧《大长今》《来自星星的你》等，并不是酷炫技术等包装出来的大制作，但是它们成功抢占中国市场并在欧美市场也取得了不俗的成绩，主要原因就是其中包含了民族特色的传统文化和历史积淀。文化企业一方面要根据大数据等更加精准地分析消费者需求，加强对原创人才的支持力度，鼓励创作人员开发原创内容，不断生产出提升品牌美誉度的“爆款”文化产品；另一方面，我国政府应借鉴韩国、重点支持开发高品质文化内容的经验，制定文化产业的内容战略和规划，更好地支持和推动我国文化企业开展民族文化资源的创造性转化和创新性发展工作，并吸收外来优秀文化，打造中国特色鲜明又为世界民众认可的文化品牌。

发挥 IP 的延展作用，推进品牌产品整合。借鉴迪士尼等公司文化品

牌运营的成功经验，在文化 IP 不断创新的基础上，更好地串联和整合品牌下的 IP 资源，将分散的 IP 资源重组聚合，使我国文化品牌的价值不断放大，逐渐提高消费者对于品牌和产品的忠诚度，提升品牌黏性，进而增加文化品牌和文化产品的收益①。

（四）积极拓展国际文化贸易，打造具有竞争力的中国名片

借助“一带一路”倡议推动文化企业品牌国际化。“一带一路”倡议作为国家的顶层设计，为我国文化企业及其品牌扩展国际影响力提供了千载难逢的历史性机遇，并拓展了比以前宽广得多的地域空间。我国政府十分重视文化企业、文化品牌的对外传播，出台了《文化部“一带一路”文化发展行动计划（2016－2020）》等文件。相关部门积极响应“一带一路”倡议，创办了“丝绸之路国际电影节”等交流合作平台、构建了“丝路电视国际合作共同体”等交流机制、实施了“丝绸之路影视桥工程”和“丝路书香过程”等，为我国文化品牌走进国际市场增加了众多平台、建立了更加有效的机制。我国文化企业要加强与政府的协作，努力更加深入地了解沿线国家的差异化文化需求，充分利用上述合作平台和交流渠道，密切贸易、投资关系，实施精准的文化品牌输出策略。

充分发挥市场在资源配置中的决定性作用。按照市场原则赋予我国文化企业更多外贸经营权，鼓励民营文化企业按照自身品牌发展战略深度参与国际文化市场竞争，改变国际文化贸易由政府主导的运作模式。政府部门不断完善文化企业“走出去”的政策与体制支持体系，加强政策、财税、人才、担保贷款等方面的扶持②。推进高等教育改革，激励高校提高文化产业人才培养质量，支持高校根据市场需求培养既有文化涵养又有营销和法律知识等的复合型人才。进一步提高国际文化传播交流平台运行效率，有效整合国内外市场信息资源，组建专业的海外营销团队，为文化品牌走向世界提供更为清晰的导向和决策支撑。

（五）着眼未来，实现从研究型向整体价值型的转变③

在文化产业领域，做研究不应该成为企业经营的终极目标，而是要使

---

① 张牧．我国文化品牌创新发展路径探析．长白学刊，2019（5）.

② 卫志民．中国文化产业“走出去”问题研究：制约与突破．福建论坛（人文社会科学版），2014（12）.

③ 郭万超．文化产业前沿（第五辑）．北京：经济日报出版社，2019：13－14.

企业的价值做得越来越大。发展到一定阶段，文化研究必然会减缓增长，依靠研究推动发展的企业就会遇到成长“天花板”。因此，研究即时变现的短期回报只是对品牌价值的加持，并不能确保企业在未来就会有更好的发展，文化企业应该在研究之外让企业增值，实现企业由研究型企业向整体价值型企业转变。对于文化企业来说，其核心资产就是文化、品牌、IP积累等一系列无形资产。做大文化企业品牌的方式，既可以依靠自身力量培育和积累，也可以对知名品牌展开并购行动。例如迪斯尼的体育与电视频道都是通过并购得来的，皮克斯工作室和漫威系列 IP 也是并购而来。因此，文化企业品牌建设的方法有多种，既可以打造自己的品牌，也可以并购别的企业的品牌进行融合，还可以将多个品牌进行整合获得新生品牌。

第二节　我国文化科技与文化企业竞争力提升

2017 年 2 月，文化部印发《文化部“十三五”时期文化发展改革规划》，明确要求深入实施科技带动战略，加强文化科技原始创新、集成创新和引进消化吸收再创新，着力增强自主创新能力，有效提升文化领域技术装备水平，推动科技成果向文化领域应用与转化，促进文化与科技的深度融合。现阶段，我国文化企业要加强科技在生产和营销等环节的运用，从高新技术的运用中获得发展驱动力，提高文化产品在世界市场的占有率，提升文化企业的国际竞争力。

一、我国文化企业面临的文化科技问题

（一）技术创新和关键技术不足

在现代技术手段对文化消费的影响越来越显著的情况下，文化内容只有借助先进的技术彰显文化的深刻内涵，才能更好地激发国内外消费者的需求。但 2019 年 10 月发布的《中国文化和科技融合发展战略研究报告》显示，与美国等国家相比，我国核心技术和关键技术创新能力有待提高，在影视舞台技术、虚拟增强技术等方面还有较大的差距。文化领域的专业生产力工具，如土坯、玛雅和计算机辅助设计，被外国垄断。当前我国多数文化企业还不具备系统科学的创新理念和方法，文化科技领域的先进技

术和核心技术主要依靠国外进口。例如创意生产最前端的设计，我国的技术介入力量孱弱，专业生产力还处于追赶状态，国外公司垄断了 Adobe、CAD 等先进文化生产力工具。中国影视舞台等技术与好莱坞相比差距依然十分明显，不少特效电影镜头只能依靠人工完成。例如被称为开启了我国科幻电影元年的《流浪地球》中的空间站镜头，是由全人工操作完成的，没有使用贴绿等技术、标准相对更高的生产组织方式。

（二）技术标准体系不健全

文化科技要持续、快速发展，技术标准体系的完善极为重要。技术标准体系的支撑，是科技对文化产业发展的最为基础的支撑，在很大程度上，文化领域技术标准之争即是文化科技国际竞争的主要体现①。文化与科技融合已经成为当今文化企业提升自身竞争力的重要手段，将引发文化生产流通模式、运营管理模式的变革和创新，对人们的文化消费活动产生深刻的影响。随着我国文化与科技融合的程度加深和广度拓展，文化与科技融合标准化已经成为促进新兴文化产业发展、推进非物质文化遗产传承等方面的重要措施。虽然现今我国文化与科技融合发展态势良好，但在技术创新与使用、技术成果转化与应用等方面还未形成一整套科学的、完整的标准体系，各类标准与实践要求相距甚远，已经成为制约文化与科技融合发展的关键性因素。

（三）文化产品的科技含量不高

其中内蕴的科技与创意内涵，是文化产品的核心竞争力所在。与西方发达国家比较，我国文化产业发展历史相对短，在影视后期制作、舞美技术等文化产品的科技含量还存在较大差距。近年来我国文化出口贸易取得了长足进步，但文化器材出口额等在出口总额中所占比例偏高，说明我国主要以出口科技含量不足的劳动密集型文化产品为主，所获得的附加值较低、利润较少。科技创新为文化产品增加附加值提供了广阔的空间，将高科技元素与文化融合发展，实现文化发展与高新技术发展同频共振；通过极具时代感的表现形式激发全球消费者的文化需求，提升消费者对我国文化产品的接受度，提升我国文化产品国际竞争力。现阶段，与美国等国家

---

① 傅才武，蔡武进．“十三五”强化科技对文化支撑作用的渠道与路径．中国海洋大学学报（社会科学版），2015（6）．

比较，我国文化产品的科技含量还有待提高，例如我国游戏产业的大型单机、客户端游戏产品的科技含量不足，导致这些产品的市场竞争力低下。我国文化产品生产过程中的一些关键环节，还不能依靠自己的力量完成，国外文化公司趁机提高要价，大大增加了我国文化产品的生产成本，对我国文化企业竞争力的阻碍作用十分明显。

（四）科技成果的利用率低

以5G、大数据、人工智能等为代表的先进技术加速与文化产业融合发展，已经在文化领域迸发出极大的经济效益和社会效益，推动了文化企业的转型升级和生产效率的提升等。但总体上看，文化领域的科技支撑作用还没有完全发挥出来，文化产品在生产和展示过程中对科技的转化利用率还有待提高。相对于医疗、建筑、服装设计等具有具体实现形式的传统领域，由于不少文化产品的存在形式是无形的，导致一些先进的信息技术与文化的生产、传播、展示等各个环节的结合度还比较低。而且文化企业应用科学技术在某些领域还受到使用成本居高不下的制约，例如，当前的3D打印技术由于经济成本高、时间耗费多和操作复杂等问题影响了文化企业的普遍采用。

二、促进我国文化企业技术进步的机制

（一）加强核心和前沿技术研发与应用

核心和前沿文化技术是文化企业最核心的竞争力，也是大量的中小微文化企业在与大企业竞争中实现弯道超车的工具。当前我国核心技术的基础研究与实践应用方面还主要依赖进口，成为阻碍文化与科技融合发展的关键痛点。人工智能自主创作、影视产业生产系统集成应用、文化娱乐领域的沉浸式体验等技术以及版权保护的区块链技术，都是我国文化领域亟待取得突破的核心技术。例如区块链技术，习近平明确提出“努力让我国在区块链这个新兴领域走在理论最前沿、占据创新制高点、取得产业新优势”①。区块链技术能够广泛应用于文化产品认证、文化金融创新等方面，能克服文化企业在版权保护、投资融资等方面长期存在的障碍。因此，我

① 习近平：把区块链作为核心技术自主创新重要突破口．人民日报，2019－10－26.

国文化科技企业要集中力量开展文化领域的核心和前沿文化技术研发，通过不断提高技术水平，增强文化产品的感染力、创造力和传播力。同时，进一步推动最新科技成果在文化领域的转化利用，以科技为载体增强文化产品的创新性和时代性，提高我国文化企业的技术竞争力，为我国文化企业在参与国际文化市场竞争中占据优势创造条件。

（二）推动文化科技管理创新

一是建立文化与科技跨部门的协调机制，加强两部门之间的协调沟通，形成一整套完善的、科学的、适用于两部门之间开展协调的体系，优化两部门优势资源的配置、促进两部门优势资源的合理流动，强化文化与科技的融合深度。二是形成深化文化科技融合的联席会议制度，促进文化、科技、财政、金融等协同治理，加强不同行业、部门、区域、领域、所有制之间的协调，引导优质要素资源向文化科技领域聚集，更好地促进文化与科技融合。三是提升文化科技创新服务平台建设水平，加强中小微文化企业与本领域龙头企业的合作与协同，加强文化科技创新联盟、文化科技资源共享平台等文化科技创新公共服务平台建设，以平台为载体促进文化企业开展技术交流合作、技术创新、技术共享、技术标准制定等。此外，技术实力强的文化科技企业要积极参与或主导制定相关技术标准，并借助“一带一路”倡议相关政策，推动技术标准走出去，将我国文化产业技术标准推广到全球。

（三）将数字技术贯穿于文化产品开发全过程

在文化产品开发过程中，我国文化企业可以运用互联网技术减少国际文化市场存在的文化折扣等阻碍，提高我国文化产品对国内外消费者的渗透率。在创作文化产品的时候，文化企业可以借助大数据等先进技术对目标市场的用户进行精准定位，针对消费者特点进行作品开发。如根据消费者在各种社交平台、影视论坛等发表的感受、评论等数据，不断调整、优化作品的内容编排和制作工艺；针对消费者的偏好、风俗习惯等对文化产品的外在表现形式等进行调整，更好地适应产品输出目标国消费者的审美特点，通过提升产品的美誉度提高国外消费者对我国文化产品的接受程度。制作文化产品的时候，可以依据消费者的个性需求进行定制式生产。随着数字经济的发展，能否快速响应消费者的个性化需求将对企业竞争力产生重要影响。在产品生产过程中，以往企业与消费者之间“我生产你使用”的关系将显著弱化，消费者的“权力”大大提高，消费者的特色需求成为企业进行生产的重要依据。营销文化产品的时候，可以利用大数据分析对消费者进行精准营销，在产品投放初期、中期、后期，通过互联网渠道收集消费者的反馈，据此作出及时调整，有效提升核心消费者的忠诚度并吸引更多的潜在消费者。

（四）提升文化产品的科技含量

进入新时代以来，我国数字经济的发展已经居于世界领先地位。文化内容与数字技术紧密结合产生了新兴数字文化产业，大大拓展了传统文化产业的发展空间，也为文化企业的转型升级开辟了新道路。我国应充分利用占据优势的数字技术，将其融合到文化企业的内容生产、传播、展示等各个环节，提高文化产品的科技含量，更好地赢得国际市场青睐。促进数字技术等在文化领域的应用，既加快了最新技术成果的市场化实现，同时又赋予了先进技术强烈的文化职责，带动我国文化企业扩大文化输出，增强我国文化的传播力和影响力。当前我国网络直播等数字技术发展迅速，对推动我国文化走出去、提升企业国际竞争力将起到越来越明显的作用。如欢聚时代（YY. inc）旗下的直播平台 BIGOLIVE 吸引了印度尼西亚、泰国、菲律宾等东南亚 5 个国家的用户；广州世讯科技 Nonolive 覆盖了印度尼西亚、马来西亚、泰国和新加坡等多个国家，并在印度尼西亚曾经占据 App Store 畅销榜首位。

（五）利用科技与优质 IP 融合提高创新性

我国拥有诗词歌赋、戏曲建筑等储备充足的文化 IP 资源，将中国优质 IP 与科技结合进行二次加工，不仅可以焕发传统文化的生机，同时也使文化企业生产的产品增值。例如依托我国深厚的文化基础，中国特色的优质 IP 为游戏的开发和制作给予了丰富的养分，基于中国传统文化故事创作的《仙侠世界》《太极熊猫》等，在网络游戏市场受到热捧，海外市场也反响良好。一方面，电影制作等技术与大流量的文学影视 IP 资源进行联动开发，能够使我国优秀传统文化焕发出新活力，助力文化企业更好地利用“一带一路”契机走向世界，为文化产品增加核心竞争力和中国特色；另一方面，优质文化 IP 资源与 5G、VR 等相关技术融合发展，能够彰显我国文化企业的制造和研发能力，打造自主品牌，为扩大产品在国际市场的影响力奠定基础。

第三节 我国人力资源发展与文化企业竞争力提升

一、我国文化企业面临的人力资源问题

人才是文化企业高质量发展的源头活水，缺少高端创意人才、管理人才等的支撑，文化企业的发展很难持续。但当前我国文化企业人才依旧匮乏，数量、质量等方面都存在种种问题，与文化企业发展壮大的需要差距不小。

（一）人才缺口大，结构不合理

我国文化从业人员总量规模较大，但从国际比较看，我国文化产业人才在总就业人口中的比重明显偏低，文化产业人才的缺口非常大①。而且人才结构不合理，在低端文化娱乐服务从业的占比大，即大多数从业人员只拥有初级甚至没有任何职称或专业技术资格。拥有中高级职称的文化从业人员比重偏低，据统计，我国文化产业机构中中高级专业技术人员占比维持在5%左右，且近几年没有得到明显提高。同时，事业单位拥有大量中高级专业技术人员，非国有文化企业人才稀缺，但"体制内"与"体制外"的人才交流存在诸多障碍，导致非国有文化企业提升产品品质缺乏优秀人才的支撑。

（二）高端文化人才偏少

任何一个国家要在世界文化市场占据重要地位，必须拥有一批能引领国际文化潮流的领军型文化高端人才。我国文化领域的现实情况是，一方面，具备较强创造力的复合型、领军型人才十分稀缺。北京大学文化产业研究院的调查显示，60.17%的受访文化企业把高端创意人才缺乏视为面临的最大困境（"中国文化产业发展战略研究"课题组，2013）。另一方面，我国缺乏能引领国际潮流的文化人才。美国、日本、法国和韩国等国

---

① 柳杰．中国文化产业人才队伍建设面临的问题与对策研究．华东理工大学学报（社会科学版），2017（5）．

家都拥有一批重量级的国际性高端人才，形成国际文化市场上活跃的群体。但我国文化企业很少拥有影响力较大、得到世界公认的领军人才，只能做国际潮流跟随者，不能做引领者。由于缺乏坚实的高端人才支撑，我国很多文化企业创新和创造能力不足，依赖模仿国外文化产品和服务模式，难以打造出具有国际顶级水平的文化产品。

（三）人才培育和流动机制不顺畅

我国文化产业人才培养存在学科体系不健全、实践环节薄弱、创意教育不足等问题，导致在培养创新性高端人才方面面临诸多困难，高端文化人才供给明显不足。从企业层面看，由于资源基础薄弱、担心员工流失等原因，我国大部分文化企业还没有建立系统性的培训体系，导致优秀人才匮乏。一些国有文化企业对人才的重视很多时候没有落实到行动上，提供的薪酬待遇与人才的市场表现差距较大。此外，我国人才流动体制还有待完善，事业单位和国有企业是中高级人才的主要集中地，非国有文化企业人才明显不足。非国有文化企业的人才流动也不容乐观，不时出现互挖墙脚、恶性流动等无序、混乱的情况。

二、推动我国文化企业人力资源发展的机制

针对上述问题，为提升我国文化企业人力资本，可从以下几个方面进行努力。

（一）完善人才培育机制

首先，构建系统性的培训体系，尤其要发挥大型国有文化企业和市场中龙头企业的引领作用，加快中高端文化人才的培育，使文化企业形成合理平衡的人力资本结构。其次，文化企业与高校联合培养文化产业人才，高校根据文化企业的需要作为完善专业设置、课程设置的依据，大力培养领军型、创新型、国际型文化人才，从而形成人才培养的良性循环；在高校建立“国际文化贸易人才培养基地”，在企业建立“国际文化贸易人才实习基地”，实现高校与企业之间的人才输送①。最后，加强文化复合型高端人才的引进，开辟文化人才引进绿色通道，为其提供良好的国内发展

① 潘爱玲等．中国文化企业发展报告．北京：经济科学出版社，2018：205.

机制，吸引国外领军型文化人才到我国工作。只有人才配置的进一步完善，才能更好地解决我国文化企业创新不足、国际影响力缺乏等问题，从而为提高我国文化企业国际竞争力和国际市场开拓能力提供保障。

（二）完善薪酬制度，提升文化企业的企业文化

我国国有文化企业员工易受到传统事业单位管理体制的影响，同时又受到经济理性价值观念的影响，在继承传统精神激励的同时要更加完善市场激励机制，避免出现知识型员工的收入大大低于由劳动力市场确定的市场价位。首先，文化企业在坚持按劳分配为主的原则下，根据市场原则针对各种不同的人力资本设定合理的薪酬，体现对员工智力资本投入的重视和回报，使激励机制更加有效，将核心员工与企业的利益统一起来，使各种类型的人力资本在文化企业得到充分利用。其次，我国要进一步完善知识产权等要素参与企业收入分配的制度体系，同时利用股权激励和利润分享等方式加快高端文化人才培育，构建保障优秀文化人才合理收入的长效机制，将知识员工的行为引向文化企业的战略目标，保障人力资本的效能充分发挥。一个企业拥有良好的企业文化，有利于将其核心价值内化为员工的自我管理，从而形成提升企业竞争力的内在动力，也成为管理员工的有效途径。因此，我国文化企业要形成体现企业战略目标的企业文化，使学习和分享知识变成企业的生活方式，充分发挥企业文化作为一种内在的管理方式的作用，提升人力资本管理的效率。

（三）将文化企业建成学习型组织

企业人力资本的投资和形成过程，即是企业通过教育、培训以及职位轮换等多种形式，不断更新员工的知识和技能的过程。因此，以文化为经营对象的文化企业更需要建立和完善学习机制，激发员工学习的主动性和积极性，将企业建设成为一个学习型组织。学习型组织能够有效激励员工持续进行知识更新，为员工的沟通交流提供更多便利，提升知识的共享程度，使人力资源更好地衔接融合，从而有利于充分发挥人力资本的作用，为企业创造更多的财富。文化企业学习型组织的构建，还能激发员工创造创新的能力，在不断的团体学习中建立全体员工的共同愿景，使文化企业的人力资本水平持续提高。因此，我国文化企业必须通过构建完善的学习型组织，形成浓厚的学习氛围和健全的学习机制，引导员工主动学习和积极创新，不断将人力资本提高到新的水平，进而增强我国文化企业的竞争

力，实现文化产业安全。

当然，除上述几个比较重要的因素外，政府行为、经济体制以及企业管理者的经营管理能力都可能影响我国文化企业的竞争力。同时，文化企业所处的宏观经济与政治、社会文化、市场结构和竞争、行业因素等对文化企业的影响也很明显。

第十章

我国文化产业安全战略与政策选择

SWOT作为一种分析方法，自出现以来被广泛运用于战略研究和竞争分析，成为战略管理和竞争情报的重要分析工具。该方法具有分析直观、使用简单、结论具有说服力的特点。本章尝试借用这一分析方法说明我国文化产业安全的战略形势，据此确定我国文化产业安全战略的方案选择，并从宏观、中观和微观三个层面提出我国文化产业安全实现的政策举措，确保第七章、第八章、第九章阐述的各类安全实现机制能够正常高效运行。

第一节　我国文化产业安全战略决策

一、我国文化产业的SWOT分析

SWOT分析法又称为态势分析法，最早由安索夫于1956年提出，其中S（Strength）指的是优势，W（Weakness）指的是劣势，O（Opportunity）指的是机会，T（Threat）指的是威胁，S和W、O和T分别对应产业外部环境和内部条件。它是将一个组织的内部资源、外部环境有机结合，明确组织内部的优势和劣势，了解组织外部面临的机遇和威胁，进而制定组织未来发展战略的一种方法。可以借用该方法分析我国文化产业优势和劣势表现在哪些方面，帮助文化产业善于利用优势并使优势得到进一步强化，规避、克服劣势以谋取更多的发展机会，并通过优化资源配置战胜威胁，最终促进中国文化产业国际竞争力的提升。

（一）S（Strength）：优势，即我国文化产业在竞争中具备的比较优势

1. 文化资源丰富

如原矿石是工业的基础一样，文化资源是文化产业发展的首要基础。联合国贸发会议等编纂的《创意经济报告》强调："任何国家的创意产业都是建立在传统知识的基础之上，而这些传统知识存在于其创意表达的独特形式之中——创意产业的本质特征是其在发展进程中服务文化和经济目标的功能，并建立了一条价值链：一端是传统知识，而另一端是最终消费者。"① 在五千多年未曾间断的历史发展进程中，我国积累了丰富的文化资源，具有与日月同辉的神奇魅力和摄人心魄的潜在优势。我国丰富的传统文化资源在世界文化市场的独特地位不可替代，是我国文化产业发展的肥沃土壤，也是我国文化产业发展的比较优势所在。

2. 广大的市场需求

我国国内文化消费市场巨大。一般认为，人均 GDP 达到 1000 美元，一个国家的文化消费市场将会快速启动；人均 GDP 不低于 3000 美元的时候，一个国家的文化消费市场将快速增长；人均 GDP 接近或超过 5000 美元，一个国家的文化消费市场将出现"井喷"。我国人均 GDP 早在 2008 年就超过 3000 美元，2019 年人均 GDP 突破 1 万美元。随着人均可支配收入快速增加，民众对精神文化产品的需求随之上升，我国文化产业具有非常广阔的国内文化消费市场。

3. 强大的经济实力保障

我国进入改革开放时期以来，国民经济持续高速增长，2010 年 GDP 超过日本跃居世界第二并在其后长期保持。同时，中国是全球经济增长的主要动力，IMF 的统计数据测算显示，中国在 2009 年至 2018 年期间，为全球 GDP 增量作出了 34%（按市场汇率核算）或 27.7%（按购买力平价核算）的贡献，稳居世界第一位。文化产业作为精神文明发展的衍生物，与经济发展水平有着十分显著的正相关关系。一般而言，经济发展水平越高，文化产业就发展得越好，安全状况也更有保障。

① ［美］埃德娜·多斯桑托斯．创意经济报告 2008．林奇译．北京：三辰影库音像出版社，2009：127.

（二）W（Weakness）：弱势，即我国文化产业在竞争中存在的相对劣势

1. 文化产业总体实力较弱

2003 年文化体制改革启动以来，我国文化产业进入快速发展新时期，2018 年我国文化产业增加值比 2004 年增长 10. 3 倍，文化产业的经济效益和社会效益得到显著提升。但与世界主要经济体比较，我国的文化创意产业的规模不大、竞争实力偏弱、国际文化市场上的市场份额少。“世界主要经济体文化产业发展现状研究”课题组 2014 年引用普华永道（PWC）的数据表明，2011 年美国娱乐和传媒业市场规模达到 3630 亿美元，是排名第 2 位日本（1730 亿美元）的 2. 1 倍、中国的 5 倍多；世界知识产权组织的数据显示，2013 年美国文化产业增加值占 GDP 的比重达到 11. 3%，中国 2018 年的比重仅为 4. 48%。

2. 产业结构不合理

与美国等发达国家相比，我国文化产业的内容创新能力和高端前沿文化技术创新能力等存在明显差距，总体创新能力不足的短板亟须拉长。当前我国还没有形成具备国际竞争力的产业集群，大部分地区兴建的文化创意产业集聚区，入驻的企业往往是聚而不强，只是空间的集聚而没有真正形成产业的集聚，导致资源和基础设施的共享度不高，没有发挥应有的降低生产成本的作用。文化产业结构的不合理还表现在与市场需求的矛盾上，目前我国中低端文化产品生产过剩，文化产品的生产方式依然粗放，民众的高质量文化需求得不到有效满足，使得外国文化产品在国内市场有机可乘。文化企业也存在结构性矛盾。我国出于“转制”的主要目的，多以行政手段在影视、报业、出版、发行、印刷、演出等领域组建文化产业集团，对文化产业市场主体格局的影响还没有完全显现。截至 2018 年，全国共有文化骨干企业 6. 0 万家，仅占全部文化产业法人单位的 2. 9%，其他则是占绝大多数的中小微文化企业，实力普遍较弱。

3. 人才、技术和资本短缺，创新不足

这方面主要表现在：首先，在我国文化产业领域，高层次的经营管理和高端前沿科技人才不能够满足我国文化产业的发展需求，尤其是能将内容和 5G 等先进技术结合的全面型人才稀缺。其次，科技水平不高的问题还比较突出，特别是高端技术和先进装备的进口可能还要维持一段时间，而现有的高新技术也没有充分发挥出效用，从而导致我国文化产品在国际

市场的竞争力不强。再次，文化产业的融资渠道有待拓展。我国文化产业的发展需要开放的资本市场提供多种形式的金融产品，并大力改变金融支持“口惠而实不至”的状况。这三方面的问题导致我国文化产业在内容、高端前沿技术等方面缺乏创新，文化产品的技术附加值不高，造成产品在市场上的认可度降低。

（三）O（Opportunity）：机会，即有利于我国文化产业获得机会和收益的外部环境

1. 政府的大力支持

党和政府高度重视文化产业发展，从政策指引、制度建设等方面为文化产业发展提供了坚实保障。2009 年 7 月出台的《文化产业振兴规划》将文化产业上升为国家战略性产业，2011 年 3 月发布的《中华人民共和国国民经济和社会发展第十二个五年规划纲要》将文化产业明确为“支柱性产业”，2011 年 10 月党的十七届六中全会通过了《关于深化文化体制改革推动社会主义文化大发展大繁荣若干重大问题的决定》，提出坚持把社会效益放在首位、社会效益和经济效益相统一的发展思路。2013 年党的十八届三中全会通过《中共中央关于全面深化改革若干重大问题的决定》，显示政府将市场化作为文化产业改革、发展的方向。2014 年 2 月《深化文化体制改革实施方案》的通过标志着新一轮文化体制改革进入全面实施阶段。2015 年 9 月中办、国办印发的《关于推动国有文化企业把社会效益放在首位实现社会效益和经济效益相统一的指导意见》，对经营性文化事业单位转制等问题做出规范引导。2017 年国家印发了《关于实施中华优秀传统文化传承发展工程的意见》，营造了传统文化传承发展的良好社会氛围并提供了坚强的政策保障。2019 年 12 月，司法部官网发布了《中华人民共和国文化产业促进法（草案送审稿）》，如果正式通过并实施，将为文化产业发展在人才、金融等方面提供全方位的扶持保障。

2. 信息技术蓬勃发展

信息技术的发展使我国文化产业发展模式由粗放经营转向效益增长提供了可行路径，为我国文化产业高质量发展提供了新的可能与机遇，由此，我国文化产业进入了能够依靠技术产生的增值服务推动集约式增长新时期。一方面，高质量的文化产业呼唤高科技人才的加入、高科技的应用，而信息技术为提升文化产品的科技含量提供了行之有效的工具，现今文化产业已经广泛地与信息技术相结合，受到了消费者的欢迎。另一方面，信息技术能够拓展出文化产业的新领域，例如在信息技术支持下，我国的数字创意产业蓬勃发展，2016 年底，《“十三五”国家战略性新兴产业发展规划》首次纳入了数字创意产业，并提出 2020 年数字创意产业要成为产值达到 8 万亿元的新支柱产业；2017 年，文化部发布了《关于推动数字文化产业创新发展的指导意见》，将数字文化产业写入“十三五”文化产业发展规划，明确了数字文化产业是推进文化产业和战略性新兴产业发展的重点。此外，信息技术还能增加文化产品的类型和数量，例如以信息技术为依托产生了远程教育等文化信息服务、网络游戏等。

3. 国家积极倡导文化“走出去”

随着我国对外开放的逐步深入，国家文化软实力建设日益显示出重大意义。党和政府统筹对外文化交流和文化贸易，加快文化产业“走出去”的历史进程。尤其进入新时代以来，推进文化产业走出去的步伐明显加快。党的十八大提出要提高文化贸易的整体实力和国际竞争力。党的十八届三中全会通过《决定》要求将文化开放水平提升到新的高度，加强外向型文化企业的培育，为文化企业进军海外市场提供支持。2014 年，国务院发布《关于加快发展对外文化贸易的意见》，要求扩大文化产品和服务出口，加大文化领域对外投资。2015 年，国务院发布《关于加快发展服务贸易的若干意见》，2016 年中央全面深化改革领导小组审议通过了《关于进一步加强和改进中华文化走出去工作的指导意见》，强调要对内容形式、方法手段、体制机制等进行创新，拓展渠道平台，提高国家文化软实力。

尤其值得一提的是，“一带一路”倡议为文化产业拓展发展空间指明了方向。例如，“一带一路”倡议重点关注的五大领域：政策沟通、设施联通、贸易畅通、资金融通、民心相通，为我国文化产业发展和国际合作提供了新的机遇①。政策沟通推动沿线国家建立多层次的政策沟通渠道，有利于实现各国文化产业发展战略的对接；设施联通加速各国之间的信息网络等建设，为提高文化产业合作的效率和质量奠定基础；贸易畅通使文化贸易更加便利和自由，有利于推动沿线国家文化产业协同发展；资金融通，有助于扩大文化产业的资金来源渠道，支持各国文化产业更快、更高质量的发展；民心相通则将加快国际人文交流合作平台建设，降低文化折扣的影响。我国 2016 年、2017 年分别发布了《关于加强“一带一路”软力量建设的指导意见》《文化部“一带一路”文化发展行动计划（2016 ~

① 叶郎．中国文化产业年度发展报告．北京：北京大学出版社，2019：4.

2020)》等文件，为我国文化产业利用“一带一路”倡议加速发展提供了大量优惠政策。

（四）T（Threat）：威胁，即我国文化产业面对的外部不利趋势

1. 知识产权保护机制不健全

我国的知识产权保护机制还不是很健全，存在保护力度弱和司法救济成本高等问题和困难，使我国文化产品如软件等面临较大的被盗版和侵权风险。尤其在现代技术环境下，文化产品复制传播的成本更加低廉、更加便利，而且侵权的追踪判定更难，导致侵权案件高发。我国法院 2018 全年新接收侵犯知识产权的案件达到 33.5 万件，比 2017 年同比上升 41.19 个百分点，其中包括短视频著作权、盗版网游、交互性电视应用技术等涉及新兴数字文化产业的案件。这不仅对创新主体的收益造成了巨大损失，也给我国文化产业发展埋下了巨大的隐患。

2. 政府相关配套政策不足

由于文化产业发展的一些配套政策支持不足，如国有文化企业和民营文化企业不是完全平等的竞争主体、文化企业信用评级制度还有待完善、担保风险补偿机制不健全、知识产权无形资产评估机构和评估标准缺乏权威性和操作性等，导致文化企业尤其是中小微民营文化企业融资渠道比较狭窄，资金来源满足不了需求，限制了我国文化产业的进一步发展壮大。

3. 国外文化产品的冲击

加入 WTO 之后，我国文化市场逐步与国际接轨。以美国为首的发达国家在文化产业规模化、专业化水平方面以及科技实力、人力资本实力、产业化经营管理等方面，具备明显的先行优势。我国是一个文化大国，但还不是文化强国，面临的外来竞争是空前激烈的。尤其值得注意的是，跨国文化企业集团为占领世界市场早已制定了整合世界各国文化资源的发展战略，《花木兰》《功夫熊猫》等就是该战略带来的产品，冲击了我国文化资源的安全。此外，国外发达国家以音乐、电影、电视剧等为载体，传播一些有害内容，向我国进行意识形态和价值观渗透，威胁到我国的政治意识形态和文化传统。

SWOT 分析显示，我国文化产业有文化资源丰富、市场需求大、经济实力强等优势；劣势方面有整体实力弱、产业结构不合理、人才技术资本短缺和创新不足等；同时，我国文化产业还面对着良好的机会：政府大力支持、信息技术的快速发展、国家大力倡导“文化走出去”；但是，需要

警醒的是，我国文化产业还受到知识产权保护机制不健全、政府相关配套政策不足、国外文化产品的冲击等多种威胁。

二、我国文化产业安全战略方案选择

SWOT 分析为我国文化产业提供了四种可供选择的发展战略：SO 组合，将强大的内部优势和众多的外部机会紧密结合，即我国文化产业可以采用国际化战略。ST 组合，我国文化产业具有的优势明显、发展前景较好，但产业发展面临不利条件，这种情况下可以利用产业的优势突破外部障碍。WO 组合，我国文化产业面临较好的外部市场机会，但内部条件还需要提升，可以采取措施打造国际品牌，加快改善不利的内部条件，牢牢抓住市场机会并有效利用。WT 组合，由于我国文化产业面临的外部威胁十分严重，在此情形下，可以采取可持续发展战略以弥补产业弱点、提升竞争力。

（一）实施国际化战略

该策略立足发挥我国文化产业具备的内部优势，创造条件利用好外部存在的机会加快发展。现阶段，经济全球化在文化、政治发展进程中起着关键作用，国际化生存已经成为各种产业和各个企业的基本生产方式。我国应充分发挥文化资源优势，进一步深化文化体制改革，加强产业政策支持力度，推进国有文化企业和投融资机制等改革，建立健全现代文化产业体系和文化市场体系，使市场规则与国际惯例接轨，形成规范有序的市场规则、促进公平竞争。抓住“一带一路”倡议等历史性机遇，推进文化产业国际化发展战略，推动我国对外文化贸易既提升市场占有率又增强国际社会价值引导力①：在政策方面，推动沿线国家的发展战略与“一带一路”倡议相衔接、相融合，使沿线国家在文化发展决策、政策和规则等方面基本一致，推动实现沿线国家文化产业全产业链的高质量合作；在资金方面，加速“一带一路”沿线国家金融合作机制建设，建立统一的规范，开辟融资新模式，设立创新资金筹措机制，如产业投资基金、股权投资基金、并购基金、中长期的开发基金等，使文化企业更好地借助金融市场进

① 李怀亮．从市场占有率到价值引导力：中国对外文化贸易的新趋势．人民论坛，2018（10）．

行资金优化配置；在人才方面，建立“丝绸之路”经济带人才培养机制，引导文化艺术专业技术人才和复合型经营管理人才投身于丝路文化产业；同时，加强文化贸易政策集成，给予企业和金融机构一定政策性支持，包括税收减免、投资补贴、研究资助等，推动社会资本进入丝路文化产业发展进程中，在投资与获利的双向环流中实现互惠互利。

大力促进传统文化的创造性转化和创新性发展，生产出经济效益与社会效益均优的文化产品，把我国在文化资源方面的存量优势转化为文化产业发展优势。从国际文化市场的反馈看，我国优秀传统文化对海外消费者有着较大的吸引力，还有很大的市场价值可以挖掘。我国优秀传统文化要实现从“走出去”到“走进去”的升级，必须要针对国外受众的个性化需求进行改造和包装。对此，我国应当深入研究、学习美国等国家文化输出的典型案例，结合国际审美趣味创新性改造我国文化产品，同时抓住互联网技术发展的机遇，充分运用数字平台进行文化产品营销。

（二）提升市场主体竞争力

该策略是充分抓住较好的外部机会，弥补产业内部存在的劣势，改进内部缺陷。政府当前对文化产业的大力支持、信息技术的支撑等使我国文化产业具备了一定的市场优势。在此基础上，国家进一步加强政策引导，鼓励文化企业跨地区、跨行业兼并重组，大力支持“专、精、特、新”文化企业发展，积极探索文化产业与其他产业融合发展新模式，推动文化产业结构调整，提高企业竞争力和市场对文化资源的配置效率。同时，政府加大改革力度，放宽文化企业经营范围，扶持综合实力较强的文化企业延揽国际高端人才，增强企业竞争力，扩大中华文化的影响力。

（三）打造中国文化品牌

该策略是在面对来自外部的各种现实和潜在威胁时，充分利用具备的内部优势将之予以化解，以规避或减轻外在威胁的冲击。据此，我国应以供给侧结构性改革为主线，为人民在文化市场提供更多元的产品选择、更高质量的精神食粮，以文化产业供给侧结构性改革引领、提升文化消费。尤其要注意的是，我国应充分利用文化资源优势，加大对优秀传统文化的挖掘力度，运用我国已经具备一定国际竞争力的数字技术将优秀文化元素融入文化产品之中，打造中国风格的民族文化品牌。文化产品只有具备优秀的内在品质和具有时代感的外在形式，才能够满足国内外文化消费者心理的、视觉的美感和情感的需要，形成中国文化的国际品牌形象，不断增强中国文化的辐射力，持续提升我国文化产业国际竞争力。

（四）优化资源配置，走可持续发展道路

这个策略的实施目的是使内部劣势可能产生的负面影响降到最低、使外部威胁可能产生的冲击降到最小。即通过减少甚至克服内部劣势、降低甚至规避外部威胁，使文化产业在规模和质量上都快速成长。面对具备先发优势、竞争力强大的跨国文化产业集团，我国文化产业面临着克服高端人才供给不足、缩小经营管理水平的差距，以及突破关键文化技术等重大任务。我国文化产业在发展过程中，要对文化资源进行合理配置并随着市场变化进行动态调整优化，尽可能克服自身面临的劣势。如加快人才的引进与培育，尤其注重加大内容创意人才的储备；加快文化领域基础技术研发，尤其注重突破“卡脖子”技术，为推出更多高质量的文化精品做好准备。此外，文化企业还可以在海外市场建立子公司或设置代理公司，绕开贸易壁垒抢占他国市场，扩大我国文化产品的国际影响。由于文化产业跨界融合发展的特点十分突出，因此要注意推动其与经济、社会等协调发展。在利用文化资源的同时注意保护文化，促进文化可持续发展。在推动文化消费的同时注意保护消费者利益，促进文化消费可持续增长。因此，要提升文化产业国际竞争力，就必须在文化产业支撑要素的准备、文化资源的配置等方面做好全面、科学的规划，避免为获取短期利益而牺牲长远发展。

第二节　我国文化产业安全政策选择

一、宏观政策

（一）促进形成“强大国内市场”

世界第一的人口数量、广阔的国土空间、世界第二的经济体量等条件，使我国拥有超大规模的市场优势和内需潜力，文化领域也不例外。这既为我国文化产业应对国际国内各种风险提供了巨大的回旋余地，也为文

化产业持续发展提供了巨大潜力和强力支撑。但也要看到，由于还存在地方行政壁垒、自身竞争力不强以及人均收入水平决定的文化消费支出比例偏低等因素，我国文化领域的超大规模市场优势和内需潜力有待大力挖掘，需要制定更有效的政策进行引导和激发。一是推进文化市场一体化。只有拆除文化领域依然存在的各种有形与无形的地方行政壁垒，才能基于区域经济一体化逐步形成统一、开放、竞争、有序的强大国内市场。二是加快收入分配制度改革。加快建设分享经济的政策体系，既讲效率也讲公平、以公平促效率，并在再分配和初次分配阶段都讲公平，提高普通劳动者在分配中的获得比重，提升人民群众的文化消费水平。三是完善公共文化服务体系促进消费结构升级。完善公共文化服务体系，是将人民群众潜在文化消费需求转变为现实文化需求的重要方面。一个与现代市场经济发展与文化创新体系相适应的公共文化服务体系，主要特征就是政府不再是公共文化产品的垄断性生产和提供者，就此而言，我国社会组织中“第三社会部门”① 的成长状况起着决定性作用。我国需要将公共文化管理体制改革放在文化体制改革的大框架中作进一步统筹考虑，通过深化文化体制改革有效推动公共文化服务体系建设，以达到推动消费结构升级，进一步发展文化产业的目的。四是促进各类所有制企业平等竞争。中国民营文化企业在实践中存在着“三山”（市场的冰山、融资的高山、转型的火山），表明文化市场对内开放不足。要使民营文化企业的营商环境得到优化，就要让依据所有制推行文化管理的老办法加速退出，以强化竞争的政策促进文化市场从非均衡发展转向平等竞争。五是提升国民素质。厘清政府、市场、社会等各个层面的分工，从宏观上深化文化体制改革、优化文化发展环境，为艺术普及及欣赏能力的提高创造条件。政府应在政策体系中明确将“艺术教育”的职能进行落实，在财政投入、人才培养等各方面予以支持，尤其要对广大的农村地区实施政策倾斜，并协调教育部门、文化部门等参与艺术普及和社会教育工作，引导社会力量支持和配合，提升公民美育水平，为高质量的文化产品塑造更加广阔的市场。

（二）进一步壮大市场主体

加大国有文化企业并购重组的力度。与美国文化企业相比较，我国文

---

① 所谓“第三部门”，是指具有民间性、公益性、自治性、志愿性等基本特征的社会公益组织，通常又称为非政府组织、非营利组织、志愿组织、慈善组织等。如民间性的各种环境保护组织、消费者保护组织、行业协会、青少年发展基金等。

化企业规模明显偏小、市场集中度明显偏低，要促使我国文化产业更好地集约化、规模化发展，关键是加大国有文化企业在产业整合并购方面的力度。我国应进一步完善相关政策措施，激励国有文化企业进行跨区域、跨媒体、跨所有制的整合兼并，更好地发挥国有文化企业的主力军作用和主导作用。为进一步增强我国国有文化企业集团的市场控制力，可以采取市场化整合、行政划拨等多种手段，促使国有文化企业成为产业整合并购的主导力量。首先，在财政和税收方面出台鼓励国有文化企业做大做强的政策，如设立文化产业战略性重组专项资金，对国有文化企业并购重组实施税收优惠，发挥财政资金的杠杆作用，减轻国有文化企业并购负担。其次，为国有文化企业战略性重组提供更多金融支持。如鼓励为国有文化企业并购发放商业贷款、为文化企业跨国并购提供保险、为并购重组的文化企业实行综合授信和配套金融服务等，多途径、全方位为文化企业战略性重组拓展融资渠道。再次，积极推进跨区域重组后地区间财税利益共享。针对我国目前文化企业条块分割、跨地区并购难以推进的现状，文化企业之间以及不同地区政府之间，可以就并购后的财税利益分成问题开展协商，并按照签订的协议执行。最后，借助文化体制改革，提高文化企业融资能力。按照现代公司治理结构对我国国有文化企业等进行改造和完善，吸引国内外经营业绩较好的文化企业投资入股，鼓励文化艺术家以无形资产入股，通过资本市场推动文化企业并购重组，支持文化企业通过发行股票、债券等方式为并购重组融资，引进社会资本等提高我国文化企业融资规模。同时，促使文化企业建立规范的财务管理和信息披露制度，制定政策激励金融机构更好地支持文化企业发展，培养经营能力和专业技能兼具的公司管理人才，充分吸收市场投资，减少对政府的依赖，推动各种所有制性质的文化企业真正与市场经济接轨，走上自主自强的发展之路。

更好地发挥民营文化企业的作用。当前我国许多民营文化企业尚处于发展初期，其中不乏一些企业拥有很好的文化产品创意，但普遍面临资金短缺困境，对其发展构成了严重阻碍。政府应加大对民营文化企业的支持力度，激活他们的创新活力，进一步降低市场准入门槛，贯彻落实在工商登记、规费减免、上市融资等方面与国有文化企业享受同等待遇的政策，并进一步深化商事制度改革，优化营商环境，为民营文化企业提供良好的发展条件，同时在信息、法律等方面加强对民营文化企业的扶持，将民营文化企业打造成为堪当大任的支柱力量，提升文化产业的整体竞争力，确保文化产业安全。

（三）加强知识产权保护

知识产权是文化产业发展的基础，但公共物品的性质十分明显，其正外部性比个体收益大得多，若不能对其进行有效的保护，文化产业的发展将难以为继。一是政府要借鉴美国等文化强国的经验，着力完善相关法律和规章制度，尤其要注意保护互联网环境下的新兴数字文化产业。要进一步完善知识产权的司法保护，如以适当的标准减少专利申请费用，降低侵权诉讼期限，控制知识产权的维权费用；细化案件受理标准、证据保全的程序等，为维权提供便利；将例行监督和重点审查体制相结合，快速有效地解决知识产权侵权和纠纷案件。二是增强民众的知识产权保护意识。充分利用世界知识产权日等载体，坚持不懈地向全社会普及、宣传知识产权保护法律法规，增强民众保护知识产权的意识，营造尊重知识产权、维护市场竞争秩序的良好氛围。三是普及、提高文化企业知识产权意识。针对不少文化企业知识产权意识薄弱的状况，应当全面普及文化产业知识产权知识，定期或不定期开展文化产业知识产权专项培训，提高文化企业法定代表人知识产权保护的法律意识，掌握现代经营理念，不断提高文化企业运用知识产权制度的能力与水平，大幅度提升文化企业管理和保护知识产权的水平，实现文化企业的可持续发展和利益最大化。四是充分利用科技的力量加强对知识产权的保护。加强区块链、人工智能等新兴技术在知识产权服务中的应用，做到全流程追溯、监测与保护，应对互联网环境下追溯难、侵权成本低等难题。五是完善专利交易平台，加快文化创新技术与成果的传播。如可以在典型文化产业集群内建立知识产权交易中心，为集群内企业构建便利的交易平台；进一步完善综合知识产权交易中心，解决中小微文化企业交易成本过高的问题。

（四）大力推进新基建建设进程

从狭义上看，“新基建”主要包括5G、大数据、人工智能、工业互联网和物联网等，即与数字经济相关的新型基础设施，这些都将为我国文化产业竞争力的提升产生巨大的带动力。对于文化产业而言，新基建不仅将推动文化产业增长，还意味着新时代的开启。5G、人工智能、工业互联网等新科技下的文化产业，本质上依然是文化，但是其形态已经完全不同。国内5G新基建的加快，云游戏、VR直播等新型文化业态的蓬勃发展，预示着我国在这些领域将处于全球领先地位。因此，加快新基建建设进程，国内新型文化业态也将随之发展成熟，中国的全球文化影响力强国地位未来可期。目前，抖音国际版 Tiktok、腾讯的和平精英、国外的武侠文学网站和追内地剧网站等，都是中国文化产品向全球输出的典型表现。随着新基建的推进，促使文化与科技深度融合，我国数字文化产业将具备全球竞争力。可以预期，于新冠肺炎疫情危机中布局的新基建，将会开启中国文化影响全球的新时代。

二、产业政策

（一）扶持中介组织发展

从政府的角度看，政府要按照 2017 年发布的《关于加强文化领域行业组织建设的指导意见》的要求，为中介组织的成长、发展创造更好的体制环境、舆论环境和行政环境，加大对中介组织的支持力度。各地方政府对文化产业中介组织进行重点扶持，从降低所得税、营业税等方面制定实施相关优惠政策。积极借鉴其他文化强国文化产业中介组织的运作机制，探索形成服务于我国文化产业竞争力提升的中介组织。进一步健全法律保障体系，根据文化产业中介组织的现实情况，制定出符合中国国情的法律条例，在法律层面对文化产业中介组织的本质、权利、义务和业内行为规范等进行规定，使中介组织与政府的关系能够在法治的轨道上运行。健全文化产业中介组织的监管体系并提升其监管效率，从而让中介组织的竞争有序进行，推动文化产业中介组织服务质量的整体提升。鼓励非公有制经济体由经济范畴向文化中介服务产业发展，在中介组织领域形成多种经济成分共同发展的良好局面，增加文化市场主体，增强市场活力，还可与公有制文化团体共同进步、协同发展。政府积极鼓励和支持文化产业中介组织提高自身影响力，为文化产业中介组织搭建交流平台、拓展交流渠道，促进文化企业与中介组织相互加深认识和了解，提高文化产业中介组织的服务质量，助力文化企业在国内外市场赢得竞争优势。政府积极鼓励和支持文化产业中介组织之间加强交流与合作，通过中介组织的互通互助，实时了解国内外文化市场信息，开展技术交流、资源共享、业务培训以及风险预警与防范等，从而更好地维护文化产业安全。

从行业协会自身看，行业协会要对自身进行科学的定位。协会和政府、文化企业之间不是上下级的管辖与被管辖的关系，在帮助企业推动工作时不适合运用行政命令而应该进行引导，发挥企业代言人的作用为企业提供服务，赢得企业的尊重和拥护，推动文化产业发展。行业协会还要注重维护和保护文化企业在协会内的权利，让企业产生主人翁的责任感、自愿约束自己的行为，认可协会的各项管理措施。另外，行业协会应该加强自身建设，要具备世界视野广泛借鉴国外行业协会运行的有益经验，建立和完善协会管理体制、公正透明开展各种工作，实行民主监督。对于事关企业发展的重大决策，鼓励文化企业参与决策，建立健全会议制度和通报制度。在协会内部要规范利益表达和维护机制，防止以制定行业规则为名，行市场垄断之实。

（二）强化文化产业高质量发展的内容支撑

中华优秀传统文化历史悠久、一脉相承、内涵丰富，既是中华民族的突出优势，也是我国文化产业高质量发展、凸显国际竞争力的资源金矿。在文化产业内容生产维度，当前我国传统文化资源转化创新动力和能力不足、民族元素世界表达的创新能力低下等问题仍然十分突出。从文化发达国家的经验看，随着国家整体实力的提升，国民对本国文化的认同感和自豪感将逐渐加强，本国传统文化题材的文化产品也将得到更多消费者的青睐，传统文化消费在文化消费中的增量空间明显扩大。因此，传统文化资源的转化与创新，是文化产业高质量发展、抢占国际文化市场的重要支撑。必须加强文化创意能力，主要依靠市场化运作助力“保护好、传承好、利用好”历史文化遗产，转化创新我国丰富的文化资源，促进传统文化活化，弥补我国文化产品内容创新不足的劣势。持续认真贯彻执行2016年发布的《关于推动文化文物单位文化创意产品开发若干意见的通知》等文件精神，推动传统文化与文化创意、文化科技高度融合，让积淀的中华优秀传统文化活泛起来。加强博物馆、文化馆、非遗传承中心等与文化企业的交流合作，通过联合开发、政府购买、艺术授权等多种途径，促使文化资源转化为文化产品，推出高质量的文创产品，开发在国内外有重要影响力的系列文化品牌和市场营销平台。盘活整合我国文创资源，使其以整体形象和整体合力参与国际市场竞争、赢得国际竞争优势，确保文化产业安全。

（三）抓住“一带一路”建设机遇，推动文化产业跨区融合

经济全球化虽然正在经历波折，但其大趋势是不可逆转的。推动文化

产业安全发展不仅要建设强大国内市场，还要具备国际化视野、积极经营国际市场，不仅推动文化产业加快走出去、更要走进去，讲好中国故事。积极借鉴发达国家文化产业发展经验，贯彻执行国家关于促进我国经济高质量、高水平开放发展的要求，按照“一带一路”倡议的要求加快适应国际经济环境新变化，充分利用沿线国家多元、丰富的文化资源，拓宽文化产业开放的范围、提升文化产业开放的层次，推动优秀原创文化产品“走出去”的步伐，进一步优化文化产业对外开放的结构并完善其布局。一是制定政策推动公有制与非公有制企业加强优质文化资源整合力度，在新兴数字文化产业等优势领域提升国际推广和宣传效果，抢占国际文化产业发展的制高点，在国际文化合作和竞争中赢得新优势，使中国文化产业在全球价值链中的地位向中高端攀升；二是引导公有资本、非公有资本等通过联合投资、跨国并购等途径和手段提升我国文化企业国际化经营能力，鼓励优势文化企业加快境外文化产业园区等建设步伐，进一步培育文化增长新载体；三是加快文化服务外包的发展，结合文旅部公布的“一带一路”文化贸易与投资重点研究，以及商务部制定的国家文化出口重点研究和重点企业名录，打造民族文化品牌、丰富民族文化品牌内涵，全面提升中国文化产业的话语权和国际竞争力①。

（四）完善文化产业价值链

文化产业集聚能够提高文化产业的利润率和占有率、能够加强文化产业的技术传播和创新，还是空间性文化产业竞争力提高的重要途径，对文化产业安全有着重要影响。文化产业集聚发展受到文化产业价值链完善与否的影响，目前我国文化产业价值链还有待完善，具体表现在内容创意开发、销售与售后服务环节弱，中间环节大而不强，导致我国文化产业集聚的竞争力难以与“好莱坞”等抗衡。在现阶段，我国迫切需要针对文化产业价值链的薄弱环节采取对策，突破关键痛点，带动产业链各个环节良性互动：一是加快新基建建设进程，提升文化产业链的科技含量。新基建技术研发和投入应用，都需要高素质的人力资源，因此要积极营造适合研发人才成长和发展的良好环境和条件；二是在销售和售后服务环节，采用品牌营销战略，增加文化产品的附加值，提高文化产业集聚发展水平；三是

---

① 王家庭，唐瑭．新时代中国文化产业新旧动能转换的初步探索．同济大学学报（社会科学版），2019（5）．

发挥业务之间的联动作用，促进协同发展；四是加强资源融合，打造高质量文化集聚区，布局线下文娱的体验场景，使之成为重要的线下流量入口，实现线上线下相互导流，增强国家文化品牌影响力。

三、微观企业政策

（一）依靠科技提高竞争力

我国文化产业技术的进步有目共睹，但是和美国等文化强国比较，我国文化产业在高端前沿技术方面还受制于人，在国际市场上竞争力还需提高，应大力促进科技发展以提高文化企业竞争力：一是探索文化企业科技管理新机制。文化企业的技术创新既是技术问题，也是管理问题。针对我国文化企业当前研究开发、经营管理的需要，开展深入的调查研究，探索和实践适用于文化发展特点的技术，提高管理经营水平。另外，针对文化产业多学科、多专业的特点，组建多种学科领域工作人员参与的研究组织，优化科技组织管理工作。二是加强文化企业主导技术攻关的力度。目前，我国应多方筹措资金、加大投入力度，在文化产业领域开展关键技术攻关，实现高端前沿技术突破，完善文化企业先进技术信息共享平台建设。三是大力推广应用新技术和新方法。推动我国文化企业深化推广应用数字技术等，加快我国文化产业技术进步，降低生产成本，优化文化产品结构，提高行业整体技术水平。同时，文化企业间加强科技合作，进一步完善技术交流市场，加快科技成果的应用和推广。

（二）依靠提升人力资本提高竞争力

文化企业要高度重视人力资本培育，不断提高员工队伍素质，提升企业竞争力。文化企业要完善人力资本培育机制，使人力资本的开发与利用更加科学、合理和公正，使人的主导地位在管理过程中得到牢固确立。企业管理活动的目标在于调动和发挥员工的自觉性、主动性和创造性，以人为本的原则应贯穿于管理活动全过程，才能提高企业员工的整体素质、培养和塑造良好的企业文化。首先，做好员工职业生涯规划，加大继续教育力度。企业管理者要从战略高度认识到人力资源对企业长期发展的决定性影响，自觉成为变革的推动者、战略的参与者。为培养、吸引更多高素质人才，我国文化企业必须依据企业目标愿景激励员工个人制定职业目标，推动员工切实做好职业生涯规划，从制度上促使员工不断追求上进，为人才成长创造良好的环境，为文化企业的发展源源不断地供应高素质的人力资本。其次，制定人才培养规划，完善薪酬机制。企业长期发展的基本动力在于人才的培养，应采用内外结合、唯才是用的原则对人才进行选拔，定期不定期对员工开展业务技能与观念的培训、学习；充分发挥薪资的保障、激励与调节功能，提高企业对高素质人才的吸引力，并通过合理的薪酬机制均衡企业与员工的短中长期经济利益，促进企业与员工结成利益共同体、命运共同体。再次，完善激励机制，做到奖优罚劣。结合文化产业特点，塑造公平的文化环境，调动员工的积极性，加强经营考核，激发企业的整体创造力，进而促进文化企业竞争力的提高。建立健全文化企业绩效考评体系，以结果公平为主导、同时注重程序公平，通过优化与岗位关键业绩指标挂钩考核，为员工设定明确具体、可衡量、可达到、有时限的绩效评价指标，实现绩效管理的系统化、整体化及全面化，达到强化员工积极性的目的，从而提高文化企业竞争力。最后，打通管理和专业技术双向发展渠道。文化企业要优化存量，优选“增量”，通过有针对性、专业化的行业内交流加大力度培养和储备专业技术人才，加快管理输出、技术输出的专业人才梯队建设，以人才的流动促进产业的融合发展，形成“一盘棋”；构建适合企业发展的管理组织框架，在实践中不断进行检验和优化，搭建科学完整、体系健全、符合实际需要的管理体系和人才队伍，进一步促进管理水平全面提升，为企业长远发展夯实基础。

（三）通过管理创新提高竞争力

国际先进的文化企业已经通过业务流程信息化、削减中间管理层次等方式大大提高了管理效率，在这种情况下，通过开展管理创新增强我国文化企业的管理能力，就显得十分重要。首先，通过制度创新助力文化企业管理创新。当前我国文化企业尤其国有文化企业，受计划经济的影响深远，产权关系还没有完全理顺，体制机制问题依然阻碍着企业发展。因此我国须完善文化企业内部约束与激励机制，努力建立现代企业制度，使我国文化企业运行更加规范、更加有效。其次，通过组织创新推进文化企业管理创新。企业发展战略的实现有赖于企业组织机构提供的组织保证，在现阶段，企业组织创新的趋势体现在企业组织结构的扁平化、弹性化与网络化，文化企业的组织创新同样要朝这个方向发展。通过组织创新，强化文化企业的经营决策、技术研发和生产过程之后的营销职能，使企业组织结构与市场经济的要求高度适应。例如，算法时代飞速成长的今日头条就不断加强扁平化管理，从普通基层员工到 CEO 之间的汇报关系仅有 3 到 4 级，且大多数单独业务线均不设职能部门，爆款产品中的抖音、火山小视频等均由统一技术部门开发、单独部门负责运营，还设立独立的 AI 团队等。再次，开展企业文化创新推动文化企业管理创新。文化创新是企业管理创新的内在源泉，随着当今文化产业发展的技术环境、制度环境等发生的巨大改变，文化企业管理中的文化模式等也必然发生改变。进行文化模式选择是塑造企业文化的基本任务之一，文化模式的选择需要综合考虑时间、空间、思想等三个维度，这样才能使文化企业的组织结构及诸要素实现有机融合。对于我国文化企业来说，需要将企业文化的文化重构、再造置放于中华传统文化、新中国文化的长河中进行透视。最后，借助资本运营完善文化企业管理机制。资本运营能够发挥现代化金融工具的作用优化企业股权和管理。文化企业通过制定资本运营目标，能够明确企业发展方向、凝聚企业员工的意志，有利于将企业的各种资源进行合理配置，达成经济效益和社会效益“双效统一”，从而提高企业竞争力，增强抵御外来风险的能力。通过资本运营引入战略投资者、完善文化企业管理制度等一系列现代企业运作机制，提升文化企业的竞争力，提高产业安全。

（四）依托“一带一路”倡议，助力文化企业“走出去”

为了实施“一带一路”倡议，我国通过制定相关政策法规，加大资金、技术、人力投入，不断夯实沿线国家的文化交流平台，有力地推动了文化交流、文化传播及文化贸易的发展。“一带一路”倡议不仅为我国文化企业拓展了发展空间，更使我国文化企业可以利用“一带一路”建设带来的优惠政策、发展机遇和交流平台，提升自身的文化创新能力和品牌影响力，从而将外部资源优势内化为自身能力优势，使核心竞争力得到提升。在资源方面，我国文化企业应对沿线国家丰富多彩的文化类型、特点等进行调研剖析，分析文化资源的价值状态，合理、科学地评估文化资源的价值，如此可以设计出更加合理的开发模式，促进静态文化资源产业化转化。在技术方面，我国文化企业要加快数字“一带一路”贸易模式建设，与沿线国家开展跨境电子商务合作，利用我国先进的数字技术开创“数字丝绸之路”发展新局面，更有效地促进产品流通、共享丝路资源、开辟更广阔的丝路贸易合作带，尤其要借助我国已经具备的数字化技术应用和大数据开发优势，助力我国文化企业精准“走出去”。在策略方面，可根据文化产业行业细分、地缘环境和文化市场格局，因地制宜地划分出不同发展合作圈层，带动丝路文化资源高效融合、促进生产要素有效流动。在路径方面，我国文化企业可采取文化产品和服务贸易、文化研究投资、文化企业收购兼并等方式开拓“一带一路”沿线国家文化市场；要通过产品研发、市场销售、资本扩张、公司组建、授权经营等多途径发力，尤其是要不断加强文化品牌输出和 IP 授权开发；另外，我国文化企业在国际市场中既要注重投资建设和运作管理的实效，又要提高对当地政治、人文、社会、经济等风险的防范能力。

（五）通过本土化与国际化结合降低文化折扣

我国文化企业还应将营销策略的制定和实施放在关键地位。我国文化企业把文化产品推向国际市场时，既要立足于民族文化特色，又要结合外国文化特点，只有兼顾两者，文化产品才能在国际市场上获得成功。文化折扣是客观存在的，在这样的条件下，我国文化企业要积极求变。首先，选择合适的文化产品打入国际市场，如京剧等中国戏剧等，现阶段外国消费者接受起来比较困难，应选择文化折扣低的产品推向国际市场。其次，选择合适的区域，如韩国的文化产品主要瞄准中国、日本市场。我国文化企业在把产品销售到国外市场时，应选择对中国文化兼容认可度相对较高的国家。最后，应采用外国消费者熟知的方式进行文化输出，如美国将中国动物明星大熊猫与中国功夫相结合拍摄《功夫熊猫》，在市场上大获成功。我国文化企业应该借鉴其做法，采用外国消费者喜闻乐见的形式输出文化产品。我国文化企业应该立足于本国文化，分析不同文化之间存在的相同点，提高文化认同度，使文化折扣对文化产品的消极影响降到最低。

（六）双重考量技术与文化

文化与科技融合发展的趋势越来越明显，文化创意与科技创新驱动着文化企业的发展。一方面，文化企业在满足多样化、个性化的文化需求时，要不断促进文化内容的故事化、体验化和品质化，充分借力社会化平台来集聚或利用大众的文化内容创意，并将优秀传统文化和现代流行文化应用到文化产品开发和经营的全过程之中，培育打造具有良好市场前景和社会效益的 IP；另一方面，文化企业要将互联网、新媒体等前沿技术手段应用到文化产品开发上，在文化创作、生产和营销推广中促进技术研发与应用创新。但是，新技术能为文化企业带来更高效的生产方式或更有利的市场地位，导致文化企业可能为追求利益最大化而对技术无限推崇，致使文化产品的内在价值缺乏。文化企业产出一些与主流价值取向相悖的文化产品，不仅危害了我国主流意识形态安全，也不利于我国文化产业长远发展，更损害了我国文化产品的国际声誉。中国作为一个负有世界责任的大国，其文化企业要有为人类发展、社会进步等创造巨大价值的伟大愿景，不能被流量与技术思维主导，应从企业发展的战略全局入手寻求突破，确立和完善企业文化内容经营战略。

第十一章

结论、研究不足及展望

作为新兴战略性产业的文化产业，已经发展成为人类生产、创造财富的重要方式和经济活动的核心之一。文化产业关联度较高，自身安全状况影响着一国经济整体安全状况，同时意识形态属性决定了其发展状况甚至可能左右一个国家的文化主权和总体安全形势。由此，世界各国将文化产业作为争夺、控制的主要对象之一，其安全问题日益凸显。我国作为世界上最大的社会主义国家，是以美国为首的西方国家依恃实力强大的文化产业进行渗透的重点对象，确保文化产业安全的压力尤其巨大；加上我国文化产业发展历史相对较短、发展基础较为薄弱，使我国文化产业面临着一系列外部威胁、内部障碍造成的安全问题。因此，要确保我国文化（意识形态）安全、经济安全，完成“兴文化”的历史使命和建设社会主义文化强国的战略任务，必须加紧研究我国文化产业安全实现的各类机制。

第一节　结　　论

党的十九大报告鲜明指出：“文化兴国运兴，文化强民族强。没有高度的文化自信，没有文化的繁荣兴盛，就没有中华民族伟大复兴。”在市场经济条件下，文化产业是文化繁荣兴盛的重要现实基础，但文化产业的持续大发展必须基于产业安全基础之上。为此，本书系统阐述了我国文化产业安全实现机制的构建以及确保我国文化产业安全的政策建议，主要得出了以下结论。

一、新时代我国文化产业安全状况明显改善

进入新时代以来，我国文化产业抓住前所未有的历史性机遇，产业规

模急速扩大，产业结构更趋优化，文化新业态展现出强劲发展势头，产业呈现出明显的集群发展趋势，文化市场繁荣兴盛，区域发展更为均衡，逐渐形成了文化走出去新格局，新时代中国的文化产业安全状况得到了显著改善。

二、1998～2017 年我国文化产业安全状况逐步改善

从市场竞争力、技术竞争力、可持续竞争力、相关产业竞争力、企业竞争力等五个方面深入阐述文化产业竞争力影响其安全状况的机理，以此为理论基础构建文化产业安全评价模型，并结合熵值法对我国文化产业1998～2017 年的安全度进行测算。结果显示，1998～2017 年我国文化产业安全状况可以分为四个阶段：1998～2001 年为很不安全阶段，2002～2007 年为不安全阶段，2008～2013 年为基本安全阶段，2014～2017 年为较安全阶段。总的来看，我国文化产业安全状况整体上呈现逐步改善的态势，但有的年度表现不佳，产业安全状况的稳定性不是很强。

三、我国文化产业安全形势比较严峻

我国是以美国为首的资本主义国家重点进行思想渗透的对象，加上中美经贸摩擦与新冠肺炎疫情的“双重”冲击以及文化外资的逐步深入，文化产业发展的外部环境可能趋于恶化，对我国文化产业安全造成多重重大挑战。同时，从我国文化产业内部看，还存在信息安全“短板”、国际竞争力缺乏、要素市场不完善、现代企业制度不健全、市场竞争不充分、行业管理水平不高等不足，对我国文化产业安全造成重大威胁。

四、我国需要构建文化产业安全实现的宏观机制

我国需要从以习近平总体国家安全观为根本遵循、以人民为中心的价值导向、坚定文化自信、坚决反对“去意识形态化”并努力克服“泛意识形态化”等方面完善我国文化产业安全治理思想；需要从制定文化产业安全战略、完善文化产业安全行政管理架构等方面健全我国文化产业安全管理体系；需要构建文化产业安全预警体系，主要包括预警模型建立、预警临界域的确定、预警结果的输出与执行，尤其要通过加强法律制度建

设、明确部门分工并加强协作保证预警体系高效运行。

五、我国需要构建文化产业安全实现的产业机制

从产业层面寻找提高我国文化产业安全度的途径，要通过完善产业组织政策、产业技术政策和产业国际化发展政策等强化文化产业政策支撑，通过夯实文化产业发展基础、提升现代文化产业运行效率、增强现代文化产业竞争力等建设现代文化产业体系，通过创新实施“文化+”融合发展模式、拓宽投融资渠道、提高技术支持、完善人力资源支持、打造以“市场内生力为主”的成长路径等着力培育新型文化业态，通过提升文化市场治理法治化水平、促进文化市场主体发展、推进文化市场信用体系建设、健全文化产品和文化要素市场等加快现代文化市场体系建设。

六、我国需要构建文化产业安全实现的微观机制

在提升我国文化企业品牌竞争力方面，我国应该推动国有文化企业与民营文化企业“共享品牌”、形成文化产品标准、坚持内容创新并发挥优质 IP 的延展作用、积极拓展国际文化贸易打造具有竞争力的中国名片、着眼未来实现从研究型向整体价值型的转变；在提升我国文化企业技术进步方面，要加强核心和前沿技术研发与应用、推动文化科技管理创新、将数字技术贯穿于文化产品开发全过程、提升文化产品的科技含量、利用科技与优质 IP 融合提高创新性；在推动我国文化企业人力资源发展方面，要完善人才培育机制、完善薪酬制度并将文化企业建成学习型组织。

七、我国需要实施适宜的文化产业安全战略与政策

本书运用 SWOT 方法分析得出我国文化产业安全发展的四种战略：SO 组合、ST 组合、WO 组合与 WT 组合，并提出实施促进形成“强大国内市场”、进一步壮大市场主体、加强知识产权保护、大力推进新基建建设进程等宏观政策，扶持中介组织发展、强化文化产业高质量发展的内容支撑、抓住“一带一路”机遇推动文化产业跨区融合、完善文化产业价值链等产业政策，实施科技进步、提升人力资本、开展管理创新等以及依托“一带一路”倡议助力文化企业“走出去”、采用本土化与国际化结合的

营销策略、双重考量技术与文化等微观企业政策。

第二节 研究不足及展望

由于我国文化产业分类统计标准在2004年、2012年、2018年做了调整，对于分类统计标准发生了变化的或者缺乏条件获取的数据，本书采用了近似替代的方法进行补充。此外，对于某些年份缺失的数据，本书根据前后年份的平均值、增长率进行推算。这样做的目的是使数据更为完整和一致，更好地对数据测度结果进行比较，但无疑会对我国文化产业安全状况的测度准确性产生一定影响。

机制的正常运作，有赖于利益相关者较好地遵守和实施围绕机制形成的基本原则、行为规范，因此，机制的运行效率，在一定程度上取决于各方利益主体的力量对比，由此可以采用博弈论等方法对本书主题进行更加深入的探究。

本书系统阐述了保障我国文化产业安全发展的各类应对机制，具体包括宏观机制、产业机制和微观机制等，但机制体系能否正常、高效地运行，应该要到实践中去检验，因此，在未来的研究中，笔者将选择文化产业安全管理相关部门、典型国有和民营文化企业进行跟踪调研，观察、研究这些机制的效用、存在的问题以及改进的方向。

参考文献

[1]［美］阿兰·伯努瓦．面向全球化．王列，杨雪冬译．北京：中央编译出版社，1998.

[2]［美］埃德娜·多斯桑托斯．创意经济报告2008. 林奇译．北京：三辰影库音像出版社，2009.

[3]［美］爱德华·W. 萨义德．文化与帝国主义．李琨译．北京：三联书店，2003.

[4] 北京印刷学院文化产业安全研究院．中国文化产业安全报告．北京：社会科学文献出版社，2015.

[5] 北京印刷学院文化产业安全研究院．中国文化产业安全报告．北京：社会科学文献出版社，2014.

[6]［美］彼德·卡赞斯坦主编．国家安全的文化：世界政治中的规范与认同．宋伟、刘铁娃译．北京：北京大学出版社，2009.

[7]［德］伯尔尼德·哈姆，［加］拉塞尔·斯曼戴奇主编．论文化帝国主义：文化统治的政治经济学．曹新宇，张樊英译．北京：商务印书馆，2015.

[8] 蔡武进，彭龙龙．法国文化产业法的制度体系及其启示．华中师范大学学报（人文社会科学版），2019（2）.

[9] 蔡武．筑牢文化自信之基——中国文化体制改革40年．广州：广东经济出版社，2017.

[10] 陈敏．国家文化安全理论研究述评与展望——基于总体国家安全观的视野．探求，2019（1）.

[11] 陈少峰等．中国文化企业报告2018. 杭州：浙江工商大学出版社，2019.

[12] 陈学民．文化产业安全评价．北京：北京交通大学出版社，2018.

[13] 程工等．世界主要国家文化安全政策研究．北京：社会科学文

献出版社，2014.

［14］辞海编辑委员会．辞海缩印本．上海：上海辞书出版社，1979.

［15］邓安球．论文化产业概念与分类．湘潭大学学报，2008（5）.

［16］邓甜．我国文化产业安全预警机制研究．南昌大学硕士论文，2012.

［17］杜江等．中巴经济走廊背景下中巴文化产业合作：现状、路径选择与对策．南亚研究季刊，2019（3）.

［18］段一群．国内装备制造业产业安全评价与实现机制研究．南京航空航天大学博士论文，2009.

［19］范杨洲等．经济视角下中国电影产业安全评价实证研究．安徽工程大学学报，2017（6）.

［20］范周等．改革开放四十年中国文化产业发展历程与成就．山东大学学报（哲学社会科学版），2018（4）.

［21］范周．社会主义文化强国建设的两大支撑——专家谈“建立健全现代文化市场体系”与“构建现代公共文化服务体系”．光明日报，2013－11－18.

［22］范周．中国文化产业40年回顾与展望（1978－2018）．北京：商务印书馆，2019.

［23］范周．中国文化产业重大问题新思考．北京：商务印书馆，2019.

［24］房宏婷．论中国文化产业发展中的文化安全问题．学习与探索，2009（6）.

［25］冯琦．基于产业安全视角的我国信用评级产业竞争力研究．北京交通大学博士学位论文，2017.

［26］冯子标等．分工、比较优势与文化产业发展．北京：商务印书馆，2005.

［27］［美］弗兰西斯·福山．历史的终结．本书翻译组译．呼和浩特：远方出版社，1998.

［28］傅才武等．“十三五”强化科技对文化支撑作用的渠道与路径．中国海洋大学学报（社会科学版），2015（6）.

［29］傅才武，［美］熊笑忠．文化产业与金融工具．北京：中国社会科学出版社，2016.

［30］高凤欣．阅文集团网络文学出版研究．河北大学硕士论文，

2020.

[31] 高海涛等．国际文化竞争中的中国文化产业安全研究．国际文化管理，2014（3）.

[32] 高海涛．中国文化产业安全研究．北京：中国政法大学出版社，2015.

[33] 郭万超．文化产业前沿（第五辑）．北京：经济日报出版社，2019.

[34] 郭周明．国际分工视角下中国文化产业“走出去”战略研究．北京：对外经贸大学出版社，2014.

[35] 法国彰显文化战略优先发展重心．中国文化报，2017-05-05.

[36] 韩源等．国家文化安全战略论纲．思想政治教育研究，2009（5）.

[37] 韩源．国家文化安全论——全球化背景下的中国战略．北京：社会科学文献出版社，2013.

[38] 何维达等．战略性新兴产业安全评价指标体系研究．管理现代化，2013（4）.

[39] 何维达，宋胜洲．开放市场下的产业安全与政府规制．南昌：江西人民出版社，2003.

[40] 胡惠林．国家文化安全：经济全球化背景下中国文化产业发展策论．学术月刊，2000（2）.

[41] 胡惠林．国家文化安全学．北京：清华大学出版社，2016.

[42] 胡惠林，李康化．文化经济学．太原：书海出版社、山西人民出版社，2006.

[43] 胡惠林．文化产业发展与国家文化安全．广州：广东人民出版社，2005.

[44] 胡惠林．文化产业发展与国家文化安全——全球化背景下中国文化产业发展问题思考．上海社会科学院学术季刊，2000（2）.

[45] 花建等．软权力之争：全球化视野下的文化竞争潮流．上海：上海社会科学出版社，2001.

[46] 黄欣欣．我国文化产业对外开放对文化产业安全的影响研究．南昌大学硕士学位论文，2011.

[47] 黄妍妮等．我国文化产业安全影响因素研究．文化产业研究，2017（1）.

[48] 惠光东等．我国文化产业安全预警体系的构建研究．齐齐哈尔

大学学报（哲学社会科学版），2016（8）.

［49］［美］吉纳维芙·阿布拉瓦内尔．被美国化的英国：娱乐帝国时代现代主义的兴起．蓝胤淇译．北京：商务印书馆，2015.

［50］纪晓涵．西方文化产业对我国文化安全的挑战及应对策略研究．河北师范大学硕士论文，2013.

［51］季琼．国际文化产业发展理论、政策与实践．北京：经济日报出版社，2016.

［52］贾磊磊等．守望文化江山：中国国家文化安全研究．北京：中国广播电视出版社，2012.

［53］姜丽．构建人类命运共同体视野下的跨文化交流．当代世界，2018（7）.

［54］金碚．产业竞争力与产业安全的关系．财经界，2006（9）.

［55］金哲等．新学科辞海．成都：四川人民出版社、四川教育出版社，1994.

［56］蓝庆新等．中国数字文化产业国际竞争力影响因素研究．广东社会科学，2019（4）.

［57］蓝庆新，郑学党．中国文化产业国际竞争力评价及策略研究．财经问题研究，2012（3）.

［58］雷家骕．国家经济安全理论与方法．北京：经济科学出版社，2000.

［59］雷家骕．国家经济安全：理论与分析方法．北京：清华大学出版社，2011.

［60］李怀亮．从市场占有率到价值引导力：中国对外文化贸易的新趋势．人民论坛，2018（10）.

［61］李怀亮．国际文化贸易导论．北京：中国传媒大学出版社，2008.

［62］李江帆．文化产业：范围、前景与互动效应．经济理论与经济管理，2003（4）.

［63］李金齐．文化安全：一个关乎国家存亡的现实问题．思想战线，2006（1）.

［64］李孟刚．产业安全理论的研究．北京交通大学博士学位论文，2006.

［65］李孟刚．产业安全理论研究（第二版）．北京：经济科学出版

社，2010.

［66］李孟刚．产业安全预警研究．北京：北京交通大学出版社，2016.

［67］李孟刚等．基于DEA模型的中国文化产业安全评价实证分析．吉首大学学报（社会科学版），2018（5）.

［68］李孟刚．中国产业安全问题研究．北京：社会科学文献出版社，2013.

［69］李志昌．评“去意识形态化”．中共云南省委党校学报，2012（1）.

［70］［美］理查德·F. 库索尔．法兰西道路：法国如何拥抱和拒绝美国的价值观与实力．言予馨，付春光译．北京：商务印书馆，2013.

［71］联合国教科文组织，联合国开发计划署．创意经济报告2013：拓展本土发展途径．意娜译．北京：社会科学文献出版社，2014.

［72］梁竞阁等．文化产业安全理论分析与保障措施．中国行政管理，2020（4）.

［73］梁君，杨霞．印度发展文化产业的经验及其借鉴．特区经济，2011（12）.

［74］廖倩．开放经济条件下我国文化产业安全评估与影响因素分析．湖南大学硕士论文，2012.

［75］林伦伦等．现代汉语新词语词典：1978－2000. 广州：花城出版社，2000.

［76］刘金祥等．维护文化安全应借鉴发达国家文化产业政策经验．红旗文稿，2016（7）.

［77］刘莉雪．我国临空产业布局安全形成机理与评价研究．北京交通大学博士学位论文，2017.

［78］刘永平．我国产业安全政府监管体系研究．北京交通大学博士学位论文，2017.

［79］刘跃进．当代国家安全系统中的国家文化安全问题．文化艺术研究，2011（4）.

［80］刘泽照．新时代文化产业新业态建设经验汲取与发展路径．成都行政学院学报，2019（4）.

［81］柳杰．中国文化产业人才队伍建设面临的问题与对策研究．华东理工大学学报（社会科学版），2017（5）.

[82] [美] 迈克尔·波特．国家竞争优势．李明轩，邱如美译．北京：华夏出版社，2002.

[83] 欧阳友权，禹建湘．中国文化品牌发展报告（2018－2019）．北京：社会科学文献出版社，2019.

[84] 潘爱玲等．中国文化企业发展报告．北京：经济科学出版社，2018.

[85] 潘一禾．文化安全．杭州：浙江大学出版社，2007.

[86] 彭继红．改革开放30年文化产业发展与意识形态变迁的相关研究．湖南师范大学社会科学学报，2009（1）.

[87] 彭翊．中国文化品牌发展报告．北京：社会科学文献出版社，2018.

[88] 祁述裕，陆筱璐．论放宽文化市场准入——扩大文化市场开放的若干思考．山东大学学报（哲学社会科学版），2018（3）.

[89] 祁述裕．中国文化产业国际竞争力报告．北京：社会科学文献出版社，2004.

[90] 任晓．论安全机制的生成条件和有效性——个案分析与理论探讨．世界经济与政治，2006（6）.

[91] S. R. 德什潘德．印度放宽外资进入门槛促进新兴产业发展．中国社会科学报，2011－04－19.

[92] 单世联．现代性与文化工业．广州：广东人民出版社，2001.

[93] 司晴川．文化产业管理体制比较研究．武汉大学博士论文，2014.

[94] 宋文婷等．人类命运共同体视角下韩国文化产业国际化发展政策对中国的启示．中国海洋大学学报（社会科学版），2019（2）.

[95] 孙宁．中国共产党国家文化安全战略．北京：中国社会科学出版社，2016.

[96] 孙瑞华．提升产业国际竞争力的产业安全意义．商业时代，2006（8）.

[97] 孙泽学．社会主义初级阶段文化建设研究．武汉：华中师范大学出版社，2004.

[98] [英] 汤林森．文化帝国主义．冯建三译．上海：上海人民出版社，1999.

[99] 田祖海．西方国际文化贸易的研究进展及其对我国的启示．国

际贸易，2012 (3).

[100] 佟东．文化产业结构安全论．北京：北京交通大学出版社，2018.

[101] 王家庭，唐瑭．新时代中国文化产业新旧动能转换的初步探索．同济大学学报（社会科学版），2019 (5).

[102] 王明生．国际安全机制与当代中国．中国政法大学博士学位论文，2006.

[103] 王学人．文化创意产业发展：印度的实践与借鉴．南亚研究季刊，2012 (3).

[104] 王耀东．印度报业的现状及发展趋势．新闻战线，2008 (1).

[105] 王耀中，彭新宇．文化产业安全不容忽视．光明日报，2011－08－20.

[106] 卫志民．中国文化产业"走出去"问题研究：制约与突破．福建论坛（人文社会科学版），2014 (12).

[107] 吴承忠，牟阳．从WTO与"文化例外"看国际文化贸易规则．国际贸易问题，2013 (3).

[108] 习近平关于总体国家安全观论述摘编．北京：中央文献出版社，2018.

[109] 解学芳．文化安全与文化产业的关系悖论及价值选择．理论与改革，2007 (4).

[110] [日] 日下公人．新文化产业论．范作申译．北京：东方出版社，1989.

[111] 向勇．文化产业导论．北京：北京大学出版社，2015.

[112] 辛欣．英国文化企业品牌磁场效应对我国文化企业发展的借鉴意义．武汉商学院报，2019 (1).

[113] 熊澄宇等．中国文化产业政策研究．北京：清华大学出版社，2017.

[114] 熊澄宇．世界文化产业研究．北京：清华大学出版社，2012.

[115] 闫宁宁等．中国文化产业创新绩效研究报告——来自上市公司的数据分析．武汉：华中科技大学出版社，2019.

[116] 严慧敏等．对产业安全与产业国际竞争力的探讨．科技和产业，2008 (8).

[117] 杨公仆等．中国汽车产业安全性研究．财经研究，2000 (1).

[118] 杨涵．“一带一路”背景下我国文化企业“走出去”对策研究．湖南大学硕士论文，2018.

[119] 叶郎主编．中国文化产业年度发展报告．北京：北京大学出版社，2019.

[120] 尹鸿，许孝媛．2019年中国电影产业备忘．电影艺术，2020(2).

[121] 于炳贵等．中国国家文化安全研究．济南：山东人民出版社，2007.

[122] 于萍．浅析加入WTO后我国的文化产业安全问题．江南社会学院学报，2002 (4).

[123] 于新东．中国加入WTO后产业保护和产业安全研究及对策．学习与探索，2000 (2).

[124] 宇文博．我国文化产业安全形势及发展对策研究．广西社会科学，2014 (3).

[125] 袁海．文化产业集聚的形成和效应研究．陕西师范大学博士论文，2012.

[126] 张骥．中国文化安全与意识形态战略．北京：人民出版社，2010.

[127] 张牧．我国文化品牌创新发展路径探析．长白学刊，2019 (5).

[128] 张守富．经济全球化与中国三大安全．党政干部论坛，2000(12).

[129] 张小平．当前中国文化安全问题研究．北京：社会科学文献出版社，2012.

[130] 张志君．中国全面“入世”与国家电视文化产业安全．中国人民大学学报，2002 (1).

[131] 赵子林．中国国家文化安全论．长沙：湖南大学出版社，2012.

[132] 郑连虎．文化安全·文化生态·文化产业——西部大开发的另一个视角．西部大开发，2002 (12).

[133] 周灏．中国产业安全的逻辑和路径研究．社会科学，2018 (1).

[134] 周晓宏等．我国文化产业安全概念内涵及其分析框架．文化产业研究，2016 (3).

[135] 朱建民，魏大鹏．我国产业安全评价指标体系的再构建与实证

研究. 科研管理, 2017 (3).

[136] 朱效梅. 大众文化研究——一个文化与经济互动发展的视角. 北京: 清华大学出版社, 2003.

[137] Andy C. Pratt, 2009: Cultural industry: a cross-border comparison of employment between Britain and Japan, http//www. ise. ac. uk/depts. /geography/pratt. htm.

[138] C. Edwin Baker, 2002: "First Amendment Limits on Copyright." *Landerbilt Law Review*, Vol. 55, 891 -941.

[139] Daniel Bator, 1981: "Can the Government Promote Creativity or Only Artisit?" *The New York Times*, Vol. 25, 1 -4.

[140] David Rothkopf, 1997: "In Praise of Cultural Imperialism?" *Foreign Policy*, Vol. 107, 38.

[141] David Throsby, 2001: *Economics and Culture*. London: Cambridge University Press.

[142] Donald J. Puchala and Raymond F. Hopkins, 1982: International Regimes: Lessons from Inductive Analysis, *International Organization*, Vol. 36, 245 -275.

[143] Dunning J. H. Trade, 1981: *Location of Economic Activity and MNE: A Search of an Eclectic Approach*, *The International Allocation of Economic Activity*. New York: Holmes and Meier.

[144] G. Felbemayr and F. Touba L, 2010: "Cultural Proximity and Trade". *European Economics Review*, Vol. 54, 279 -793.

[145] Hesmondhalgh D., 2007: *The Cultural Industries* (*2nd Edition*). London: SAGE Pub.

[146] Joseph S. Nye Jr, 2004: *Soft Power: the Means to Success in World Politics*. New York: Public Affairs.

[147] Justin O' Connor. The Definition of "Cultural Industries" http: //www. pedrobendassollicom/pesquisa/iccl. pdf. 1999.

[148] Lawrence T. B. and Philips N., 2002: Understanding Cultural Industries. *Journal of Management Inquiry*, Vol. 11, 430 -441.

[149] LEE So-Yon, 1999: Movie Trade Dispute Draws on Many Characters. *Business Korea*, Jan.

[150] Mas -Colell A., 1999: "Should Cultural Goods be Treater Differ-

ently." *Journal of Cultural Economics*, Vol. 23, 87 – 93.

[151] Peter Jackson, 2011: Politics, Culture, and the Security of France: A Reinterpretation of French Foreign and Security Policy after the First World War. *French Historical Studies*, Vol. 34, No. 4.

[152] Rauch J. E. and Trindade V., 2002: "Ethnic Chinese Networks in International Trade." *Review of Economics and Statistics*. Vol. 1, 116 – 130.

[153] Samuel P. Huntington, 1996: *The Clash of Civilization and the Remaking of World Order*. New York: Simon & Schuster Ltd.

[154] Scott A. J., 2005: Cultural-products Industries and Urban Economic Development: Prospects for Growth and Market Contestation in Global Context. *Urban Affairs Review*, *Vol.* 39, 461 – 490.

[155] Stephen D. Krasner, 1982: Structural Causes and Regime Consequences: Regimes As Intervening Variables. *International Organization*, Vol. 36, 185 – 205.

[156] Stephen Hymer, 1976: *International Operations of National Firms: A Study of Direct Foreign Investment Massachusetts*. Massachusetts: The MIT Press.

后　记

10 年前，我有幸入职现在的工作单位——南昌大学经济管理学院，亲历了单位在教学科研等方面的发展。尤其是近 5 年来，南昌大学经济管理学院各方面建设成果显著、有目共睹。在学术研究方面，南昌大学经济管理学院现在已经形成了教学科研齐头并进的良好氛围。能够在这样的氛围下做自己感兴趣的研究是一件幸福的事情，衷心感谢感染我、指引我、让我更好地融入这个学术氛围的每一位同事。

在长达 5 年的研究中，我的妻子侯景娟全力支持、理解和激励我开展研究工作，几乎承担了全部的家务和教育培养子女的职责，让我得以全身心投入到科研论文和研究报告的写作中。同时也感谢我的儿子曾如翰，他是我科研工作道路上奋发进取的动力源泉。

本书参考了大量学者的研究成果，在此谨致谢忱！参考资料已经尽可能列出，但难免挂一漏万。本书难免存在不足或不妥之处，皆因本人知识有限、才疏学浅，恳请各位专家批评指正。